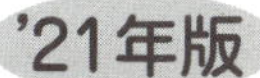

第1種衛生管理者「最新」

全体の傾向

直近6回の傾向では、同一問題や類似内容が繰り返して出題されることが多い。効果的な受験対策としては、過去の問題を繰り返し解いて学習したい。

●関係法令

出題範囲は30項目程度からであるが、近年特に有害業務では細部にわたって正確な知識が求められる。

なかでも、毎回出題される「有害業務に係る製造業事業場の衛生管理者の選任」の項目は、確実に解答できるようにしておきたい。①事業規模別選任必要者数、②業種の区分による選任有資格、③「専任」の有無、④衛生工学衛生管理者の必要性の有無、⑤労働衛生コンサルタントや産業医「専属」の必要性の有無、などについて問われる。これらを、多量の低温物体を取り扱う業務、著しく暑熱な場所における業務など、業務の種別・事業規模別にきめ細かく整理しておきたい。

また、「特別の安全衛生教育」、「作業主任者の選任作業」、「特定化学物質障害予防規則」、「有機溶剤中毒予防規則」、「酸素欠乏危険作業」、「特定粉じん作業」に関する記述なども頻出である。労働基準法の有害業務では、「有害業務の就業制限」、「満18歳以上の女性の就業制限」、「妊産婦の就業制限業務内容」が近年よく出題される。

有害業務以外では、「衛生管理体制」、「衛生委員会」、「健康診断」、「医師による面接指導」等が毎回出題される。

●労働衛生

ここも同様、30項目程度から出題され、正確な専門的知識が必要である。

有害業務では、「有機溶剤の一般的性質や健康障害」、「化学物質や作業環境における有害因子等による健康障害」、「金属による中毒症状」、「労働衛生保護具・呼吸保護具等」に関する問題、「局所排気装置の模式図や基本構成」を問うもの、「リスクアセスメントの方法や手順」などがある。有害業務以外からは「脳血管障害・虚血性心疾患」、「メンタルヘルスケア」、「食中毒」、「一次救命処置」などが出題されている。

●労働生理

この分野も15項目程度の範囲から同様の問題が出題される。①血液、神経に関するもの、②心臓・肝臓・腎臓などの働き、③栄養素・内分泌、④呼吸、筋肉、代謝、疲労など。また、肥満度BMI値の計算などを押さえたい。

◆法改正情報◆

□**労働基準法の改正**（法13号、令和2.3.31公布、同4.1施行）

以下の内容が改正されるとともに、新設の附則143条で経過措置が適用された。

◇**賃金請求権の有効期間を延長**（115条）

賃金請求権の期間が２年間から５年間に改正されたが、当分の間、３年間とされた。退職金請求期間（５年間）等は現行のまま。

◇**付加金請求期間の延長**（114条）

付加金を請求できる期間が２年間から５年間に改正されたが、当分の間、３年間とされた。

※付加金：裁判所が未払い事業者に対して労働者の請求により支払命令のできるもので、解雇予告手当、休業手当、割増賃金など。

◇**労働者名簿・賃金台帳等の記録の保存期間を延長**（109条）

労働者名簿、賃金台帳など労働関係に関する書類・記録等の保存期間が3年間から５年間に改正されたが、当分の間、３年間とされた。

□**労働基準法施行規則の一部改正**（省令76号、令和2.3.31公布、同4.1施行）

◇**記録の保存期間５年間に経過措置**

三六協定の健康・福祉を確保する措置の実施状況等の記録、年次有給休暇管理簿、高度プロフェッショナルの記録等の保存期間が３年間から５年間に延長された。ただし、新設の附則72条の経過措置で、「当分の間、３年間」とされた。

〔**主要な労働関係書類**〕

①労働者名簿、賃金台帳、雇用関係書類（契約書、履歴書等）、解雇関係書類（解雇書類、予告・退職手当領収書等）、賃金関係書類（賃金、昇給・減給関係等）、労働関係書類（出勤簿、タイムカード等）、休職・退職等関係書類等（以上、法15条、則５条関係等）

②三六協定の健康・福祉確保措置の実施状況の記録（法36条２項、則17条２項）

③裁量労働制に関する記録・労使委員会の議事録（法38条の３、則24条の２の２、24条の２の４第２項）

④年次有給休暇管理簿（法39条５～７項、則55条の２、56条３項（新設）、則24条の７）

⑤高度プロフェッショナル制度の同意等・労使委員会の議事録等（法41条の２、則34条の２第15項）

□特殊健康診断項目等の改正（省令20号、令和2.3.3公布、同7.1施行）

有害業務に従事する労働者の各省令の特殊健康診断項目等について、以下の改正が行われた（抜粋）。

●有機溶剤中毒予防規則の一部改正（29条）

必須項目から尿中の蛋白の有無の検査が削除された。

また、同条２項の雇入れ・配置替えの際及び６か月以内ごとの定期健康診断項目について、作業条件の簡易な調査が新設され、さらに既往歴の調査が「既往歴の有無の検査」に変更された。

また、同条５項で規定される２項の項目のほか、全部又は一部行わなければならない項目のうち、腎機能検査の「(尿中の蛋白の有無の検査を除く。)」という部分が削られ、神経内科学的検査が神経学的検査に変更された。

●鉛中毒予防規則の一部改正（53条）

同条１項２号に作業条件の簡易な調査が新設された。

なお、同条２項により、前回の定期健康診断で前項五号及び六号の健康診断を受けた者については、医師が必要でないと認めるときは、当該項目を省略することができる。

●四アルキル鉛中毒予防規則の一部改正（22条）

健康診断の実施時期が「雇入れの際、配置替えの際及びその後６か月以内ごとに１回」に変更された。

●特定化学物質障害予防規則の一部改正（別表第３）

各号の物質業務診断項目に新たな項目が追加され、細分化された。

□電離放射線障害防止規則の改正（省令82号、令和2.4.1公布、令和3.4.1から施行）

同規則５条により、事業者は、放射線業務従事者の受ける等価線量が、眼の水晶体に受けるものについては５年間につき100ミリシーベルト（以下 mSv）及び１年間につき50mSv を、皮膚に受けるものについては１年間につき500mSv を、それぞれ超えないようにしなければならないとされた。

なお、旧規則について、眼の水晶体は１年間につき150mSv、皮膚は１年間につき500mSv とされていた。

※ただし、この規定は医師・事業者の一部について施行の日から令和５年３月31日までの間、「５年間につき100mSv 及び１年間につき50mSv」とあるのは、「１年間につき50mSv」とし、令和５年４月１日から令和８年３月31日までの間、「５年間につき100mSv」とあるのは、「３年間につき60mSv」とする。

本書の特長 ➡有害業務のテーマに 有害 マーク！

第１章から第３章まで「有害業務（第１種衛生管理者が担当)」のテーマに、有害マークを付けました。既に「第２種」を取得済みで、「第１種試験」を目指す人は、ここを集中的に学習しましょう。

有害マークのないところは、「第１種、第２種」共通の出題範囲です。

なお、該当テーマの解説の都合上、関係法令でマークが付いていないページの一部で、有害業務に関連する項目が含まれている部分があります。

※p.5からの目次部分には同様の基準で該当ページには有マークを付けましたので、学習範囲の目安にしてください。

本書の使い方

本書は重要項目やキーワードを赤文字で表示し、暗記項目として赤シートをかぶせて学習できます。各ページの「出題パターン」の解答解説も対応していますから、学習結果が確認でき、実力アップを実感できます。

STEP-1 まずは、見開きの左ページで基礎的な事項を学習します。試験に必要な項目を簡潔にまとめており、それぞれに根拠条文を載せました。

STEP-2 右ページの「ここがポイント」で、試験対策の最重要ポイントの確認を行います。この部分は、完全に暗記してしまうことをお勧めします。

STEP-3 「ナビゲーション」では、記述の補足や分かりやすい図表化、イラスト化をしています。文章とイメージを組み合わせた、より深い理解を得てください。

STEP-4 最後の「出題パターン」では公表問題を分析し、出題頻度の高い問題を掲載していますので、試験の予行演習として活用できます。

※本書では、『前年版』の内容に法令改正等の追加修正を行った項目テーマについては、テーマ見出しに◉マークを付けてあります。解説等で令和3年4月1日以降の改正部分には★印を付けました。

・法令等の略称表示として、施行令は「令」、施行規則は「則」としています。

・本書は、原則として令和2年11月1日現在施行中の法令等に基づいて編集しています。

CONTENTS

（有のマークは、有害業務をテーマにしたページです）

第１章　労働安全衛生法の必修45項目

CONTENTS

第3章　労働衛生の必修29項目

CONTENTS

◆衛生管理者ガイダンス◆

衛生管理者は安全で快適な職場をつくります

衛生管理者は、労働安全衛生法に基づく国家資格です。全ての職場における労働者の健康管理と快適な職場環境づくりを専門家の立場から立案・実施します。第1種と第2種の区分があり、第1種衛生管理者は、全ての業務で資格を行使する権利をもち、第2種衛生管理者は、商業、サービス業などに限定され、有害業務に係る作業場では資格がありません（有害業務には①農林畜水産業②鉱業③建設業④製造業⑤電気業⑥ガス業⑦水道業⑧熱供給業⑨運送業⑩自動車整備業⑪機械修理業⑫医療業⑬清掃業があります。）。

●衛生管理者の仕事

衛生管理者は、次のような事項を管理・実施することにより労働災害を未然に防止し、安全で衛生的な職場の快適な環境を確保する重要な任務を担っています。

（1）労働者の危険又は健康障害の防止

作業条件・施設等の衛生上の改善、労働衛生保護具・救急用具等の点検・整備、週1回の作業場巡視

（2）労働者の安全又は衛生のための教育の実施

（3）健康診断の実施その他健康の保持増進に必要な事項

健康に異常のある者の発見・処置、健康相談等労働者の健康保持に関すること

（4）労働災害の原因の調査及び再発防止対策

作業環境における衛生上の調査、労働者の負傷・疾病等の統計作成

（5）その他、労働災害を防止するために必要な業務

職務記録の整備、衛生委員会・安全委員会への出席

労働者数	専属衛生管理者数
50人～200人	1人以上
201人～500人	2人以上
501人～1,000人	3人以上
1,001人～2,000人	4人以上
2,001人～3,000人	5人以上
3,001人以上	6人以上

※衛生管理者は、例外を除いて事業場に専属でなければならず、しかも他の事業場と兼任はできません。
なお、10人～50人未満の事業場では、衛生管理者の選任は不要ですが、衛生推進者を置かなければならない、とされています。

●受験資格

衛生管理者の受験にあたっては、学歴とそれに応じた労働衛生の実務経験が必要です。主な受験資格は次のとおりですが、その他の学歴と実務経験も認められるものがあります。詳しくは各地の安全衛生技術センターでご確認ください。

学歴等	労働衛生の実務に従事した経験
(イ)学校教育法による大学又は高等専門学校*1を卒業した者 (ロ)大学改革支援・学位授与機構により学位を授与された者 (ハ)省庁大学校*2を卒業（修了）した者 (ニ)専修学校の専門課程修了者（２年以上・1700時間以上）などで、その後大学等で所定の単位を修得した者 (ホ)指定専修学校の専門課程（４年以上）を修了した者	１年以上
学校教育法による高等学校又は中等教育学校*3を卒業した者	３年以上
船員法による衛生管理者適任証書の交付を受けた者	１年以上
高等学校卒業程度認定試験に合格した者	３年以上
職業能力開発促進法施行規則の規定を修了した者	１～４年以上

＊1「高等専門学校」には、専修学校・各種学校等は含まれない。
＊2「省庁大学校」には、防衛大学校、防衛医科大学校、水産大学校、海上保安大学校、職業能力開発総合大学校の長期課程・総合課程、気象大学校の大学部、国立看護大学校の看護学部看護学科（各旧法令による同等のものを含む。）が該当。
＊3中高一貫教育の学校のことで、中学校ではない。

●受験申込み

受験手数料：6,800円
試験時期：毎月１～５回（各試験地によって実施回数が異なるので注意）
願書受付期間：試験日の２か月～14日前

●試験内容

出題形式：５肢択一式試験
試験時間：３時間（科目免除者は２時間15分、特例受験者*は２時間）

試験分野と問題数		
関係法令17問	労働衛生17問	労働生理10問

＊特例受験者とは、第２種衛生管理者免許を受けた者が受験する場合で、関係法令と労働衛生のうち「有害業務に係るもの（各10問）」に限って受験すればよい。

＊免除科目：船員法による衛生管理者適任証書の交付を受けた者で、その後１年以上労働衛生の実務に従事した経験を有するものは、「労働生理」の科目免除を受けることができる（受験資格の証明が添付されていれば受験申請書の記入は不要）。

●試験に関する問い合わせ先

○公益財団法人安全衛生技術試験協会	○北海道安全衛生技術センター
〒101－0065 東京都千代田区西神田３－８－１ 千代田ファーストビル　東館９階 TEL：03－5275－1088 https://www.exam.or.jp/	〒061－1407 北海道恵庭市黄金北３－13 TEL：0123－34－1171 https://www.hokkai.exam.or.jp/
○東北安全衛生技術センター	○関東安全衛生技術センター
〒989－2427 宮城県岩沼市里の杜１－１－15 TEL：0223－23－3181 https://www.tohoku.exam.or.jp/	〒290－0011 千葉県市原市能満2089 TEL：0436－75－1141 https://www.kanto.exam.or.jp/
○中部安全衛生技術センター	○近畿安全衛生技術センター
〒477－0032 愛知県東海市加木屋町丑寅海戸51－５ TEL：0562－33－1161 https://www.chubu.exam.or.jp/	〒675－0007 兵庫県加古川市神野町西之山字迎野 TEL：079－438－8481 https://www.kinki.exam.or.jp/
○中国四国安全衛生技術センター	○九州安全衛生技術センター
〒721－0955 広島県福山市新涯町２－29－36 TEL：084－954－4661 https://www.chushi.exam.or.jp/	〒839－0809 福岡県久留米市東合川５－９－３ TEL：0942－43－3381 https://www.kyushu.exam.or.jp/

※ p.10～12の試験に関する情報は令和2年11月1日現在のものです。変更されることがありますので、受験される方は試験の最新情報を（公財）安全衛生技術試験協会の各センター等でご自身で必ず確認してください。

第1章

労働安全衛生法の必修45項目

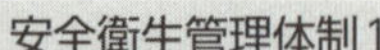

総括安全衛生管理者 ここを押さえる

10条、則2条、3条、3条の2

●総括安全衛生管理者とは

総括安全衛生管理者とは、各事業場における安全及び衛生を管理する実質的な最高責任者であり、安全衛生管理が企業の生産ラインと一体的に運営されることを期待し、一定の業種、一定の規模以上の事業場において選任が義務づけられている（ナビ参照）。

●選任・報告

①事業者は、選任すべき事由が発生した日から14日以内に選任しなければならない（則2条）。

②選任後は遅滞なく、選任報告書を所轄労働基準監督署長に提出しなければならない（則2条）。

③総括安全衛生管理者が旅行、疾病等により職務を行うことができないときは、代理者を選任しなければならない（則3条）。

●資格・職務

総括安全衛生管理者には、事業場を統括管理する実質的な権限を有する者を任命することになっている（10条2項）。主な職務として、安全管理者、衛生管理者又は労働災害の際の救護に関する措置について技術的事項を管理する者を指揮するとともに、一定の業務を統括管理する（10条1項各号）。

〈統括管理する業務〉

①労働者の危険又は健康障害を防止するための措置に関すること。

②労働者の安全又は衛生のための教育の実施に関すること。

③健康診断の実施その他健康の保持増進のための措置に関すること。

④労働災害の原因の調査及び再発防止対策に関すること。

⑤前各号に掲げるもののほか、労働災害を防止するため必要な業務で、厚生労働省令で定めるもの。

「厚生労働省令で定めるもの」として、安全衛生に関する方針の表明、危険性・有害性等調査及びその結果講じる措置、安全衛生に関する計画の作成・実施等がある（則3条の2）。

なお、総括安全衛生管理者の選任義務がある事業場は最低でも常時100人以上の労働者を使用する事業場であるから、安全衛生推進者又は衛生推進者を指揮することはありえない（p.20参照）。

●都道府県労働局長の勧告

都道府県労働局長は、労働災害を防止するため必要があると認めるときは、総括安全衛生管理者の業務の執行について事業者に勧告することができる（10条3項）。

①総括安全衛生管理者は、その事業場における事業の実施を統括管理する者をもって充てなければならない（10条2項）。

②総括安全衛生管理者の選任義務は、事業所規模が最低でも100人以上の労働者を使用する事業場である。

■総括安全衛生管理者の選任を必要とする事業場（令2条）

業　種	常時使用労働者数
林業、鉱業、建設業、運送業及び清掃業（**屋外産業的業種**）	100人以上
製造業（物の加工業を含む）、電気業、ガス業、熱供給業、水道業、通信業、各種商品卸売業、家具・建具・じゅう器等卸売業、各種商品小売業、家具・建具・じゅう器小売業、燃料小売業、旅館業、ゴルフ場業、自動車整備業及び機械修理業（**製造業・工業的業種**）	300人以上
その他の業種（**非製造業・非工業的業種**）	1,000人以上

※表にない「医療業」の業種には選任義務はない。

出題パターン

Q1 常時300人以上の労働者を使用する事業場では、業種にかかわらず、総括安全衛生管理者を選任しなければならない。

Q2 総括安全衛生管理者は、安全衛生についての一定の経験を有する者でなければならない。

Q3 総括安全衛生管理者は、当該事業場においてその事業の実施を統括管理する者をもって充てなければならない。

Q4 総括安全衛生管理者の職務の一つに、衛生管理者を指揮することがある。

A1＝× 総括安全衛生管理者は、「屋外産業的業種」「その他の業種」を除く製造業・工業等の業種にあっては常時使用労働者数が300人以上であれば選任しなければならない（令2条）。

A2＝× 総括安全衛生管理者は、資格、学歴、経験を問われない。

A3＝○ 総括安全衛生管理者は、事業の実施を統括管理する者（その事業場における事業遂行全体について責任を負い、かつ権限を持つ立場にある者）を充てなければならない（10条2項）。

A4＝○ 総括安全衛生管理者は、安全管理者、衛生管理者又は救護に関する技術的事項を管理する者を指揮する（10条1項）。

衛生管理者（1）ここを押さえる

12条、令４条、則７条、労基則18条

●選任・報告

事業者は、業種を問わず、常時50人以上の労働者を使用する事業場ごとに、所定数の衛生管理者を選任しなければならない（ナビ参照）。事業者は、①選任すべき事由が発生した日から14日以内に選任しなければならない（則７条１項１号）。②選任後は遅滞なく、選任報告書を所轄労働基準監督署長に提出しなければならない(則７条２項)。③衛生管理者が旅行、疾病等により職務を行うことができないときは、代理者を選任しなければならない（則７条２項）。

●選任区分

衛生管理者は、業種区分に応じ、それぞれ次の者の中から選任しなければならない（則７条１項３号）（下表参照）。

業種	資格
農林畜水産業、鉱業、建設業、製造業、電気業、ガス業、水道業、熱供給業、運送業、自動車整備業、機械修理業、医療業、清掃業	①第１種衛生管理者免許 ②衛生工学衛生管理者免許 ③医師、歯科医師、労働衛生コンサルタント等
その他の業種	上記①～③に加えて④第２種衛生管理者免許

●専属と専任

衛生管理者は、その事業場に専属の者を選任しなければならないが、例外として、２人以上選任する場合で、そのうちに労働衛生コンサルタントがいる場合は、そのうちの１人については専属の者でなくてもよい（則７条１項２号）。また、専任とは、衛生管理者の仕事だけに専念している者のことであるが、事業者は、次に掲げる事業場にあっては、衛生管理者のうち少なくとも１人を専任の衛生管理者としなければならない。①常時1,000人を超える労働者を使用する事業場、②常時500人を超える労働者を使用する事業場であって、**坑内労働又は一定の有害な業務**（労基則18条各号）に常時30人以上の労働者を従事させるもの。

●専任の衛生管理者が求められる有害業務

（白抜き数字は衛生工学衛生管理者の選任にも該当）

❶多量の高熱物体を取り扱う業務及び著しく暑熱な場所における業務
②多量の低温物体を取り扱う業務及び著しく寒冷な場所における業務
❸ラジウム放射線、エックス線その他の有害放射線にさらされる業務
❹土石、獣毛等のじんあい又は粉末を著しく飛散する場所における業務
❺異常気圧下における業務
⑥削岩機、鋲（びょう）打機等の使用によって身体に著しい振動を与える業務
⑦重量物の取扱い等重激なる業務
⑧ボイラー製造等強烈な騒音を発する場所における業務
❾鉛、水銀、クロム、砒（ひ）素、黄りん、弗（ふっ）素、塩素、塩酸、硝酸、亜硫酸、硫酸、一酸化炭素、二硫化炭素、青酸、ベンゼン、アニリン、その他これに準ずる有害物の粉じん、蒸気又はガスを発散する場所における業務
⑩前各号のほか、厚生労働大臣の指定する業務

あらゆる事業場について、使用する労働者の数が常時50人以上となる場合に衛生管理者を選任して、衛生に係る技術的事項を管理させることとしている（12条、令4条）。

■選任すべき衛生管理者の数（則７条１項４号）

事業場の規模（常時使用する労働者数）	衛生管理者数
50人～200人	1人以上
201人～500人	2人以上
501人～1,000人	3人以上
1,001人～2,000人	4人以上
2,001人～3,000人	5人以上
3,001人以上	6人以上

出題パターン

Q1 常時300人以上の労働者を使用する事業場では、衛生管理者を２人以上選任しなければならない。

Q2 常時使用する労働者数が50人になってから12日後に、衛生管理者を選任した。

Q3 常時800人の労働者を使用する事業場において、衛生管理者３人のうち２人を、事業場に専属でない労働衛生コンサルタントから選任した。

Q4 常時60人の労働者を使用する商店において、第２種衛生管理者免許を有する者のうちから１人選任した。

Q5 常時1,300人の労働者を使用する事業場において、衛生管理者４人のうち１人のみを専任の衛生管理者とした。

A1＝○ 則７条１項４号の規定のとおりである。

A2＝○ 選任の時期は、選任すべき事由が発生した日から14日以内であればよい（則７条１項１号）。

A3＝× 労働衛生コンサルタントのうち１人は専属の者でなくてもよいが、２人以上を専属でない者とすることはできない（則７条１項２号）。

A4＝○ 商店は「その他の業種」に該当し「第２種衛生管理者」でよく、常時60人の事業であるから１人選任すればよい（則７条１項３号、４号）。

A5＝○ １人は衛生管理者の職務をもっぱらとしなければならないので本肢は正しい（則７条１項５号イ）。

1章 3

安全衛生管理体制3

衛生管理者（2） ここを押さえる

10条～12条、則7条、9条～12条

●職務

衛生管理者の職務は、総括安全衛生管理者の行うべき衛生管理面の職務であり、以下の技術的事項の管理である。

①労働者の危険又は健康障害を防止するための措置に関すること。

②労働者の安全又は衛生のための教育の実施に関すること。

③健康診断の実施その他健康の保持増進のための措置に関すること。

④労働災害の原因の調査及び再発防止対策に関すること。

⑤労働災害を防止するため必要な業務

●作業場等の定期巡視

衛生管理者は、少なくとも毎週1回作業場等を巡視し、設備、作業方法、衛生状態に有害のおそれがあるときは、直ちに、労働者の健康障害を防止するため必要な措置を講じなければならない（則11条）。

●増員・解任命令

労働基準監督署長は、労働災害を防止するため必要があると認めるときは、事業者に対し、衛生管理者の増員又は解任を命ずることができる。この命令は非常措置として認められているもので、具体的には次のような基準による。

①衛生管理者としての主要な義務を怠り、かつ、事業場の衛生状態並びに労働者の健康状態が同種の事業場に比して著しく悪く、監督上の措置を受けた後6か月その状態が改善されなかった場合。

②病気その他の理由により相当期間にわたり衛生管理者がその職務を遂行し得なくなった場合。

また、労働基準監督署長が、衛生管理者の解任を命じようとするときは、あらかじめ、事業者及び衛生管理者に意見を述べる等の弁明の機会を与えなければならない（11条2項、12条2項）。

●衛生工学衛生管理者の選任

常時500人を超える労働者を使用する事業場で、坑内労働又は特に有害な一定の業務に常時30人以上の労働者を従事させるものにあっては、衛生管理者のうち1人を衛生工学衛生管理者免許を受けた者の中から選任しなければならない（則7条1項6号）。「特に有害な業務」は16ページ❶、❸、❹、❺、❾の業務である（「❶多量の高熱物体を取り扱う業務」は該当するが「②多量の低温物体を取り扱う業務」は該当しない点に留意）。

●資格

衛生管理者は都道府県労働局長の免許を受けた者（第1種・第2種衛生管理者、衛生工学衛生管理者）、医師・歯科医師、労働衛生コンサルタントその他厚生労働大臣が定める者（中学・高校の保健体育の教員免許、養護教諭免許を有する者で、学校に在職する者など）の資格を有する者でなければならない（則10条）。

都道府県労働局長は、必要であると認めるときは、地方労働審議会の議を経て、衛生管理者の選任を要しない2以上の事業場で、同一の地域にあるものについて、共同して衛生管理者を選任すべきことを勧告することができる（則9条）。

■衛生管理者の職務の具体的事項

①健康に異常のある者の発見及び処置に関すること。
②作業環境の衛生上の**調査**に関すること。
③作業条件、施設等の衛生上の**改善**に関すること。
④労働衛生保護具、救急用具等の**点検及び整備**に関すること。
⑤衛生教育、健康相談その他労働者の健康保持に必要な事項に関すること。
⑥労働者の**負傷及び疾病**、それによる**死亡**、**欠勤及び移動**に関する統計の作成に関すること。
⑦その他衛生日誌の記録等職務上の記録の整備に関すること等。

出題パターン

Q1 常時130人の労働者を使用する製造業の事業場において、第２種衛生管理者免許を有する者のうちから１人を選任した。

Q2 深夜業を含む業務に従事する労働者550人（うち多量の高熱物体を取り扱う業務に従事する者300人、特定化学物質等を取り扱う業務に従事する者30人）を含む800人の労働者を常時使用している鉄鋼業の事業場においては、衛生管理者のうち、１人については衛生工学衛生管理者免許を受けた者のうちから選任しなければならない。

A1＝× 常時労働者数50～200人規模では衛生管理者を１人選任すればよいが、製造業では第２種衛生管理者免許を有する者を選任することはできない（則7条1項3号、４号）。

A2＝○ 有害業務に関する衛生管理者選任については、次のように規定されている。常時使用労働者数が500人を超える事業場であって、多量の高熱物体等一定の有害業務に従事する常時使用労働者数が30人以上の事業場では、選任すべき衛生管理者のうち１人は、衛生工学衛生管理者免許を受けた者のうちから選任しなければならない（則7条1項6号）。したがって、正しい。

安全衛生推進者等 ここを押さえる

10条、12条の２、則12条の２～12条の４

●選任業種

安全管理者及び衛生管理者の選任が義務づけられていなかった中小規模の事業場の安全衛生管理体制を明確にし、その安全衛生水準の向上を図るため、これら事業場について、安全衛生管理業務を担当する者として安全衛生推進者又は衛生推進者の選任が義務づけられている（12条の２、則12条の２）。

事業者は、その使用する労働者の数が常時10人以上50人未満で、安全管理者の選任を要する業種（**屋外・工業的業種**）の事業場にあっては安全衛生推進者を、それ以外の業種（**非工業的業種**）の事業場にあっては衛生推進者を選任しなければならない。

●専属

安全衛生推進者等は、原則としてその事業場に専属の者でなければならないが、労働安全コンサルタント、労働衛生コンサルタント等のうちから選任するときは、その事業場に専属である必要はない（則12条の３第１項２号）。

●資格

安全衛生推進者等は、安全衛生推進者講習を受講し終了した者その他10条１項各号の業務（衛生推進者は、衛生に係る業務に限る）を担当するための必要な能力を有すると認められる者であることを要する。具体的には、次の者などである。

①大学又は高等専門学校を卒業した者で、その後１年以上安全衛生の実務経験を有する者

②５年以上安全衛生の実務経験を有する者

●職務

安全衛生推進者等に行わせるべき職務は、次のとおりである。

①施設、設備等（安全装置、労働衛生関係設備、保護具等を含む）の**点検**及び使用状況の確認並びにこれらの結果に基づく**必要な措置**に関すること。

②作業環境の**点検**（作業環境**測定**を含む）及び作業方法の点検並びにこれらの結果に基づく**必要な措置**に関すること。

③**健康診断**及び**健康の保持増進**のための措置に関すること。

④**安全衛生教育**に関すること。

⑤異常な事態における**応急措置**に関すること。

⑥労働災害の原因の**調査及び再発防止**対策に関すること。

⑦安全衛生情報の収集及び労働災害、疾病・休業等の**統計の作成**に関すること。

⑧関係行政機関に対する安全衛生に係る各種の**報告**、**届出等**に関すること。

なお、安全衛生推進者又は衛生推進者は、安全衛生義務について権限と責任を有する者の指揮を受けて、当該業務を担当する者として位置づけられる。

①安全衛生推進者等の選任は、当該事業場の規模が常時**10人以上50人未満**の労働者を使用する規模に達した日等、安全衛生推進者等を選任すべき事由が発生した日から**14日以内**に選任しなければならない（則12条の3）。

②事業者は、安全衛生推進者等を選任したときは、当該安全衛生推進者等の**氏名**を作業場の見やすい箇所に掲示する等により、関係労働者に**周知**させなければならない（則12条の4）。

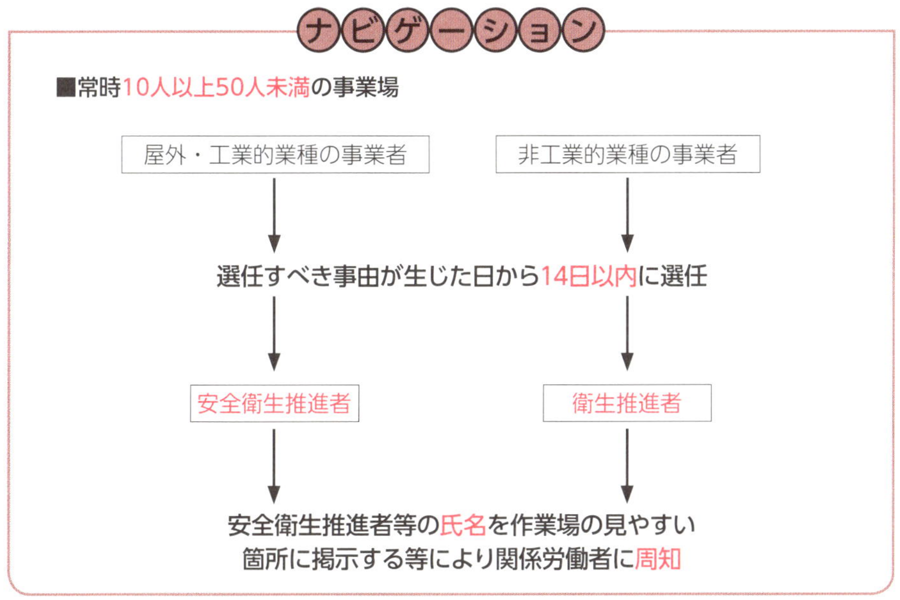

出題パターン

Q1 常時30人の労働者を使用する製造業の事業者は、安全衛生推進者を選任しなければならず、選任された安全衛生推進者は、少なくとも毎週1回作業場を巡視しなければならない。

Q2 安全衛生推進者等を選任したときは、当該安全衛生推進者等の氏名を作業場の見やすい箇所に掲示する等により、関係労働者に周知させなければならない。

A1＝× 記述前段は正しいが、安全衛生推進者に毎週作業場を巡視する義務はない（12条の2、則12条の2）。

A2＝○ 則12条の4の規定のとおりである。

産業医 ここを押さえる

13条、13条の2、101条、令5条、則13条〜15条の2、51条の2

●産業医の資格と選任

事業者は、労働者の健康管理を行わせるため、全ての業種において使用労働者数が50人以上であれば1人以上、労働者数が3,000人を超える場合は、2人以上の産業医を医師のうちから選任しなければならない（13条）。

産業医に選任されるには、医師であることのほか、次の要件のいずれかを満たす必要がある。①厚生労働大臣が行う所定研修の修了者、②労働衛生コンサルタント試験合格者、③大学において労働衛生の科目に関する担当教授・准教授・常勤講師の職にあり、又はあった者、④その他厚生労働大臣が認める者。

ただし、次の者は産業医として選任することができない。

㋑法人の代表者
㋺事業を営む個人事業主
㋩事業の実施を統括管理する者

●産業医の専属制

産業医は次の事業場にあっては、専属であることを要する（ナビ参照）。

①常時使用労働者数が1,000人以上
②有害業務を取り扱う常時使用労働者数が500人以上

●産業医の選任の届出と告知

産業医の選任は、選任理由が発生した日から14日以内に行い、選任報告書を遅滞なく所轄労働基準監督署長に提出する。

事業者は産業医の業務内容、その他業務に関する事項を作業場の見やすい場所に掲示又は備え付けるなどして労働者に周知しなければならない（101条2項）。

●産業医の役割と事業者の責務

産業医は、医学に関する知識に基づき、誠実にその職務を遂行する。一方、産業医を選任した事業者は、健康管理を適切に遂行するため産業医に対し、下記の情報を提出する（13条4項）。

①健康診断実施後の措置内容
②時間外労働（1週40時間を超えて労働した時間）が1か月に80時間を超えた労働者の氏名、及びその超えた労働時間数と当該業務に関する情報

産業医は、労働者の健康確保のため、事業者に勧告する。勧告を受けた事業者は衛生委員会（安全衛生委員会）に報告しなければならない（13条5項、6項）。

●産業医が携わる職務

①健康診断の実施
②法定労働時間を超えた長時間労働者に対する面接指導。産業医は、面接指導を受けるべき者に対して、その申出を勧奨することができる。
③ストレスチェックの実施と事後のフォロー。
④作業環境の維持と管理のため、月1回以上の定期巡視を行う（ただし、衛生委員会等から所定の情報を得た場合は、2か月に1回の巡視で可）。
⑤健康教育、健康相談、衛生教育の実施
⑥労働者の健康障害の原因調査及び再発防止措置

①産業医の選任に関し、専任制及び代理者制は考慮しない。

②産業医の職務は多岐にわたるが、メンタルヘルスケアに関しては事業場内産業保健スタッフとして次の中心的役割を果たす。

イ）過重労働者に対する面接指導の実施と勧奨

ロ）健康診断の結果に基づく保健指導等と健康測定の実施支援

■産業医の選任と専属制

使用労働者数	産業医選任数	専属制の基準
50人未満	不 要	—
50人以上	1人以上	使用労働者数が下記であれば、その事業場に専属でなければならない ①有害業務で500人以上 ②全ての業務で1,000人以上
3,001人以上	2人以上	

有害業務の定め（則13条1項）

p.29「有害業務の種類等」の表「専属の産業医」欄を参照

出題パターン

Q1 常時800人の労働者を使用する製造業の事業場で、550人が深夜業に従事していれば、事業場に専属の産業医を1人以上選任しなければならない。

Q2 親譲りの小売業の個人事業主で、別途医療機関に医師として勤務している者である場合、この者を当該小売業の産業医として選任することはできない。

Q3 産業医は、少なくとも毎月1回以上、事業場を巡視しなければならないこととなっている。

A1＝○ 深夜業は有害業務に該当する。則13条1項により正しい。

A2＝○ 事業の代表者（個人の場合は事業主）や事業を統括管理する者を産業医として選任することはできない（則13条）。

A3＝× 産業医の事業場に対する巡視頻度は、原則、少なくとも毎月1回以上とし、所定の情報を得た場合に限り、2か月に1回以上の巡視とすることもできる（則15条）。

1章 6

◉ 有害　安全衛生管理体制6

作業主任者 ここを押さえる

14条、令6条、則16条～18条

●選任

事業者は、高圧室内作業その他労働災害を防止するための管理を必要とする作業で、政令で定めるものについては、作業区分に応じて、作業主任者を選任し、労働者の指揮等を行わせなければならない(14条)(則16条・ナビ参照)。

●職務

作業主任者は、当該作業に従事する労働者の指揮のほか、当該作業の性質等に応じて、次に掲げる業務が各規則において定められている。①取り扱う機械及びその安全装置を**点検**すること、②取り扱う機械及びその安全装置に**異常**を認めた場合は、直ちに必要な措置をとること、③作業中、器具・工具等の**使用状況**を監督すること。

●職務の分担

作業を同一の場所で行う場合において、作業に係る作業主任者を2人以上選任したときは、それぞれの職務分担を定めなければならない(則17条)。

●作業主任者の氏名等の周知

作業主任者を選任したときは、その氏名及びその者に行わせる事項を作業場の見やすい箇所に掲示する等により関係労働者に周知させなければならない(則18条)。

●資格

作業主任者は、①都道府県労働局長の免許を受けた者、又は②都道府県労働局長の登録を受けた者が行う技能講習を修了した者でなければならない(14条)。

●作業主任者を選任すべき作業の具体例

作業主任者の選任が**必要**
①塩素を取り扱う作業
②長期間使用されていない井戸の内部における作業、サイロ内部における作業、醸造槽の内部における作業等
③コールタールを製造する作業
④メタノール製造工程におけるメタノールの容器への注入作業
⑤硫酸を取り扱う作業
⑥ガンマ線照射装置を用いて行う透過写真撮影の作業
⑦硫酸・硝酸等を用いて行う洗浄作業
⑧ドライアイスを使用している冷蔵庫の内部における作業
⑨アーク溶接の作業(令和3年4月1日より)

作業主任者の選任が**不要**
①強烈な騒音を発生する作業
②水深10m以上の場所における潜水作業。潜水器を用いて行うボンベからの給気を受けて行う潜水の作業
③レーザー光線により金属を加工する作業
④セメントの袋詰め作業、陶磁器製造工程において原料を混合する作業
⑤試験研究業務としてキシレン・塩素・ベンゼン等の特化物を取り扱う作業
⑥自然換気が不十分な場所におけるはんだ付けの作業

作業主任者の制度は、従来、危険又は有害な設備又は作業について、その危険防止の事項を担当させるための者として、各規則中に定められていたものを、法律の制度とし、安全衛生管理組織の一環として位置づけを明確にしたものである。

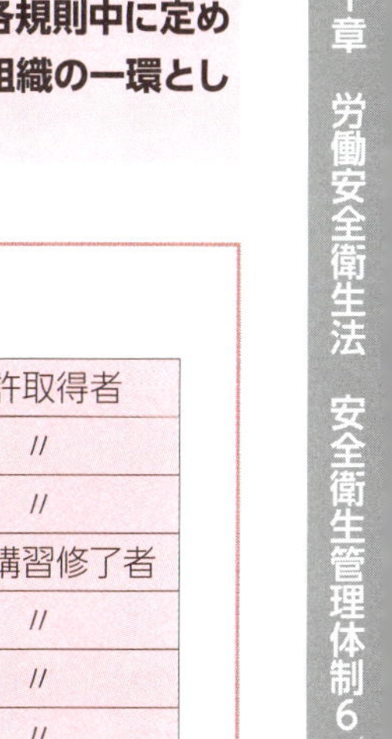

ナビゲーション

■作業主任者を選任すべき主な作業（令6条）

①	**高圧室内**作業	免許取得者
②	**エックス**線装置を使用する**放射線業務**に係る作業	〃
③	**ガンマ**線照射装置を用いて行う**透過写真の撮影**の作業	〃
④	**特定化学物質**を製造し、又は取り扱う作業※	技能講習修了者
⑤	**鉛**業務に係る作業	〃
⑥	**四アルキル鉛等**業務に係る作業	〃
⑦	**酸素欠乏危険**場所における作業	〃
⑧	**有機溶剤**を製造し、又は取り扱う業務に係る作業	〃
⑨	**石綿等**を取り扱う業務に係る作業	〃

※試験研究の業務は除く。

出題パターン

Q1 特定化学物質を取り扱う作業を行う場合には、特定化学物質作業主任者を選任しなければならない。

Q2 試験研究業務として塩素を取り扱う作業は、作業主任者の選任を要する。

Q3 レーザー光線により金属を加工する作業は、作業主任者の選任を必要としない。

Q4 長期間使用されていない井戸の内部における作業は、作業主任者の選任を必要としない。

Q5 石綿をその重量の0.1％を超えて含有する製剤を取り扱う作業は、作業主任者の選任を必要とする。

A1＝○ 特定化学物質を製造し、又は取り扱う作業（ただし、試験研究のために取り扱う作業を除く）にあっては、特定化学物質作業主任者を**選任しなければならない**（14条、令6条）。

A2＝× 試験研究の業務として塩素を取り扱う場合は、作業主任者の**選任を要しない**（14条、令6条18号カッコ書）。

A3＝○ レーザー光線に関する作業は、作業主任者の選任は**不要である**（14条、令6条）。

A4＝× 井戸の作業は酸素欠乏危険作業に該当し、**作業主任者の選任を要する**（14条、令6条）。

A5＝○ 石綿若しくは石綿をその重量の0.1％を超えて含有する製剤を取り扱う作業又は石綿等を試験研究のために製造する作業は、作業主任者の選任を**必要とする**（14条、令6条）。

衛生委員会 ここを押さえる

13条、17条、18条、19条、令9条、則22条、23条

●設置すべき事業場

事業者は、業種を問わず常時50人以上の労働者を使用する事業場ごとに、衛生に関する一定の事項を調査審議させ、事業者に対し意見を述べさせるため、衛生委員会を設けなければならない（18条、令9条）。

●役割

①健康障害防止基本対策、②健康保持増進基本対策、③労働災害原因調査及び再発防止対策、④前記①から③まで以外の労働者の健康障害防止及び健康保持増進に関する重要事項（18条1項、則22条）。産業医から労働者の健康確保のための勧告を受けた事業主は、その勧告を尊重し、内容その他厚生省令で定める事項を衛生委員会又は安全衛生委員会に報告しなければならない（13条6項）。

●構成

衛生委員会の委員は、次の者をもって構成する。議長を除く半数の委員は労働者の過半数を代表する労働組合（又は労働者の過半数を代表するもの）の推薦に基づき事業者が指名しなければならない。議長は①の者がなる。①総括安全衛生管理者又は事業を統括管理する者又はこれに準じる立場の者から事業者が指名した者、1人。②衛生管理者のうちから事業者が指名した者。③産業医のうちから事業者が指名した者。④当該事業場の労働者で、衛生に関し経験を有する者のうちから事業者が指名した者（18条2項）。また、事業者は、当該事業場の労働者で、作業環境測定を実施している作業環境測定士である者を衛生委員会の委員として指名することができる（18条3項）。

●運営

事業者は、衛生委員会を毎月1回以上開催するようにしなければならない（則23条1項）。このほか、委員会の運営について必要な事項は、委員会で定めることとされている。ここにおいて「必要な事項」には、委員会の招集、議事の決定、専門委員会の設置、委員会規定の改正等に関することが含まれる。事業者は、委員会における議事で重要なものに係る記録を作成して、これを3年間保存しなければならない（則23条4項）。

衛生委員会の活動は労働時間内に行うことを原則とする。衛生委員会の会議の開催に要する時間は労働時間と解され、当該会議が法定時間外に行われた場合には、参加者に対し、割増賃金を支払わなければならない（昭47.9.18基発602号）。

●安全衛生委員会

安全委員会及び衛生委員会を設けなければならないときは、それぞれの委員会に代えて安全衛生委員会を設置することができる（19条1項）。

①事業者は、議長となるべき委員を除く委員の半数については、当該事業場の労働者の過半数で組織する労働組合（ないときは労働者の過半数を代表する者）の推薦に基づいて指名しなければならない（17条4項、18条4項）。
②労働協約に別段の定めがあるときは、議長に関する規定や委員の推薦に関する規定はその限度において適用しない（17条5項、18条4項）。

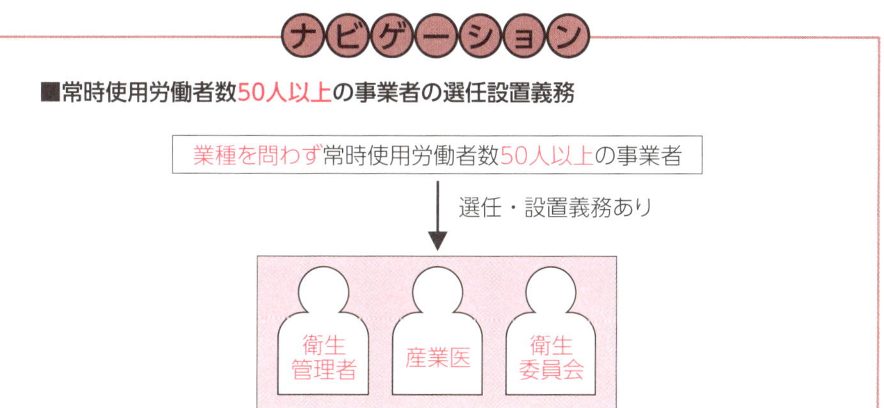

出題パターン

Q1 全ての衛生管理者を、衛生委員会の委員としなければならない。

Q2 衛生委員会の議事で重要なものに係る記録を作成し、３年間保存しなければならない。

Q3 衛生委員会は、１か月に１回以上開催するようにしなければならない。

Q4 常時50人以上の労働者を使用している鉄鋼業の事業場においては、指定作業場の作業環境測定を委託している作業環境測定機関の作業環境測定士を衛生委員会の委員として指名しなければならない。

A1＝× 全ての衛生管理者を、衛生委員会の委員として指名するものではない。

A2＝○ 重要なものは記録を作成し、３年間保存する（則23条４項）。

A3＝○ 月１回以上開催しなければならない（則23条１項）。

A4＝× 衛生委員会は業種を問わず、常時使用労働者数50人以上の事業場にあって設置される。その委員は、事業者が一定の資格者を指名することにより構成されるが、作業環境測定士はその指名の対象として義務づけられてはいない。しかし、作業環境測定士を任意構成員として指名しても差し支えないとされている（18条２項、３項）。設問文は、指名を義務づけているので誤り。

1章 8 有害 安全衛生管理体制8

製造業の事業場の有害業務 ここを押さえる

則7条、11条、13条～15条

●衛生管理者の選任数

衛生管理者の数は、常時使用する労働者数による事業規模により、次のとおりである（則7条1項4号：p.17参照）。

常時使用する労働者数	衛生管理者の数
50人～200人	1人以上
201人～500人	2人以上
501人～1,000人	3人以上
1,001人～2,000人	4人以上
2,001人～3,000人	5人以上
3,001人以上	6人以上

●専属の衛生管理者の選任

衛生管理者はその事業場に専属する者を選任しなければならない。ただし、2人以上選任する場合において、その中に労働衛生コンサルタントがいる場合は、当該コンサルタント1人については専属の者ではなくてよい（則7条1項2号）。

●専任の衛生管理者を必要とする事業場

専任の衛生管理者を必要とする事業場は

①常時1,001人以上の労働者を使用する事業場、又は

②常時501人以上の労働者を使用する事業場で、一定有害業務（p.16参照）に常時30人以上の労働者を従事させるもの、である（則7条1項5号）。

（注）一定有害業務には、「多量の高熱物体を取り扱う業務」「多量の低温物体を取り扱う業務」は含まれる（ナビ参照）。

●衛生工学衛生管理者を必要とする事業場

衛生工学衛生管理者を必要とする事業場は、常時501人以上の労働者を使用する事業場で、一定有害業務に常時30人以上の労働者を従事させるもの、である（p.18参照）。

（注）この場合の一定有害業務には、「多量の高熱物体を取り扱う業務」は含まれるが、「多量の低温物体を取り扱う業務」は含まれない（ナビ参照）。

●専属の産業医を必要とする事業場

専属の産業医を必要とされる事業場は、

①常時1,000人以上（1,001人ではない）の労働者を使用する事業場、又は

②一定有害業務に常時500人以上（501人ではない）の労働者を従事させるもの、である（則13条1項3号：p.22参照）。

（注）この場合の一定有害業務には、「多量の高熱物体を取り扱う業務」「多量の低温物体を取り扱う業務」「深夜業を含む業務」が含まれる。

●定期巡視

衛生管理者は少なくとも毎週1回作業場等を巡視し、設備・作業方法・衛生状態に有害なおそれがあるときは、直ちに、労働者の健康障害を防止するため必要な措置をとらなければならない（則11条）。産業医の場合は少なくとも毎月1回以上作業場を巡視すべきことが義務づけられている。ただし、一定の情報提供がある場合は、2か月に1回でもよい（則15条）。

■有害業務の種類等

業務の内容		専任の衛生管理者	衛生工学衛生管理者	専属の産業医	時間外労働1日2時間限度
		安衛則7条1項5号ロ	安衛則7条1項6号	安衛則13条	労基則18条
1	多量の高熱物体を取り扱う業務	○	○	○	○
2	多量の低温物体を取り扱う業務	○	×	○	○
3	エックス線その他の有害放射線にさらされる業務	○	○	○	○
4	土石、獣毛等のじんあい又は粉末を著しく飛散する場所における業務	○	○	○	○
5	異常気圧下における業務	○	○	○	○
6	さく岩機、鋲打機等の使用によって、身体に著しい振動を与える業務	○	×	○	○
7	重量物の取扱い等重激な業務	○	×	○	○
8	ボイラー製造等強烈な騒音を発する場所における業務	○	×	○	○
9	坑内における業務	○	○	○	○（法36①）
10	深夜業を含む業務	×	×	○	×
11	水銀、砒素、黄りん、青酸等を取り扱う業務	×	×	○	×
12	鉛、水銀、クロム、砒素、黄りん、青酸、ベンゼン等のガス・蒸気・粉じんを発散する場所における業務	○	○	○	○
13	病原体によって汚染のおそれが著しい業務	×	×	○	×
14	その他厚生労働大臣が定める業務	○	—	○	○

出題パターン

Q1 常時800人の労働者を使用する製造業の事業場で、多量の低温物体を取り扱う業務に常時30人以上の労働者を従事させるものは、衛生管理者のうち少なくとも1人を衛生工学衛生管理者免許を受けた者のうちから選任しなければならない。

Q2 多量の高熱物体を取り扱う業務に常時500人以上の労働者を使用する事業場では、専属の産業医を選任しなければならない。

A1＝× 多量の低温物体取扱い業務の場合は、衛生工学衛生管理者免許を受けた衛生管理者の選任の必要はない（則7条1項6号）。

A2＝○ 専属の産業医を選任しなければならない（則13条1項3号）。

譲渡等の制限等 ここを押さえる

42条、令13条

●譲渡等の制限等とは

特定機械等以外の機械等で、（1）安衛法別表第二に掲げるもの（個別検定計12機種及び別表第四による型式検定対象機種が含まれる）、（2）危険な場所において使用するもの又は危険もしくは健康障害を防止するため使用するもののうち政令で定めるもの（令13条で定める計34機種）は、厚生労働大臣が定める規格を具備していなければ譲渡し、貸与し、又は設置してはならない（42条）。

●厚生労働大臣が定める規格

対象となるそれぞれの機械等の使用目的や安全性確保の観点から個別に規格が定められている。

潜水器の場合、①面ガラスは視界が90度以上のもの、②面ガラス以外ののぞき窓には窓ガラスを保護するための金属製格子などが取り付けられていること、③送気管の取付部に逆止弁が設けられていること、という規格が定められている。

●対象となる機械等

譲渡等の制限等の対象となる機械等には、危険な作業を必要とするもの（動力プレス機械、フォークリフト等）、有害な作業を必要とするもの（防爆構造電気機械器具）、危険又は健康障害を防止するために使用するもの（プレス機械又はシャーの安全装置、再圧室など）がある。下記の（1）が16種、（2）が34種定められている。そのうち、衛生関係の主なものは、次のとおりである。

（1）安衛法別表第二に掲げるもの

①防じんマスク
②防毒マスク
③交流アーク溶接機用自動電撃防止装置
④絶縁用保護具
⑤絶縁用防具
⑥保護帽
⑦電動ファン付き呼吸用保護具

（2）政令で定めるもの

①再圧室
②潜水器
③工業用ガンマ線照射装置
④墜落制止用器具
⑤排気量40cm^{3}以上の内燃機関を内蔵するチェーンソー

●対象ではない機械等

次のものは譲渡等の制限等の対象となっていない。

（a）化学防護服
（b）防振手袋
（c）防音保護具
（d）送気マスク
（e）放射線測定器

●出題の傾向

譲渡等の制限等に関する試験の出題は、対象機種に該当しないものを指定させるのが主体である。したがって、上記（a）～（e）を重点的に押さえる。

譲渡等の制限等の対象となる機械等は計50種類もあるから、覚えるのは大変である。まずは、左ページ「対象でないもの」（a）～（e）を確実に覚えるようにするとよい。

■譲渡等制限対象の主な装置・器具等

（1）型式検定の対象となる主なもの（安衛法別表第二関係）
①防じんマスク（ろ過材及び面体を有するもの）
②防毒マスク（一酸化炭素用、亜硫酸ガス用など）
③交流アーク溶接機用自動電撃防止装置
④絶縁用保護具
⑤絶縁用防具
⑥保護帽
⑦電動ファン付き呼吸用保護具
（2）規格制限・安全装置具備のもの（安衛令13条関係）
⑧アセチレン溶接装置又はガス集合溶接装置の安全器
⑨直流750ボルト（交流600ボルト）を超える充電電路に用いられる活線作業用装置
⑩直流750ボルト（交流300ボルト）を超える充電電路に用いられる活線作業用器具
⑪対地電圧が50ボルトを超える充電電路に用いられる絶縁用防護具
⑫再圧室
⑬潜水器
⑭定格管電圧が10キロボルト以上の工業用エックス線装置
⑮工業用ガンマ線照射装置
⑯墜落制止用器具
⑰排気量40cm^3以上の内燃機関を内蔵するチェーンソー

出題パターン

Q 厚生労働大臣が定める規格を具備しなければ、譲渡し、貸与し、又は設置してはならない機械等に該当しないものは、次のうちどれか。

（1）潜水器
（2）防振手袋
（3）一酸化炭素用防毒マスク
（4）ろ過材及び面体を有する防じんマスク
（5）排気量40cm^3以上の内燃機関を内蔵するチェーンソー

A＝正解は（2）。防振手袋は譲渡等の制限等の対象機種ではない。

有害　機械等に関する規則2

定期自主検査等　ここを押さえる

45条、令15条

●対象

事業者は、ボイラーその他の機械等で政令で定めるものについて、厚生労働省令で定めるところにより定期に自主検査を行い、その結果を記録しておかなければならない（45条1項）。

●政令で定めるもの

「政令で定めるもの」とは、衛生関係では、次の装置等である（令15条1項）。

①局所排気装置、プッシュプル型換気装置
　※全体換気装置は対象ではない。
　（有機溶剤に関しては、第1種有機溶剤又は第2種有機溶剤を取り扱う作業場が対象で、第3種有機溶剤を取り扱う作業場は対象外）

②除じん装置

③排ガス処理装置
　※一酸化炭素を含有する気体は対象ではない。
　（弗化水素、硫化水素などのガス・蒸気を含有する気体を排出する製造設備の排気筒が対象）

④排液処理装置
　※アンモニアを処理する排液処理装置は対象外。
　（塩酸・硝酸・硫酸・シアン化カリウム・シアン化ナトリウムなどを処理する装置が対象）

⑤特定化学設備及びその附属設備

⑥ガンマ線照射装置
　※木材加工用丸のこ盤を使用する作業場は、対象作業場ではない。

●定期自主検査を行う者

定期自主検査を行う者は、建設機械等については一定の資格を有する者又は検査業者でなければならないが（特定自主検査）、衛生関係の局所排気装置の検査については、「局所排気装置の定期自主検査指針」に基づいて行えばよく、検査者の資格は問われない。

●実施の時期

定期自主検査は原則として、1年以内ごとに1回、定期に行わなければならない。ただし、特定化学設備等については2年以内ごとに（特化則31条）、ガンマ線照射装置については1か月以内ごとに（電離則18条の5）行わなければならない。

●記録の保存

定期自主検査を行ったときは、一定の事項を記録し、原則として3年間保存しなければならない。

●補修

局所排気装置及びプッシュプル型換気装置の自主検査又は点検を行った場合において、異常を認めたときは、直ちに補修しなければならない（有機則23条、鉛則38条、特化則35条、粉じん則21条）。排ガス処理装置、排液処理装置及び除じん装置についても、局所排気装置等に準じた補修規定が定められている。

①定期自主検査の実施間隔は**原則1年以内**であるが、特化則による**特定化学**設備等の検査は**2年**以内である。
②電離則による**ガンマ線照射**装置の自主検査は**1か月**以内ごとに行わなければならないが、線源容器の遮へい能力の異常の有無検査については**6か月**以内ごとでよい。

■定期自主検査

規　則	対象装置等	実施間隔	保存期間
有機則 20～21条	局所排気装置 プッシュプル型換気装置	1年以内	3年間
鉛則 35・36条	局所排気装置、プッシュプル型換気装置 除じん装置	1年以内	3年間
特化則 30～32条	局所排気装置、プッシュプル型換気装置 除じん装置 排ガス処理装置 排液処理装置	1年以内	3年間
	特定化学設備等	2年以内	3年間
電離則18条の5～18条の7	ガンマ線照射装置	1か月以内（注）	3年間
粉じん則 17・18条	局所排気装置 プッシュプル型換気装置 除じん装置	1年以内	3年間
石綿則 22・23条	局所排気装置 プッシュプル型換気装置 除じん装置	1年以内	3年間

（注）線源容器の遮へい能力の異常の有無検査については6か月以内。

出題パターン

Q1 エタノールを使用する作業場所の局所排気装置は、定期自主検査を2年に1回行わなければならない。

Q2 トルエンを使用する作業場所の局所排気装置は、定期自主検査を2年に1回行わなければならない。

Q3 鉛業務に係る全体換気装置は、定期自主検査を2年以内に1回行わなければならない。

A1＝× エタノール（「名称等を通知すべき有害物」）は第1種及び第2種有機溶剤に該当せず、定期自主検査の法令上の制約はない。

A2＝× トルエンは第2種有機溶剤であり、検査は1年以内ごとに1回行わなければならない（有機則20条）。

A3＝× 全体換気装置は、定期自主検査の対象外の機械等である（45条、令15条1項9号、鉛則35条1項）。

1章 11 有害 危険物及び有害物に関する規制

製造等の禁止及び製造許可 ここを押さえる

55条〜57条、令16条、17条

●概要

製造等禁止物質は、最も有害性の強い物質で、労働者に重度の障害を生じさせるため製造等が禁止されている。

製造許可物質は、製造等禁止物質に次いで有害性が強く、これを製造するには厚生労働大臣の許可を受けた上で、労働衛生上厳しい制約を受ける。

●製造等禁止物質

黄りんマッチ、ベンジジン、ベンジジンを含有する製剤その他の労働者に重度の健康障害を生ずる物で政令で定めるもの（注1）は、製造、輸入、譲渡、提供又は使用してはならない。ただし、試験研究のため製造、輸入又は使用する場合で政令で定める要件に該当するときは、この規定を適用しない（55条）。

（注1）上記の有害物質で「政令で定めるもの」とは、次の物質である（令16条1項）。

①黄りんマッチ
②ベンジジン及びその塩
③四－アミノジフェニル及びその塩
④石綿（分析用試料に供されるもの等を除く）
⑤四－ニトロジフェニル及びその塩
⑥ビス（クロロメチル）エーテル
⑦ベーターナフチルアミン及びその塩
⑧ベンゼン（容量5％超）を含有するゴムのり
⑨②、③、⑤〜⑦の物質をその重量比1％を超えて含有する製剤、④をその重量比0.1％を超えて含有する製剤その他の物

●製造許可物質

ジクロルベンジジン、ジクロルベンジジンを含有する製剤その他の労働者に重度の健康障害を生ずるおそれのある物で政令で定めるもの（注2）を製造しようとする者は、厚生労働省令で定めるところにより、あらかじめ、厚生労働大臣の許可を受けなければならない（56条1項）。

（注2）上記の「政令で定めるもの」とは、特定化学物質の第1類物質（p.82参照）で、次の8物質及び石綿分析用試料等である（令17条、令別表第3第1号）。

①ジクロルベンジジン及びその塩
②アルファーナフチルアミン及びその塩
③塩素化ビフェニル（別名PCB）
④オルトートリジン及びその塩
⑤ジアニシジン及びその塩
⑥ベリリウム及びその化合物
⑦ベンゾトリクロリド
⑧①〜⑥までに掲げる物質を重量比1％を超えて含有し、また、⑦に掲げる物質を重量比0.5％を超えて含有する製剤その他の物（合金にあってはベリリウムを重量比3％を超えて含有するものに限る。）

①製造等禁止物質は全部で**9**物質、製造許可物質は全部で**8**物質あり、そのいずれもが重要である。
②製造等禁止物質であっても、**試験研究**のため**製造**、**輸入**又は**使用**する場合は認められる。

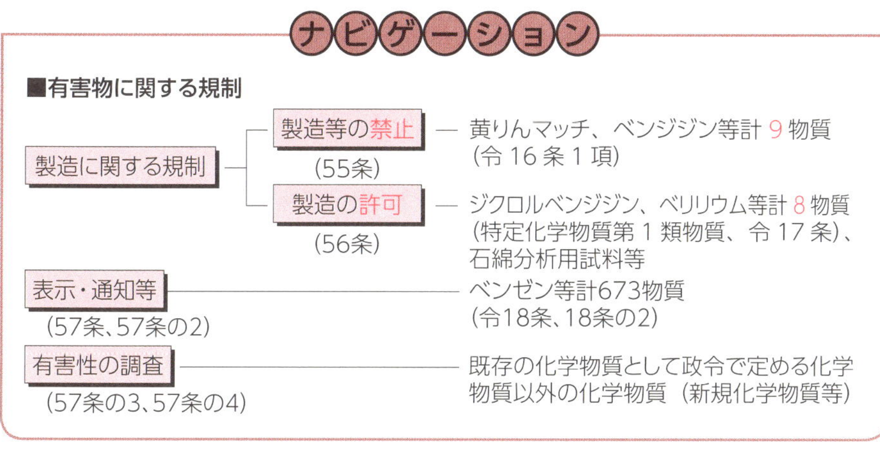

ナビゲーション
■有害物に関する規制
製造に関する規制
製造等の禁止
(55条)
黄りんマッチ、ベンジジン等計9物質
(令16条1項)
製造の許可
(56条)
ジクロルベンジジン、ベリリウム等計8物質
(特定化学物質第1類物質、令17条)、
石綿分析用試料等
表示・通知等
(57条、57条の2)
ベンゼン等計673物質
(令18条、18条の2)
有害性の調査
(57条の3、57条の4)
既存の化学物質として政令で定める化学物質以外の化学物質（新規化学物質等）

出題パターン

Q1 アルファーナフチルアミン及びその塩は、労働安全衛生法でその製造が禁止されている。

Q2 ベンジジン及びその塩は、労働安全衛生法でその製造が禁止されている。

Q3 臭化メチルを製造しようとするときは、あらかじめ厚生労働大臣の許可を受けなければならない。

Q4 ベリリウム及びその化合物は、その製造について、厚生労働大臣の許可を必要とする。

Q5 ベーターナフチルアミンを重量比１%を超えて含有する製剤を製造することは、禁止されている。

A1＝× アルファーナフチルアミン及びその塩は、製造許可物質である（令17条）。

A2＝○ 令16条により正しい。

A3＝× 臭化メチルは「名称等を通知すべき有害物」であり、製造許可物質ではない（令18条の２）。

A4＝○ 令17条により正しい。

A5＝○ ベーターナフチルアミンは製造等禁止物質であり、重量比１%を超えて含有する製剤もその製造が禁止されている（令16条）。

1章 12

安全衛生教育1

雇入れ時の安全衛生教育 ここを押さえる

59条、則35条

●実施の時期・対象者

雇入れ時の安全衛生教育は、労働者（短期アルバイト等を含む）を雇い入れたとき又は労働者の作業内容を変更した場合に、遅滞なく行わなければならない。10人未満の小規模事業場でも省略することはできない。また、雇入れ時の安全衛生教育は、「特別の安全衛生教育」の場合と異なり、**記録の保存は義務づけられていない**。

●実施内容（則35条）

事業者は、次の事項のうち当該労働者が従事する業務に関する必要な事項について教育を行わなければならない。

①機械等、原材料等の危険性又は有害性及びこれらの取扱い方法に関すること
②安全装置、有害物抑制装置又は保護具の性能及び取扱い方法に関すること
③作業手順に関すること
④作業開始時の点検に関すること
⑤当該業務に関して発生するおそれのある疾病の原因及び予防に関すること
⑥整理、整頓及び清潔の保持に関すること
⑦事故時等における応急措置及び退避に関すること
⑧その他、安全又は衛生に必要な事項

●実施の省略

(1)「その他の業種」に関する省略

労働災害が発生する危険性が少ない事務所など「その他の業種」では、前記①～④の項目を省略することができる。

その他の業種とは、具体的には、安全管理者を選任する必要がない業種で、金融業、教育研究の事業などのほか、事務を主体とする、いわゆる事務所などがこれに該当する。

◆業種による省略内容

	作業手順	作業開始時の点検
通信業、各種商品卸売・小売（百貨店）業、旅館業、ゴルフ場業	省略不可	省略不可
医療業、金融・保険業、警備業	省略可	省略可

(2) 十分な知識及び技能の保有者に関する省略

上記項目の全部又は一部に関し、十分な知識及び技能を有していると認められる者については、当該項目について省略することができる。

●講師

安全衛生教育を実施する責任は当該業務を行う事業者にある。原則、所定労働時間内に行い、費用は事業者が負担する。担当する講師についての**資格要件は法令に定められていないが**、教育科目について十分な知識、経験を有する者であれば外部講師を招いても差し支えない。

①雇入れ時の安全衛生教育は、**事業規模にかかわらず**行わなければならない。
②対象となる労働者は、常時使用する労働者だけでなく臨時雇用者、アルバイト等を含む当該業務に従事させる**全ての労働者**である。
③労働災害が発生する**危険性が少ない事務所**などの事業では、実施項目のうち**一部を省略**することができ、また、**十分な知識及び技能を有している**と認められる者については、**当該項目**について省略することができる。

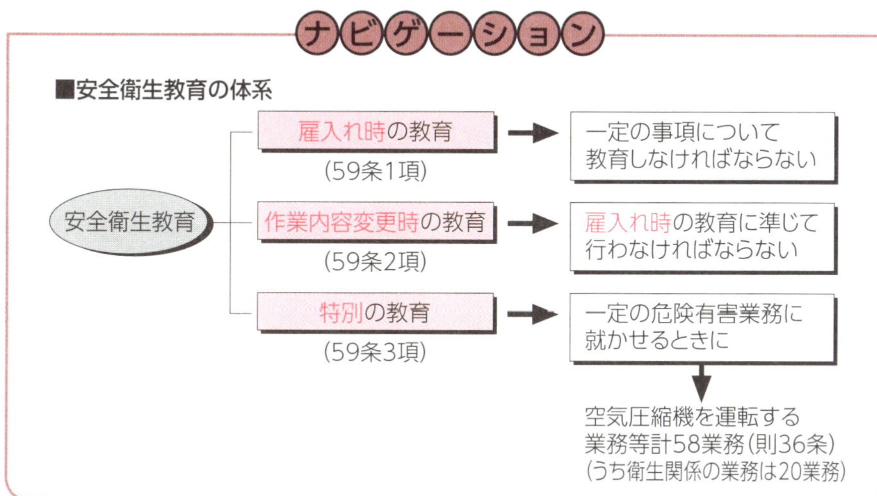

出題パターン

Q1 雇入れ時の安全衛生教育は、常時10人未満の労働者を使用する事業場では、原則として行わなくてもよい。

Q2 雇入れ時の安全衛生教育は、同一業種の事業場に勤務した経験のある労働者には、原則として行わなくてもよい。

Q3 金融業の事業場においては、「作業手順に関すること」及び「作業開始時の点検に関すること」の項目を省略することができる。

A1＝× 雇入れ時の安全衛生教育は、事業規模や種類及び業務内容にかかわらず行わなければならない（則35条1項)。

A2＝× 実施項目を省略できるのは、①労働災害が発生する危険性が少ない事務所などの事業、②十分な知識及び技能を有していると認められる者、である。同一業種の事業場に勤務した経験があるというだけで省略することはできない(則35条)。

A3＝○「作業手順に関すること」及び「作業開始時の点検に関すること」は、労働災害が発生する危険性が少ない事務所などの事業（金融業はこれに該当）では省略することができる（則35条1項)。

有害　安全衛生教育2

特別の安全衛生教育 ここを押さえる

59条、60条、則36条～38条、令19条

●対象者

事業者は、危険又は有害な業務で厚生労働省令で定めるものに労働者を就かせるときは、当該業務に関する安全又は衛生のための特別の教育を行わなければならない（59条3項）。

●対象業務

上記「厚生労働省令で定めるもの」はナビに掲げるとおりであるが、次の業務が対象業務に含まれる点に注意する。

①石綿等が使用されている建築物の解体の作業に係る業務
②酸素欠乏危険場所における作業に係る業務
③廃棄物の焼却施設において、ばいじん及び焼却灰その他の燃え殻を取り扱う業務
④東日本大震災によって生じた放射性物質により汚染された土壌を除染するための特定線量下の業務
⑤チェーンソーを用いて行う業務
⑥X線又はガンマ線照射装置を用いて行う透過写真撮影の業務

●対象に該当しない業務

次の業務は特別の教育の対象業務に該当しない。

①有機溶剤等を用いて行う接着の業務、有機溶剤等を入れたことのあるタンク内部等の業務
②特定化学物質を用いて行う分析の業務、滅菌の業務など
③潜水業務（当該業務は潜水士免許を必要とする）
④手持ち式動力工具を用いて行う粉じん作業に係る業務
⑤人力により重量物を取り扱う業務
⑥強烈な騒音を発する場所における業務（当該業務は時間外労働が1日2時間以内に制限される業務である）
⑦削岩機やチッピングハンマー等のチェーンソー以外の振動工具を取り扱う業務
⑧超音波、赤外線又は紫外線にさらされる業務

●省略

特別の教育は、十分な知識及び技能を有していると認められる労働者については、その科目の全部又は一部を省略することができる（則37条）。

●保存

事業者は、特別の教育を行ったときは、当該特別の教育の受講者、科目等の記録を作成して、これを3年間保存しておかなければならない（則38条）。

●職長の安全衛生教育

事業者は、建設業・製造業（一部を除く）・電気業等の業種で、新たに職務に就くことになった職長等に対して安全又は衛生のための教育を行わなければならない（60条、令19条）。

①特別の教育を行うべき業務のうち、主な業務を覚えておく必要がある。
②著しい騒音を発する屋内作業場は作業環境測定を行うべき作業場であるが、そこで行う業務は特別の教育を実施すべき業務ではない。

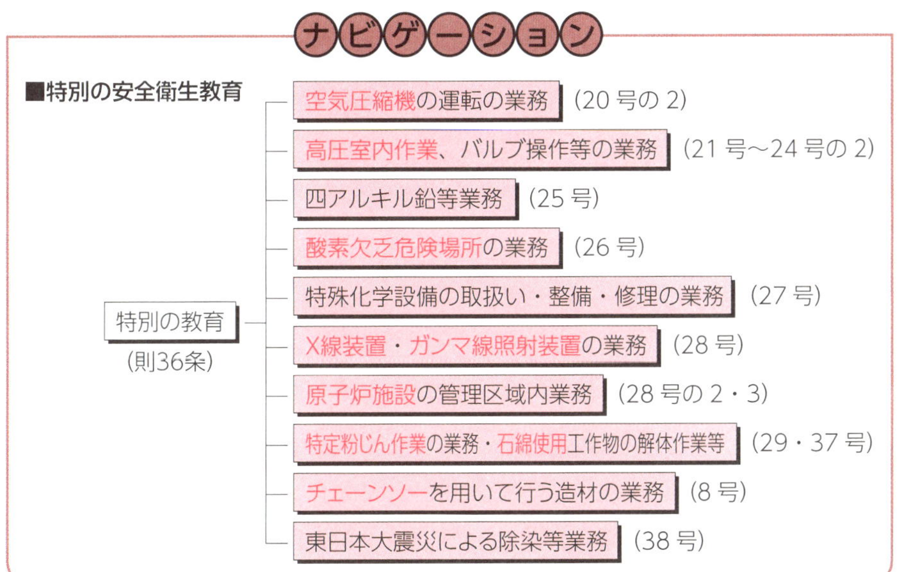

ナビゲーション
■特別の安全衛生教育
特別の教育
（則36条）
空気圧縮機の運転の業務　（20号の2）
高圧室内作業、バルブ操作等の業務　（21号～24号の2）
四アルキル鉛等業務　（25号）
酸素欠乏危険場所の業務　（26号）
特殊化学設備の取扱い・整備・修理の業務　（27号）
X線装置・ガンマ線照射装置の業務　（28号）
原子炉施設の管理区域内業務　（28号の2・3）
特定粉じん作業の業務・石綿使用工作物の解体作業等　（29・37号）
チェーンソーを用いて行う造材の業務　（8号）
東日本大震災による除染等業務　（38号）

出題パターン

Q1 有機溶剤等を入れたことがあるタンクの内部における業務は、特別の教育を行わなければならない。

Q2 再圧室を操作する業務に労働者を就かせるときは、特別の教育を行わなければならない。

Q3 衛生管理者を選任しなければならない事業場では、衛生に係る特別の教育は衛生管理者に行わせなければならない。

A1＝× タンク内部における有機溶剤業務は、特別の教育に該当しない（則36条）。

A2＝○ 再圧室を操作する業務は、特別の教育を行わなければならない業務である（則36条24号）。

A3＝× このような規定はなく、教育科目について十分な知識、経験を有する者であれば衛生管理者でなくても講師として適格である。

作業環境測定 ここを押さえる

65条、令21条

●対象

事業者は、有害な業務を行う屋内作業場その他の作業場で政令で定めるものについて、厚生労働省令で定めるところにより、必要な作業環境測定を行い、その結果を記録しておかなければならない（65条1項）。その結果の評価に基づいて、設備の設置・整備、健康診断の実施等の適切な改善措置を講じなければならない。

●政令で定めるもの（令21条）

①常時特定粉じん作業が行われる屋内作業場（型ばらし装置を用いて砂型をこわす作業など）
②暑熱、寒冷又は多湿の屋内作業場
③著しい騒音を発する屋内作業場（ロール機を用いて行う金属の圧延の業務、チッパーによりチップする業務など）
④坑内の作業場
⑤空気調和設備を設けている建築物の室
⑥放射線業務を行う管理区域内作業場
⑦特定化学物質第1類物質又は第2類物質を製造し、又は取り扱う屋内作業場、石綿等を取り扱い又は試験研究のため製造若しくは石綿分析用試料等を製造する屋内作業場又はコークス製造作業を行う作業場
⑧鉛業務を行う屋内作業場（隔離室において遠隔操作によって行うものを除く）（鉛ライニングの業務、鉛の精錬工程において鉛等を取り扱う業務など）
⑨酸素欠乏危険場所において行う作業
⑩有機溶剤（第3種有機溶剤を除く）を製造し、又は取り扱う業務を行う屋内作業場（印刷の業務など）

●実施内容及び記録の保存

作業環境測定の測定間隔及び記録の保存期間については各規則に定められている。記録の保存期間は原則的には「3年間」であるが、放射線管理区域内の測定記録は「5年間」、常時粉じん作業が行われる屋内作業場は「7年間」、石綿取扱い屋内作業場は「40年間」である（ナビ参照）。

●測定基準

作業環境測定は、厚生労働大臣の定める作業環境測定基準に従って行わなければならない（65条2項）。

●測定間隔

原則6か月以内であるが、暑熱・寒冷の屋内作業場は半月以内、放射線業務は1か月以内、空気調和設備は2か月以内などの例外がある（ナビ参照）。

●対象に該当しない業務

次の業務は作業環境測定の対象業務に該当しない。

①特定化学物質第3類物質（硫酸、硝酸、アンモニアなど）を取り扱う屋内作業場（令21条7号）
②第3種有機溶剤（ガソリン、石油エーテル、石油ナフサなど）を取り扱う屋内有機溶剤業務（有機則28条）

①作業環境測定の実施間隔は原則6か月、暑熱・寒冷・多湿作業場は半月、放射線管理区域は1か月、空気調和設備の室は2か月である。
②測定記録の保存期間は原則3年、放射線管理区域は5年、特定粉じん屋内作業場は7年、石綿等を取り扱う作業場は40年である。

■作業環境測定（測定間隔順）

測定対象作業場			測定項目	測定間隔	記録保存期間	関連規則
①	酸素欠乏危険場所		空気中酸素濃度 硫化水素濃度	その日の作業開始前	3年間	酸欠則3条
②	暑熱・寒冷・多湿作業場		気温、湿度、輻射熱	半月以内	3年間	則607条
③	坑内業	通気設備のある坑内	通気量	半月以内	3年間	則592条他
		28℃を超える坑内	気温			
		炭酸ガス停滞場所	炭酸ガス濃度	1か月以内		
④	放射線業務を行う作業場		線量当量 放射性物質濃度	1か月以内	5年間	電離則54条他
⑤	空気調和設備設置事務所		一酸化・二酸化炭素濃度（室温・外気温、湿度）	2か月以内	3年間	事務所則7条
⑥	特定粉じん発散作業場		遊離けい酸含有率 空気中粉じん濃度	6か月以内	7年間	粉じん則26条
⑦	著しい騒音を発する作業場		等価騒音レベル	6か月以内	3年間	則590条
⑧	特定化学物質取扱作業場（1類物質、2類物質）		1類物質、2類物質の濃度	6か月以内	3年間※	特化則36条
⑨	有機溶剤取扱い作業場		気中有機溶剤濃度	6か月以内	3年間	有機則28条
⑩	石綿取扱い作業場		空気中石綿濃度	6か月以内	40年間	石綿則36条
⑪	鉛ライニング等作業場		空気中鉛濃度	1年以内	3年間	鉛則52条

※ベンゼン、ホルムアルデヒド、クロム酸など特別管理物質は30年。
本表⑥、⑧、⑨、⑪の4作業場に係る測定は、作業環境測定士又は作業環境測定機関が行わなければならない（65条5項）。

出題パターン

Q1 暑熱の屋内作業場では、半月以内ごとに1回、気温、湿度等を測定する。

Q2 第2種有機溶剤等を使用して塗装を行う屋内作業場では、1年以内ごとに1回、有機溶剤の濃度を測定しなければならない。

A1＝○ 暑熱、寒冷又は多湿の屋内作業場については、半月以内ごとに1回、定期に、気温、湿度及び輻射熱を測定しなければならない（則607条）。

A2＝× 6か月以内ごとに1回測定しなければならない（有機則28条2項）。

健康の保持・増進2

健康診断全般 ここを押さえる

66条、66条の3、令22条、則43条〜45条の2、47条、48条、51条、52条

●一般健康診断

事業者は、労働者に対し、厚生労働省令で定めるところにより、医師による健康診断を行わなければならない(66条1項)。一般健康診断の結果は、遅滞なく、労働者に通知しなければならない。

●特殊健康診断

事業者は、有害な業務で政令で定めるものに従事する労働者に対し、厚生労働省令で定めるところにより、医師による特別の項目についての健康診断を行わなければならない(66条2項)(特殊健康診断(1)〜(5)p.50〜59に詳述)。

●歯科医師による健康診断

事業者は、有害な業務で政令で定めるものに従事する労働者に対し、厚生労働省令で定めるところにより、歯科医師による健康診断を行わなければならない(66条3項)。「政令で定める業務」は、塩酸・硝酸・硫酸・亜硫酸・弗化水素・黄りんその他歯又はその支持組織に有害な物のガス・蒸気・粉じんを発散する場所における業務とされている(令22条3項)。

●じん肺健康診断

事業者は、常時粉じん作業に従事する労働者に対して一定期間(1〜3年)以内ごとにじん肺健康診断を行わなければならない(じん肺法8条)。

●都道府県労働局長の指示

都道府県労働局長は、労働者の健康を保持するため必要があると認めるときは、労働衛生指導医の意見に基づき、厚生労働省令で定めるところにより、事業者に対し、臨時の健康診断の実施その他必要な事項を指示することができる(66条4項)。

●労働者の受診義務

労働者は、法の規定に基づき事業者が行う健康診断を受けなければならない。ただし、事業者の指定した医師又は歯科医師が行う健康診断を受けることを**希望しない場合**において、**他の医師又は歯科医師**の行う健康診断を受け、その結果を証明する**書面を提出**したときは、この限りでない(66条5項)。

●結果の通知

健康診断の結果については、一般健康診断、特殊健康診断の区分にかかわらず、健康診断を受けた労働者に対し、その結果を遅滞なく通知しなければならない(則51条の4、有機則30条の2の2など)。

●健康診断の結果の記録

事業者は、健康診断の結果に基づき、健康診断個人票を作成して、これを5年間保存しなければならない(66条の3、則51条)。

●労働基準監督署長への結果報告

常時50人以上の労働者を使用する事業者は、定期健康診断を行ったときは、遅滞なく、定期健康診断結果報告書を所轄労働基準監督署長に提出しなければならない(則52条)。

なお、雇入れ時健康診断、海外派遣労働者健康診断、給食従業員の検便に関する健康診断結果の報告義務はない。

①**事業者は、健康診断を行う義務があり、労働者はこれを受診する義務がある。**
②**健康診断の結果については、健康診断個人票を作成して5年間保存しなければならない。**

ナビゲーション

■健康診断の概要

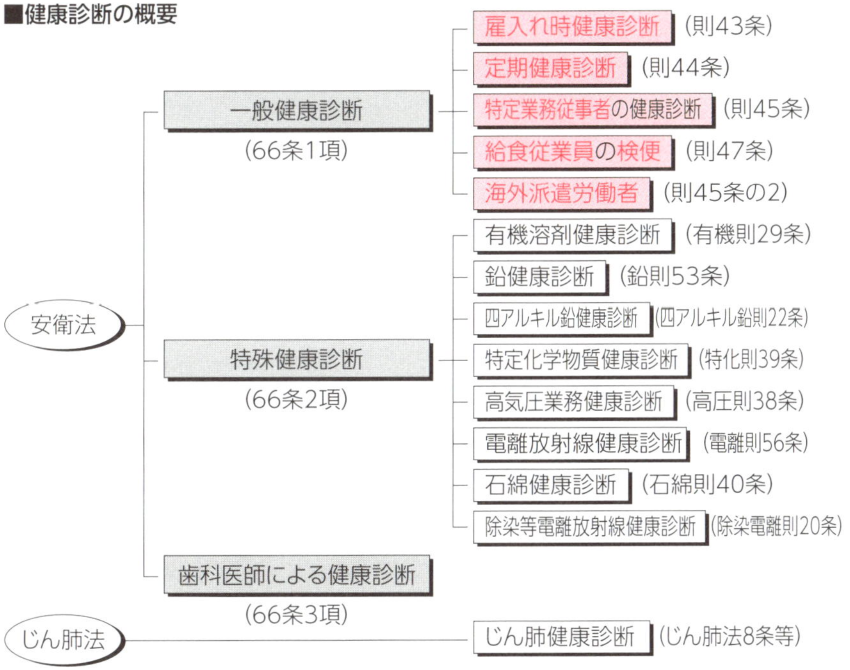

- 安衛法
  - 一般健康診断（66条1項）
    - 雇入れ時健康診断（則43条）
    - 定期健康診断（則44条）
    - 特定業務従事者の健康診断（則45条）
    - 給食従業員の検便（則47条）
    - 海外派遣労働者（則45条の2）
  - 特殊健康診断（66条2項）
    - 有機溶剤健康診断（有機則29条）
    - 鉛健康診断（鉛則53条）
    - 四アルキル鉛健康診断（四アルキル鉛則22条）
    - 特定化学物質健康診断（特化則39条）
    - 高気圧業務健康診断（高圧則38条）
    - 電離放射線健康診断（電離則56条）
    - 石綿健康診断（石綿則40条）
    - 除染等電離放射線健康診断（除染電離則20条）
  - 歯科医師による健康診断（66条3項）
- じん肺法
  - じん肺健康診断（じん肺法8条等）

出題パターン

Q1 事業者は、健康診断の結果に基づき作成した健康診断個人票を5年間保存しなければならない。

Q2 常時50人以上の労働者を使用する事業者は、定期健康診断を行ったときは、遅滞なく、定期健康診断結果報告書を所轄労働基準監督署長に提出しなければならない。

Q3 ベンゼンの蒸気を発散する場所における業務に従事する者に対し、6か月ごとに1回、定期に、歯科医師による健康診断を行わなければならない。

A1＝○ 健康診断個人票の保存期間は5年である（則51条）。
A2＝○ 則52条の規定のとおりである。
A3＝× ベンゼンは歯又はその支持組織に有害な物質として指定されていないので、歯科医師による健康診断は必要ない（66条3項、令22条3項、則48条）。

雇入れ時の健康診断 ここを押さえる

則43条、44条の2

●雇入れ時の健康診断の対象者

事業者は、常時使用する労働者を雇い入れるときは、一定の項目について医師による健康診断を行わなければならない。ただし、医師による健康診断を受けた後、3か月を経過しない者を雇い入れる場合において、その者が当該健康診断の結果を証明する書類を提出したときは、当該健康診断の項目に相当する項目については行う必要がない（則43条）。

●雇入れ時の健康診断の検査項目

健康診断の検査項目は次の①～⑪であるが、平成19年7月の省令改正で③について「腹囲」が追加されたこと、⑧について、従来「血清総コレステロール」が診断項目に加えられていたものを削除し、新たに「LDLコレステロール」が加えられたことに注意する。

①既往歴及び業務歴の調査
②自覚症状及び他覚症状の有無の検査
③身長、体重、腹囲、視力及び聴力の検査
④胸部X線検査
⑤血圧の測定
⑥貧血検査（注1）
⑦肝機能検査（注2）
⑧血中脂質検査（注3）
⑨血糖検査
⑩尿検査（注4）
⑪心電図検査

（注1）血色素量及び赤血球数の検査
（注2）アスパラギン酸アミノトランスフェラーゼ（AST）、アラニンアミノトランスフェラーゼ（ALT）及びガンマ－グルタミルトランスペプチダーゼ（γ－GTP）の検査
（注3）低比重リポ蛋白コレステロール（LDLコレステロール）、高比重リポ蛋白コレステロール（HDLコレステロール）及び血清トリグリセライドの量の検査
（注4）尿中の糖及び蛋白の有無の検査

●検査項目の省略

後述p.48の定期健康診断の場合は、厚生労働大臣が定める基準に基づき、医師が必要でないと認める項目について省略することができるが、雇入れ時の健康診断ではそのような特例はない。

●満15歳以下の者の特例

健康診断を行おうとする年度において満15歳以下の年齢に達する者で、当該年度において学校保健安全法の規定による健康診断を受けた者又は受けることが予定されている者については、雇入れ時の健康診断及びp.48の定期健康診断を行わないことができる（則44条の2）。

この規定は、中学校新規卒業者の定期採用時における健康診断実施義務を免除したものである。

①雇入れ時の健康診断が必要なのは、「常時」使用する労働者を雇い入れるときである。
②雇入れ時の健康診断では、定期健康診断の場合のような「医師が必要でないと認める」項目について省略できる、という規定がない。
③ LDL コレステロールは、いわゆる「悪玉」といわれるものであるが、肝臓から体内の必要な箇所へコレステロールを運ぶもので、悪いものではない（適正域120mg／dl 未満）。

ナビゲーション

■雇入れ時の健康診断

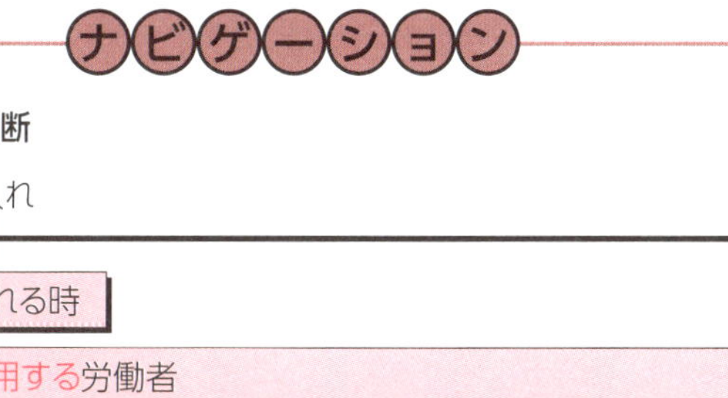

雇入れ
実施時期
雇い入れる時
対象者
常時使用する労働者
パートタイム労働者の場合、1年以上の雇用見込みの者及び1年雇用された者で、1週間の所定労働時間数が通常の労働者の4分の3以上の者
例外
3か月以内の健康診断の結果を証明する書面を提出した者を雇入れる場合の省略項目

出題パターン

Q1 雇入れ時の健康診断では、厚生労働大臣が定める基準に基づき、医師が必要でないと認めるときは、血圧の測定と心電図検査を省略することができる。

Q2 雇入れ時の健康診断の項目には、既往歴及び業務歴の調査が含まれる。

Q3 健康診断受診後6か月を経過しない者がその健康診断の結果を証明する書面を提出したときは、雇入れ時の健康診断において、これに相当する項目を省略することができる。

A1＝× 雇入れ時の健康診断では、医師が必要でないと認めるときに検査項目を省略できるという規定はない。

A2＝○ 則43条の規定のとおりである。

A3＝×「6か月を経過しない者」という記述は、「3か月を経過しない者」の誤りである（則43条但書）。

海外派遣労働者の健康診断その他 ここを押さえる

66条の2、則13条、45条、45条の2

●海外派遣労働者の健康診断

（1）労働者を本邦外の地域に6か月以上派遣しようとするときは、あらかじめ、一定の項目について医師による健康診断を行わなければならない。

①腹部画像検査
②血液中の尿酸の量の検査
③B型肝炎ウイルス抗体検査
④ABO式及びRh式血液型検査

（2）海外に6か月以上派遣した労働者を本邦の地域内における業務に就かせるときは、当該労働者に対し一定の項目について医師による健康診断を行わなければならない。

①～③（1）と同じ
④糞便塗抹検査

（3）海外派遣労働者の健康診断は、雇入れ時の健康診断、定期健康診断等を受けた者については、当該健康診断の実施の日から6か月間に限り、その者が受けた当該健康診断の項目に相当する項目を省略することができる（則45条の2第1～3項）。

●深夜業に係る自発的健康診断の結果の提出

深夜業に従事する労働者であって、常時使用され6か月間を平均して1か月当たり4回以上深夜業に従事した労働者は、厚生労働省令で定めるところにより、自発的に自ら受けた健康診断の結果を証明する書面を事業者に提出することができる（66条の2）。

これは、定期健康診断の実施が1年以内ごとに1回事業者に義務づけられているが、深夜業従事者が自己の健康状態の変化に気づいて自発的に健康診断を受診した場合に、その結果を事業者がきめ細かく把握して、その情報を事業者が行う健康管理に活用することによって、労働者の健康障害を未然に防止するためである。

●特定業務従事者の健康診断

多量の高熱物体を取り扱う業務、深夜業を含む業務など則13条1項3号に掲げる業務を特定業務といい、これに常時従事する労働者に対し、当該業務への配置替えの際及び6か月以内ごとに1回、定期健康診断と同じ項目の健康診断を行わなければならない。

ただし、胸部X線検査及びかくたん（喀痰）検査については、1年以内ごとに1回、定期に行えばよいとされている（則45条1項）。

この健康診断は、定期健康診断を受けた者であって医師が必要でないと認めるときは、一定の項目について省略することができる（則45条2項）。

また、特定業務に常時500人以上の労働者を従事させる場合には、「専属」の産業医を選任しなければならない（p.22参照）。

①海外派遣労働者の健康診断は、海外に6か月以上派遣しようとするとき及び海外に6か月以上派遣した者を帰国させたときに必要となる。

②雇入れ時・定期等の健康診断を受けてから6か月以内に海外派遣しようとするときは、当該受診項目を省略することができる。

■**派遣労働者の健康診断に関する留意事項**（事業場における労働者の健康保持増進のための指針）

・**一般健康診断**（以下、一般）は派遣元事業者（以下、派遣元）が行い、**特殊健康診断**（以下、特殊）は派遣先事業者（以下、派遣先）が行わなければならない。
・「一般」の結果は派遣元が取り扱うべきものとして、**派遣先は結果を把握しないようにする。**
・**派遣先は、**派遣元が**「一般」の結果について医師からの意見聴取**が適切にできるよう、労働時間に加え、勤務状況等の情報を提供するよう**依頼（労働者の同意が必要）があった場合、必要な情報を提供**する。
・「特殊」の結果の記録保存は派遣先が行い、**結果の写しは派遣元に送付**する。派遣労働者（以下、労働者）への結果の通知は派遣元が行う。
・**「一般」**に関する、**労働者の就業上の措置**については、**派遣先は派遣元の要請（労働者の同意が必要）に協力**する。
・**「特殊」**に関する就業上の措置については両者が連絡調整し、**実施後は派遣先が派遣元に情報を提供**する。

出題パターン

Q1 海外に6か月以上派遣した労働者を本邦の地域内の業務に就かせようとするとき（一時的なものを除く。）は、医師による健康診断を行わなければならない。

Q2 海外に6か月以上派遣していた労働者を本邦の地域における業務に就かせるときは、一時的に就かせるときであっても医師による健康診断を行わなければならない。

Q3 深夜業に従事する労働者の胸部X線検査は、6か月以内ごとに1回、定期に行わなければならない。

A1＝○ 則45条の2第2項の規定のとおりである。

A2＝× 一時的に業務に就かせるときは、海外派遣にかかる健康診断を行う必要はない（則45条の2第2項）。

A3＝× 深夜業を含む業務に常時従事する労働者については、6か月以内ごとに1回、定期に健康診断を行う必要があるが、胸部X線検査及びかくたん検査は1年以内ごとに行えば足りる（則45条1項）。

定期健康診断 ここを押さえる

則44条、45条、47条

●定期健康診断の対象者

事業者は、常時使用する労働者に対し、1年以内ごとに1回、定期に、医師による健康診断を行わなければならない（則44条1項)。「常時使用する労働者」が対象であるから、短期アルバイト等は行わなくてもよい。

●定期健康診断の検査項目

①既往歴及び業務歴の調査
②自覚症状及び他覚症状の有無の検査
③身長、体重、腹囲、視力及び聴力の検査（注1）
④胸部X線検査及びかくたん検査（注2）
⑤血圧の測定
⑥貧血検査（注3）
⑦肝機能検査（注3）
⑧血中脂質検査（注3）
⑨血糖検査（注3）
⑩尿検査
⑪心電図検査（注3）

（注1）身長の検査は、20歳以上の者は省略可
（注2）かくたん検査について一定の者は省略可
（注3）40歳未満の者（35歳の者を除く。）について省略可

検査項目は雇入れ時の健康診断の項目とほとんど同じであるが、定期健康診断では④の項目に「かくたん検査」が加わっている。また、厚生労働大臣が定める基準に基づき、医師が必要でないと認める項目については省略することができる（ナビ参照)。

●特定業務従事者の健康診断

多量の高熱物体を取り扱う業務など一定の特定業務に常時従事する者に対しては、当該業務への配置替えの際及び6か月以内ごとに1回、定期に、医師による健康診断を行わなければならない。この場合に、胸部エックス線検査及びかくたん検査については1年以内ごとに1回、定期に行えば足りることとされている（則45条)。

●給食従業員の検便

事業者は、事業に附属する食堂又は炊事場における給食の業務に従事する労働者に対し、その雇入れの際又は当該業務への配置替えの際、検便による健康診断を行わなければならない（則47条)。検便による健康診断は最初に1回だけ行えばよく、その後定期に行う必要はない。

●健康診断の受診に要した時間

労働者一般に対して行われるいわゆる一般健康診断は、一般的な健康の確保を図ることを目的として事業者にその義務を課したものであり、業務遂行との関連において行われるものではないので、その受診のために要した時間は当然には有給としなければならないものではない。

①定期健康診断は、常時使用する労働者に対し、1年以内に1回、定期に行わなければならない。
②給食の業務に従事する労働者に対しては、その雇入れの際又は当該業務への配置替えの際、検便による健康診断を行わなければならない。

■定期健康診断省略可能項目

項　目	省略可能対象者
左ページ③のうち**身長**の検査	20歳以上の者
③のうち**腹囲**の検査	・40歳未満の者（35歳の者を除く。） ・妊娠中の女性その他の者であって、その腹囲が内臓脂肪の蓄積を反映していないと診断された者 ・BMI 値が20未満である者 ・自ら腹囲を測定しその値を申告した者（BMI 値が22未満である者に限る。）
④のうち**かくたん**検査	胸部Ｘ線検査で病変が発見されない者又は結核発病のおそれがないと診断された者
⑥貧血検査⑦肝機能検査⑧血中脂質検査⑨血糖検査⑪心電図検査	40歳未満の者（35歳の者を除く。）

出題パターン

Q1 定期健康診断において、身長の検査及びかくたん検査については、厚生労働大臣が定める基準に基づき医師が必要でないと認めるときは省略することができる。

Q2 一定の基準に基づき医師が必要でないと認めるときは、自覚症状及び他覚症状の有無の検査を省略することができる。

A1＝○ 身長の検査は20歳以上の者、かくたん検査は胸部Ｘ線検査により病変や結核発病のおそれがない者について、医師が必要でないと認めるときは省略できる（則44条２項、平成10年労告88号）。

A2＝× 身長の検査、肝機能検査、心電図検査などは省略することができるが、自覚症状及び他覚症状の有無の検査は省略することができない（則44条２項）。

特殊健康診断(1) ここを押さえる

66条、令16条、22条

●特殊健康診断

特殊な環境下で働く人がその作業によって健康を害することがないように事業主が行わなければならない健康診断。政令で実施が義務づけられた業務のほか行政指導により実施が奨励されている業務(情報機器〔VDT〕作業、振動、紫外線等)もある。

(1) 対象者:事業者は、有害な業務で政令で定めるもの(下記(2)令22条1項に定める業務)に従事する労働者に対し、厚生労働省令で定めるところにより、医師による特別の項目についての健康診断を行わなければならない。この特別の項目の健康診断を「特殊健康診断」と呼んで「一般健康診断」と区別している。

有害な業務で政令で定めるもの(ベンジジン及びその塩、オーラミン、マゼンタなど令22条2項に定める業務)に従事させたことがある労働者で、配置替え後、現に使用している労働者についても実施しなければならない(66条2項)。

(2) 政令で定める業務:次の業務である(令22条1項)。

①高圧室内作業及び潜水業務

②電離放射線業務

③特定化学物質(注1)のうち第1類物質及び第2類物質(エチレンオキシド・ホルムアルデヒド及びその製剤等を除く。)の製造・取扱業務(オーラミン・マゼンタ及びその製剤等を製造する事業場以外の事業場において、これらの物を取り扱う業務を除く。)

④石綿を取り扱う業務

⑤製造等禁止物質(注2)を試験研究のために製造し取り扱う業務

⑥鉛業務(隔離室において遠隔操作によって行う業務を除く。)

⑦四アルキル鉛等業務(隔離室において遠隔操作によって行う業務を除く。)

⑧屋内作業場等において有機溶剤を製造し取り扱う業務(第3種有機溶剤等では、タンク等の内部の業務に限る。)

(注1) 特定化学物質:第1類物質(ジクロルベンジジン等計8物質)、第2類物質(アクリルアミド等計61物質★)及び第3類物質(アンモニア等計9物質)がある(令別表第3)

(注2) 製造等禁止物質:黄りんマッチ、ベンジジン等計9物質が指定されている(令16条)

●歯科医師による健康診断

(1) 対象者:事業者は、有害な業務で政令で定めるもの(下記(2)の令22条3項に定める業務)に従事する労働者に対し、厚生労働省令で定めるところにより、歯科医師による健康診断を行わなければならない(66条3項)。

(2) 政令で定める業務:塩酸、硝酸、硫酸、亜硫酸、弗化水素、黄りんその他歯又はその支持組織に有害な物のガス、蒸気又は粉じんを発散する場所における業務である(令22条3項)。

①有害な業務で政令で定めるものに従事する労働者に対し、厚生労働省令で定めるところにより、医師による特別の項目についての健康診断を行わなければならない。

②「有害な業務で政令で定めるもの」とは、高圧室内作業及び潜水業務等計8業務があり、それぞれ個別の規則が設けられている。

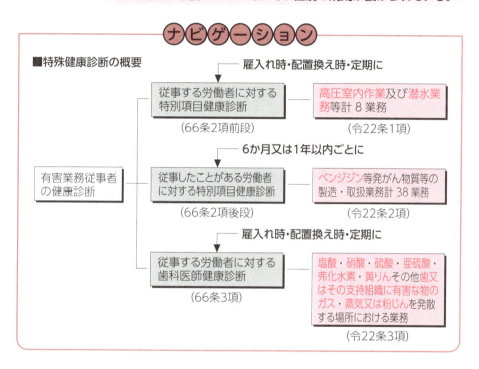

ナビゲーション

■特殊健康診断の概要

有害業務従事者の健康診断

時期	健康診断	対象業務
雇入れ時・配置換え時・定期に	従事する労働者に対する特別項目健康診断（66条2項前段）	高圧室内作業及び潜水業務等計８業務（令22条1項）
6か月又は1年以内ごとに	従事したことがある労働者に対する特別項目健康診断（66条2項後段）	ベンジジン等発がん物質等の製造・取扱業務計38業務（令22条2項）
雇入れ時・配置換え時・定期に	従事する労働者に対する歯科医師健康診断（66条3項）	塩酸・硝酸・硫酸・亜硫酸・弗化水素・黄りんその他歯又はその支持組織に有害な物のガス・蒸気又は粉じんを発散する場所における業務（令22条3項）

出題パターン

Q1 酸素欠乏危険場所における作業の業務に常時従事する労働者に対し、特別の項目による健康診断を行わなければならない。

Q2 潜水業務に常時従事する労働者に対し、特別の項目による健康診断を行わなければならない。

A1＝× 特別の項目について健康診断を行わなければならない有害業務は、令22条1項に定められているが、酸素欠乏危険場所における作業の業務はこれに該当しない。

A2＝○ 高圧室内業務又は潜水業務に常時従事する労働者に対し、その雇入れの際、当該業務への配置替えの際及びその後６か月以内ごとに１回、特別の項目について医師による健康診断を行わなければならない（高圧則38条）（特殊健康診断（2）参照）。

1章 20 ◉ 有害 健康の保持・増進7

特殊健康診断（2）（高気圧・電離放射線）ここを押さえる

高圧則38条、39条、39条の3、40条、電離則56条～58条

●高気圧業務健康診断

（1）対象者

事業者は、高圧室内業務又は潜水業務に常時従事する労働者に対し、その雇入れの際、当該業務へ配置替えの際及び当該業務に就いた後6か月以内ごとに1回、定期に、一定の項目について医師による健康診断を行わなければならない（高圧則38条）。

（2）検査項目

①既往歴及び高気圧業務歴の調査

②関節、腰若しくは下肢の痛み、耳鳴り等の自覚症状又は他覚症状の有無の検査

③四肢の運動機能の検査

④鼓膜及び聴力の検査

⑤血圧の測定並びに尿中の糖及び蛋白の有無の検査

⑥肺活量の測定

（3）保存

事業者は、上記（1）の健康診断の結果に基づき、高気圧業務健康診断個人票を作成し、これを5年間保存しなければならない（高圧則39条）。

（4）報告・通知

事業者は、遅滞なく、健康診断の結果を労働者に通知するほか、高気圧業務健康診断結果報告書を所轄労働基準監督署長へ提出しなければならない（高圧則39条の3、40条）。

●電離放射線健康診断

（1）対象者

事業者は、放射線業務に常時従事する労働者で管理区域に立ち入る者に対し、雇入れ又は当該業務に配置替えの際及びその後6か月以内ごとに1回、定期に、一定の項目について医師による健康診断を行わなければならない（電離則56条）。

（2）検査項目

①被ばく歴の有無の調査及びその評価

②白血球数及び白血球百分率の検査

③赤血球数の検査及び血色素量又はヘマトクリット値の検査

④白内障に関する眼の検査

⑤皮膚の検査

（3）保存

事業者は、上記（1）の健康診断の結果に基づき、電離放射線健康診断個人票を作成し、これを30年間保存しなければならない。ただし、当該記録を5年間保存した後において厚生労働大臣の指定する機関に引き渡すときは、この規定は適用されない（電離則57条）。

（4）報告・通知

事業者は、遅滞なく、健康診断の結果を労働者に通知するほか、電離放射線健康診断結果報告書を所轄労働基準監督署長へ提出しなければならない（電離則57条の3、58条）。

※除染等電離放射線健康診断も同内容

①健康診断の結果に基づき個人票を作成する義務はすべての健康診断にあるが、所轄労働基準監督署長への報告書の提出義務は定期の健康診断に限られる。
②健康診断の結果の記録保存は原則5年間であるが、電離放射線健康診断の記録保存は原則として30年間である。

■特殊健康診断

種　類	実施間隔	記録の保存期間
高気圧業務健康診断	6か月以内	5年間
電離放射線健康診断	6か月以内	30年間
除染等電離放射線健康診断	6か月以内	30年間
特定化学物質健康診断	6か月以内	5年間（注1）
鉛健康診断	6か月以内（注2）	5年間
四アルキル鉛健康診断	6か月以内	5年間
有機溶剤等健康診断	6か月以内	5年間
石綿健康診断	6か月以内	40年間

（注1）特別管理物質取扱業務については30年間
（注2）一定の業務は1年以内

出題パターン

Q1 高気圧業務に常時従事する労働者に対する高気圧業務健康診断の検査項目には、四肢の運動機能の検査が含まれる。

Q2 放射線業務に常時従事する労働者で管理区域に立ち入る者に対する電離放射線健康診断の検査項目には、肝機能検査が含まれる。

Q3 電離放射線健康診断個人票は、30年間保存しなければならない。

A1＝○ 高気圧業務健康診断の検査項目には、四肢の運動機能の検査が含まれている（高圧則38条1項）。

A2＝× 電離放射線健康診断では、主として血液がん・皮膚がんに関する検査項目が定められている。肝機能検査は一般健康診断の検査項目である（電離則56条1項）。

A3＝○ 電離放射線健康診断個人票は、30年間保存する義務がある（電離則57条）。

特殊健康診断(3) (特定化学物質・石綿) ここを押さえる

令22条、特化則39条～41条、石綿則40条、41条、42条の2、43条

●特定化学物質健康診断

(1) 対象者：事業者は、第１類物質及び第２類物質（エチレンオキシド及びその製剤等を除く。）の製造・取扱業務（オーラミン・マゼンタ及びその製剤等を製造する事業場以外の事業場において、これらの物を取り扱う業務を除く。）又は製造等禁止物質を試験研究のために製造し、又は取り扱う業務に常時従事する労働者に対し、雇入れ又は当該業務に配置替えの際及びその後原則として６か月以内ごとに１回、定期に、一定項目について医師による健康診断を行わなければならない（特化則39条）。

(2) 検査項目：取り扱う物質の種類に応じて、定められている（p. ３参照）。

(3) 保存：事業者は、上記（1）の健康診断の結果に基づき、特定化学物質健康診断個人票を作成し、これを５年間保存しなければならない。ただし、特別管理物質（注）の製造・取扱業務にあっては、当該労働者が当該事業場において当該業務に従事することとなった日から30年間保存することとされている（特化則40条）。

（注）特別管理物質：第１類物質（塩素化ビフェニル等を除く。）、第２類物質のうち塩化ビニル等17物質、令別表第１に掲げる爆発性・発火性等がある危険物のうち一部をいう。

(4) 報告・通知：事業者は、遅滞なく、健康診断の結果を労働者に通知するほか、特定化学物質健康診断結果報告書を所轄労働基準監督署長へ提出しなければならない（特化則40条の３、41条）。

●石綿健康診断

(1) 対象者：事業者は、石綿等を取り扱い、又は試験研究のため製造若しくは石綿分析用試料等を製造する業務に常時従事する労働者に対し、雇入れの際又は当該業務への配置替えの際及びその後６か月以内ごとに１回、定期に、一定の項目について医師による健康診断を行わなければならない（令22条1項3号、石綿則40条１項）。

(2) 検査項目

①業務の経歴の調査、②石綿によるせき・たん・息切れ・胸痛等の他覚症状又は自覚症状の既往歴の有無の検査、③せき・たん・息切れ・胸痛等の他覚症状又は自覚症状の有無の検査、④胸部Ｘ線直接撮影による検査

(3) 保存：事業者は、(1) の健康診断の結果に基づき石綿健康診断個人票を作成し、これを当該業務に従事しなくなってから40年間保存しなければならない（石綿則41条）。

(4) 報告・通知：事業者は、遅滞なく、健康診断の結果を労働者に通知するほか、石綿健康診断結果報告書を所轄労働基準監督署長に提出しなければならない。

①**所轄労働基準監督署長**への定期健康診断報告書の**提出義務**は、**一般健康診断**の場合は常時使用する労働者数が**50人以上**の事業者に限られるが、**特殊健康診断**では使用する**労働者数にかかわらず**一定の有害業務に従事させる**事業者全て**に課せられている。

②定期に行う健康診断は原則として**6か月**以内ごとに行わなければならない。

■特殊健康診断の主な検査項目

種　類	主な検査項目
高気圧業務健康診断	**耳鳴り**等の自覚症状、**聴力**の検査、**肺活量**の測定
電離放射線健康診断 除染等電離放射線健康診断	**白血球数**検査、**赤血球数**検査、**血色素量**又は**ヘマトクリット値**の検査
特定化学物質健康診断	取り扱う物質の種類に応じて定められている
鉛健康診断	**血液中**の**鉛の量**の検査、**尿中**の**デルタアミノレブリン酸の量**の検査
四アルキル鉛健康診断	**血液中**の**鉛の量**の検査、**尿中**の**デルタアミノレブリン酸の量**の検査
有機溶剤等健康診断	**既往歴の有無**の検査、**尿中代謝物の量**の検査
石綿健康診断	**胸部X線直接撮影**による検査

出題パターン

Q1 硫化水素を製造する業務に常時従事する労働者に対し、特別の項目について医師による健康診断を行わなければならない。

Q2 塩酸の蒸気を発散する場所における業務に常時従事する労働者に対し、歯科医師による健康診断を行わなければならない。

A1＝○ 硫化水素は特定化学物質の第２類物質であり、これを取り扱う業務に従事する労働者に対しては６か月以内ごとに１回、定期に特別の項目につき医師による健康診断を行わなければならない（令22条１項３号、特化則39条）。

A2＝○ ６か月以内ごとに１回、定期に特別の項目につき歯科医師による健康診断を行わなければならない業務である（令22条３項、則48条）。

1章 22

有害 健康の保持・増進9

特殊健康診断（4）（鉛・四アルキル鉛・じん肺）ここを押さえる

鉛則53条、54条、54条の3、55条、57条、じん肺法3条、7条～9条の2

●鉛健康診断

（1）対象者：事業者は、鉛業務に常時従事する労働者に対し、雇入れの際、当該業務への配置替えの際及びその後6か月（一定の業務は1年）以内ごとに1回、定期に、医師による健康診断を行わなければならない（鉛則53条）。

（2）検査項目

①業務の経歴の調査

②作業条件の簡易な調査

③鉛による自覚症状及び他覚症状の既往歴の有無の検査並びに⑤及び⑥に掲げる項目についての既往の検査結果の調査

④鉛による自覚症状又は他覚症状と通常認められる症状の有無の検査

⑤血液中の鉛の量の検査

⑥尿中のデルタアミノレブリン酸の量の検査

（3）保存：事業者は、上記（1）の健康診断の結果に基づき、鉛健康診断個人票を作成し、これを5年間保存しなければならない（鉛則54条）。

（4）報告・通知：事業者は、遅滞なく、健康診断の結果を労働者に通知するほか、鉛健康診断結果報告書を所轄労働基準監督署長へ提出しなければならない（鉛則54条の3、55条）。

（5）就業禁止：鉛中毒にかかっている労働者及び健康診断の結果、適当でないと医師が認めた者を鉛業務に従事させてはならない（鉛則57条）。

●じん肺法によるじん肺健康診断

（1）じん肺健康診断の種類

じん肺健康診断には、次の種類がある（じん肺法7条～9条の2）。

①**就業時健康診断**：新たに常時粉じん作業に従事することとなった者が対象。

②**定期健康診断**：じん肺管理区分に応じて1年～3年以内ごとに定期に行う。

③**定期外健康診断**：一般健康診断において、じん肺の所見があるか、じん肺にかかっている疑いがあると診断されたときに行う。

④**離職時健康診断**：常時粉じん作業に一定期間従事していた労働者が離職の際に、じん肺健康診断を行うよう求めたときに行う。

（2）検査項目

じん肺健康診断の検査項目は次のとおりである（じん肺法3条）。

①粉じん作業についての職歴の調査

②直接撮影による胸部全域のX線写真による検査

③胸部に関する臨床検査

④肺機能検査

⑤結核精密検査

⑥結核以外の合併症に関する検査

●四アルキル鉛健康診断

（ナビ参照）

①四アルキル鉛健康診断は、**6か月**（他の特殊健康診断も**6か月**）以内ごとに行わなければならない。
②鉛健康診断、四アルキル鉛健康診断とも**所轄労働基準監督署長**へ報告書を提出しなければならない。

■鉛健康診断と四アルキル鉛健康診断の実施間隔等

比較項目	鉛健康診断及び四アルキル鉛健康診断
実施間隔	6か月以内
主な検査	血液中の鉛の量、尿中のデルタアミノレブリン酸の量
記録の保存	5年間
労働者への通知	要
監督署への報告	要（遅滞なく）

※四アルキル鉛の就業禁止：鉛の就業禁止と同様である（四アルキル鉛則26条）。

出題パターン

Q1 鉛業務に常時従事する労働者に対し、特別の項目について医師による健康診断を行わなければならない。

Q2 四アルキル鉛業務に常時従事する労働者に対し、3か月以内ごとに特別の項目について医師による健康診断を行わなければならない。

Q3 じん肺法上の粉じん作業に常時従事する労働者に対するじん肺健康診断の検査項目には、胸部X線直接撮影による検査が含まれる。

A1＝○ 雇入れの際、当該業務への配置替えの際及びその後6か月以内ごとに1回、定期に、特別の項目につき医師による健康診断を行わなければならない（鉛則53条）。

A2＝× 四アルキル鉛業務に常時従事する労働者に対し、6か月以内ごとに特別の項目について医師による健康診断を行わなければならない(四アルキル鉛則22条)。

A3＝○ じん肺法3条1項の規定のとおりである。

特殊健康診断(5)

(有機溶剤) ここを押さえる

有機則29条～30条の4

●有機溶剤等健康診断

(1) 対象者：事業者は、屋内作業場等における有機溶剤業務(有機溶剤の許容消費量を超えない業務を除く。)に常時従事する労働者に対し、雇入れの際、当該業務への配置替えの際及びその後6か月以内ごとに1回、定期に、一定の項目について医師による健康診断を行わなければならない(有機則29条2項)。

(2) 検査項目

①業務の経歴の調査

②作業条件の簡易な調査

③有機溶剤による健康障害の既往歴並びに自覚症状及び他覚症状の既往歴の有無の検査等

④有機溶剤による自覚症状又は他覚症状と通常認められる症状の有無の検査

(3) 保存：事業者は、上記(1)の健康診断の結果に基づき、有機溶剤等健康診断個人票を作成し、これを5年間保存しなければならない(有機則30条)。

(4) 報告・通知：事業者は、遅滞なく、健康診断の結果を労働者に通知するほか、有機溶剤等健康診断結果報告書を所轄労働基準監督署長へ提出しなければならない(有機則30条の2の2、30条の3)。

(5) 緊急診断：労働者が有機溶剤により著しく汚染され、又はこれを多量に吸入したときは、速やかに医師による診察又は処置を受けさせなければならない(有機則30条の4)。

●特別有機溶剤等従事者等

特別有機溶剤については(p.78参照)、発がん性に着目し、記録の保存期間の延長や作業記録の作成等の措置を講じる必要があることから有機則より特化則に移行、規定されたが、現在の作業従業員に関しては、有機溶剤の健康診断が必要とされ、有機則が準用される。また、特別有機溶剤と有機溶剤との合計含有率が重量の5%を超える場合は有機溶剤の特殊健康診断項目が適用される。

●生物学的モニタリング

有機溶剤に関する特殊健診の一部では、有機溶剤が肝臓で代謝されて、尿中に出現する尿中代謝物を測定しなければならない。このような有害物質のばく露状態や健康への影響を生体試料によって測定することを生物学的モニタリングという(p.171参照)。

具体的には、有害物質にばく露された労働者の尿、血液等を採取し、この中に含まれる有害物質の濃度や代謝物を測定し、その健康への影響度を評価する。

尿の採取は代謝物の濃度が最も高くなる時期に行うのが望ましい。体内に取り込まれた有害物質の生物学的半減期は、有機溶剤は短く、鉛は長い。このため有機溶剤健康診断における採尿時期は、鉛の場合と比べ、厳重なチェックを要する。

①有機溶剤等健康診断では、検査項目の中に尿中の代謝物の量等の検査が含まれる。

②有機溶剤等健康診断を行ったときは、受診者の人数にかかわりなく、所轄労働基準監督署長へ報告書を提出しなければならない。

■**有機溶剤の種類別特徴**　　○＝必要　×＝必要なし

	第１種有機溶剤	第２種有機溶剤	第３種有機溶剤
色別区分表示	赤	黄	青
代表的な物質	・二硫化炭素 （特別有機溶剤含む）	・エチルエーテル ・トルエン （特別有機溶剤含む）	・ガソリン ・石油ナフサ ・テレビン油
特殊健康診断	○	○	○（注）
作業環境測定	○	○	×
作業主任者の選任	○	○	○

平成26年8月の政令・省令の改正により、クロロホルム他９物質の有機溶剤（第１種の５物質、第２種の５物質）は、「特別有機溶剤」として特定化学物質第２類物質に移行した（p.78参照）。

（注）第３種有機溶剤等の場合は、タンク等の内部における業務に常時従事する者に限る（有機則29条１項）。

出題パターン

Q1 メタノールを取り扱う業務に常時従事させたことがあり、現に他の業務に従事させている労働者に対し、特別の項目について医師による健康診断を行わなければならない。

Q2 有機溶剤等健康診断を行ったときは、個人票を作成し、これを３年間保存しなければならない。

A1＝× ベンジジン及びその塩等一定の有害業務に従事させたことのある労働者で、現に使用している者には配置替え後も特別の項目について健康診断が必要だが、メタノールは、その健康診断の実施対象業務となっていない（66条２項後段、令22条２項、p.50左段参照）。

A2＝× 有機溶剤等健康診断の個人票の保存期間は５年間である（有機則30条）。

健康診断実施後の措置等 ここを押さえる

66条の３〜66条の７、則51条、51条の２、51条の４

●医師等からの意見聴取

事業者は、健康診断（一般健康診断及び特殊健康診断）の結果、異常があると診断された労働者について、当該労働者の健康を保持する措置に関し、健康診断実施後３か月以内に医師又は歯科医師の意見を聴かなければならない。事業者は、医師等から、意見聴取を行う上で必要となる労働者の業務に関する情報（作業環境、労働時間、作業負荷の状況等）を求められたときは、速やかに、これを提供しなければならない。医師等の意見は、健康診断個人票に記録しておかなければならない（66条の４、則51条の２）。

●健康診断実施後の措置

事業者は、前述の規定による医師又は歯科医師の意見を勘案し必要があると認めるときは、当該労働者の実情を考慮して、就業場所の変更、作業転換、労働時間の短縮等の措置を講ずるほか、次の措置を講じなければならない（66条の５第１項）。

①作業環境測定の実施
②施設又は設備の設置・整備
③医師又は歯科医師の意見の衛生委員会若しくは安全衛生委員会又は労働時間等設定改善委員会への報告

●健康診断の結果の通知

事業者は、健康診断（一般健康診断及び特殊健康診断）を受けた労働者に対しては、遅滞なく、当該健康診断の結果を通知しなければならない（66条の６）。

●保健指導等

健康診断（一般健康診断）の結果、特に健康の保持に努める必要があると認める労働者に対しては、医師又は保健師による保健指導を行うように努めなければならない（66条の７）。

（保健指導の内容）

・**栄養指導**：必要とされる者に対して、栄養の摂取量から個々人の食習慣の改善まで指導を行う。
・**運動指導**：必要とされる者に対して、個々の生活状況、身体活動レベル、趣味等を考慮し、効果的で実践的な指導を行う。
・**生活指導**：勤務形態や生活習慣が原因と考えられる健康上の問題を解決するため、睡眠・喫煙・飲酒等健康的な生活への指導・教育を職場活動を通じて行う。

●健康診断の結果の記録

事業者は、健康診断の結果に基づき、医師等の意見を記載した健康診断個人票を作成して、これを５年間保存しなければならない（66条の３、則51条、51条の２）。

●面接指導

健康診断実施後の措置として行われる医師等の保健指導とは別に、「長時間労働」、「ストレスチェック」を対象とした医師等の指導に、面接指導の制度がある（詳細はp.64〜67）。

①事業者は、健康診断の結果、異常があると診断された労働者について、当該労働者の健康を保持する措置に関し**医師又は歯科医師の意見**を聴かなければならない。
②労働時間の状況その他の事項が労働者の健康の保持を考慮して定める一定の要件に該当する労働者に対し、**医師による面接指導**を行わなければならない。

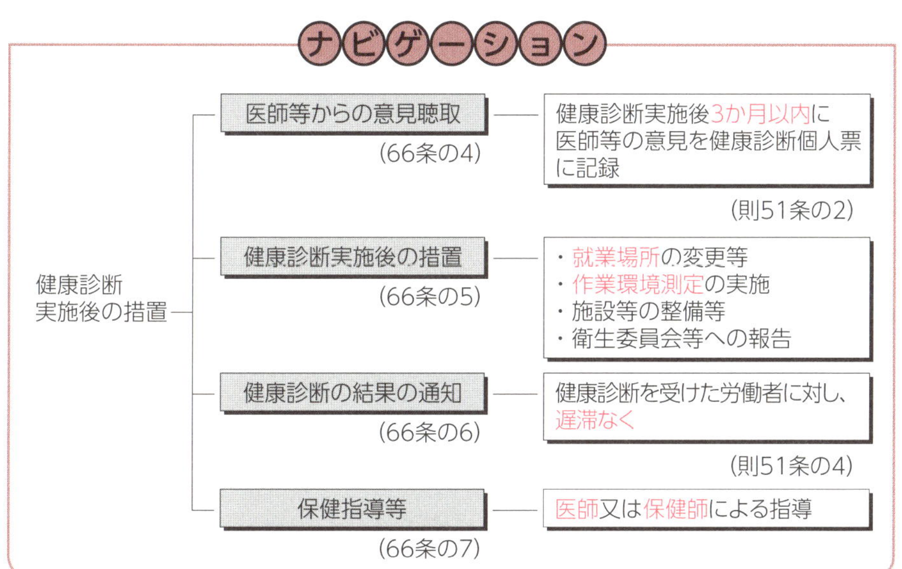

出題パターン

Q 定期健康診断を受けた者のうち、無所見の者を除き、再検査を必要とする者及び異常の所見があると診断された者を対象として、健康診断の結果を遅滞なく通知しなければならない。

A＝×健康診断の結果は、無所見の者を含めて健康診断を受けた者全員に対し通知しなければならない（66条の6、則51条の4）。

有害　健康の保持・増進12

健康管理手帳　ここを押さえる

66条、67条、71条、令23条、則53条、55条

●健康管理手帳の交付

都道府県労働局長は、がんその他の重度の健康障害を生ずるおそれのある業務で政令で定めるものに従事した労働者のうち、厚生労働省令で定める要件に該当する者に対し、離職の際に又は離職の後に、当該業務に係る健康管理手帳を交付する(67条)。

●手帳交付の要件

前項の「政令で定めるもの」及び「厚生労働省令で定める要件」は、表のとおりである。手帳交付の申請先は、事業場の所在地を管轄する都道府県労働局長（離職の際に申請する場合）又はその者の住所を管轄する都道府県労働局長（離職の後に申請する場合）である（則53条）。

●健康管理手帳の交付要件

（注）当該業務について現に持つ者には、重ねて交付しない。

交付業務	交付要件
①ベンジジン及びその塩の製造・取扱業務	当該業務経験３か月以上
②ベーターナフチルアミン及びその塩の製造・取扱業務	
③ジアニシジン及びその塩の製造・取扱業務	
④1・2－ジクロロプロパン取扱業務 (印刷機等の清掃作業に限る)	当該業務経験２年以上
⑤ビス（クロロメチル）エーテルの製造・取扱業務	当該業務経験３年以上
⑥ベンゾトリクロリドの製造・取扱業務	
⑦クロム酸・重クロム酸及びこれらの塩の製造・取扱業務	当該業務経験４年以上
⑧塩化ビニルの重合業務及びポリ塩化ビニルの分離業務	
⑨三酸化砒素の焙焼・精製等の業務	当該業務経験５年以上
⑩コークス又は製鉄用発生炉ガスの製造業務	
⑪粉じん作業に係る業務	じん肺管理区分が管理２又は管理３であること
⑫ベリリウム及びその化合物の製造・取扱業務	両肺野にベリリウムによる結節性陰影があること
⑬石綿の製造・取扱業務	・両肺野に石綿による陰影又は胸膜肥厚があること ・当該業務経験１年以上、かつ初めてばく露した日から10年以上経過していること
⑭オルトートルイジンの製造・取扱業務	当該業務経験５年以上

①健康管理手帳交付の対象となる業務は、がんその他の健康障害を生ずる業務である。
②粉じん作業に係る交付要件は、じん肺管理区分が管理2又は管理3であることである。
③健康管理手帳は、労働者が離職の際に又は離職後に、労働者の申請に基づき都道府県労働局長が発行する。

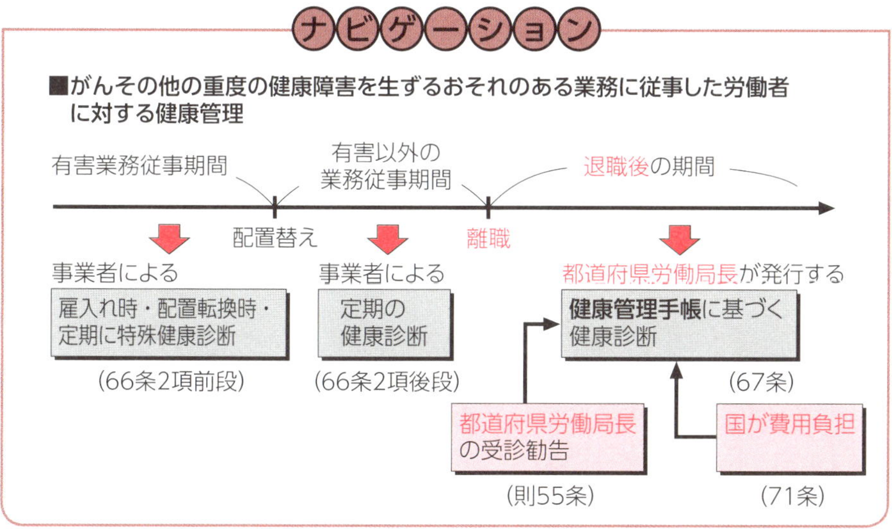

出題パターン

Q1 水銀を取り扱う業務に1年間従事した者に対し、健康管理手帳が交付される。

Q2 ベンジジンを取り扱う業務に3年間従事した者に対し、健康管理手帳が交付される。

Q3 メタノールを取り扱う業務に5年間従事した者に対し、健康管理手帳が交付される。

Q4 粉じん作業に従事したことがある者でじん肺管理区分が管理1以上の者に対し、健康管理手帳が交付される。

A1＝× 水銀を取り扱う業務は手帳交付の対象となっていない。

A2＝○ ベンジジン及びその塩を製造・取り扱う業務に3か月以上従事した者は、健康管理手帳交付の対象となる（令23条1号、則53条1項）。

A3＝× メタノールを取り扱う業務は手帳交付の対象となっていない。

A4＝× 粉じん作業に係る業務については、じん肺管理区分が管理2又は管理3であることが手帳交付の要件である（則53条1項）。

1章 26

医師の面接指導1

長時間労働 ここを押さえる

66条の8～66条の8の3、66条の9、則52条の2、52条の3、52条の5～7、52条の7の2

●長時間労働者へ面接指導の実施

医師による面接指導は、過重労働による脳や心臓疾患の発症を予防する観点から、次の手順に従って、実施されなければならない。

①1週40時間を超え、1月当たり80時間を超えて長時間労働し疲労の蓄積が認められる労働者に対し、その者の申出に基づき、遅滞なく、医師による面接指導を行う（66条の8）。
ただし、1月以内に面接指導を受けた者で医師が再度の必要を認めない者及びこれに類する者は除かれる（則52条の2）。

※事業者は、①の超えた**時間の算定**は毎月1回以上、一定の期日に、タイムカード・電算機等の客観的な記録で状況を把握し、算定記録を**3年間保存**しなければならない（66条の8の3、則52条の2第2項、則52条の7の3）。

◆**情報の提供**　時間の算定を行った事業者は、速やかに、80時間を超えた労働者に情報を通知し(則52条の2第3項)、該当する労働者に関する情報を産業医に提供しなければならない。

②産業医は、事業者の情報に基づき、労働者に面接指導の申出を勧奨することができる（則52条の3第4項）。

※面接指導は、該当する労働者が事業者の指定した医師を希望しない場合、他の医師による面接指導の結果を証明する書面を事業者に提出することもできる（66条の8第2項）。この場合、専属の産業医である必要はない。

◆新たな技術、商品又は役務の研究開発の業務等高度プロフェッショナル制度の労働者に関する面接指導要件は、ナビゲーション参考。

●面接指導の事後措置

①事業者は、面接指導の結果に基づき、遅滞なく、医師からの意見聴取を行い（則52条の7）、労働者の実情を考慮した就業場所の変更、作業の転換、労働時間の短縮、深夜業の回数の減少等の措置を講じなければならない（66条の8第5項）。

②事業者は上記の措置を講ずる他、衛生委員会（安全衛生委員会）等へ報告し、適切な措置を講じなければならない(66条の8第5項)。

③事業者は、面接指導の結果の記録を作成し、医師の意見を記載して、これを5年間保存しなければならない（66条の8第3項、則52条の6第1項、2項）。

●勤務間インターバル制度の導入

勤務間インターバル制度は、前の勤務終了時から次の勤務開始時までの間に間隔（インターバル：11時間以上）と深夜業の回数制限（1か月4回以内）を設け、十分な休息と睡眠時間等を労働者に与え、プライベイト時間を確保し、心の健康を維持し、安堵を与える主旨で導入された(労基法41条の2第1項5号)。

①面接指導の要件とは、休憩時間を除き1週間当たり40時間を超えて労働させた場合、その超えた時間が1か月当たり80時間を超え、かつ、疲労の蓄積が認められる者であること。
②事業者は、労働者から面接指導の申出があれば、遅滞なく、行わなければならない。
③事業者は、面接指導の結果に基づき、当該労働者の健康を保持するために必要な措置について、遅滞なく、医師からの意見聴取を行わなければならない。

ナビゲーション

対象労働者	面接指導の対象者となる要件	申出の有無
①一般労働者	休憩時間を除き1週当たりの労働時間が40時間を超え、その超えた時間合計が月80時間を超え、疲労の蓄積が認められる者	本人からの申出による
②新たな技術商品業務の研究開発者	〔健康管理時間〕を適用 休憩時間を除き1週当たり40時間を超えて労働させた時間が月100時間を超える者	申出不要
③高度プロフェッショナル制度対象者		

出題パターン

Q1 面接指導の対象となる労働者の要件は、原則として、休憩時間を除き、1週間当たり40時間を超えて労働させた場合におけるその超えた時間が1か月当たり100時間を超え、かつ、疲労の蓄積が認められる者である。

Q2 面接指導を行う医師は、当該事業場の専属の医師に限られる。

Q3 事業者は、面接指導の結果に基づき、その実施の日から3月以内に労働者の健康を保持するに必要な措置について医師の意見を聴かなければならない。

Q4 医師による面接指導の結果に基づく記録には、面接指導を受けた労働者の家族の状況については、記載事項とされていない。

A1＝× 一般労働者の面接指導の要件は、ナビゲーションに掲載の通り。1週間当たり40時間を超えた時間数は、1月当たり100時間ではなく、80時間である（66条の8、則52条の2）。

A2＝× 面接指導を行う医師は、事業者の指定した医師に限定されない。

A3＝× 医師からの意見徴取は、遅滞なく（概ね1月以内）行う（平成27年基発0501号）。

A4＝○ 面接指導の結果は、労働者本人の健康状態であり、家族状況は関係がない。

1章 27

医師の面接指導2

ストレスチェック ここを押さえる

66条の10、則52条の9～則52条の21

ストレスチェック制度は、労働者のストレスの状況について検査（以下「検査」）を行い、心理的な負担の程度を把握し、メンタルヘルス不調のリスクを未然に防止することにある。

●ストレスチェックの実施

・常時使用する労働者に対し、事業者は、1年以内ごとに1回、定期に、医師、保健師その他の省令で定める者※（以下「医師等」）による検査を行わなければならない（66条の10第1項、則52条の9、52条の10）。
この場合、「常時使用する労働者」とは、50人以上の事業場で、50人未満の事業場については当分の間努力義務とされている（附則4条）。

・事業者は、66条1項に規定する健康診断の「自覚症状及び他覚症状の有無の検査（問診）」と同時に実施することができる（ストレスチェック指針）。

・この場合、労働者にはストレスチェックの調査票と健康診断の問診票との区別、結果の取扱い等が異なることがわかるようにしなければならない。

※省令で定める者：厚生労働大臣が定める研修を修了した歯科医師、看護師、精神保健福祉士又は公認心理師。

●高ストレス者の判定と面接指導の要件

検査は調査票で、①ストレスの原因、②心身の自覚症状、③周囲のサポートの3領域に関する項目で行う。検査の結果、医師等が面接指導を受ける必要があると認めた者は、一定の数値基準で選定される高ストレス者である。

●労働者への通知

医師等は、検査の結果を労働者に対し直接通知する。検査の結果は、労働者の同意を得ず事業者に提供してはならない（66条の10第2項）。

●面接指導の実施

事業者は、要件に該当する労働者から、医師による面接指導を受ける申出があった場合、遅滞なく、面接指導を行わなければならない（66条の10第3項）。
「遅滞なく」とは、おおむね1か月以内である（平成27.5.1基発0501号）。

●意見聴取と措置

面接指導の結果に基づく医師からの意見聴取は、遅滞なく行い（66条の10第5項、則52条の19）、意見を勘案し、労働者の実情に合わせた就業場所の変更、作業の転換、労働時間の短縮、深夜業の回数の減少等の措置を講ずる。衛生委員会等に医師の意見の報告なども行う（66条の10第6項）。

●記録の作成・報告

事業者は、医師等から労働者の同意を得て提供を受けた検査結果は、記録を作成して5年間保存しなければならない（66条の10第4項、則52条の13第2項）。また、検査結果等報告書は、所轄労働基準監督署長に報告義務がある（則52条の21）。

①**ストレスチェックとは労働者の心理的な負担の程度を把握するための検査で、メンタルヘルス不調の予防を目的に行われる。検査の実施者は医師、保健師等である。**
②**ストレスチェック実施後、結果の通知を受けた労働者から、面接指導の申出があったときは、事業者は、遅滞なく、医師による面接指導を行わなければならない。**

■派遣労働者のストレスチェック等（ストレスチェック指針）

①実施義務
- ストレスチェック及び面接指導については、派遣元事業者（以下、派遣元）が行う（66条の10）。
- 派遣先事業者（以下、派遣先）は、派遣労働者（以下、労働者）に対して必要な配慮をする。
- 派遣先は、派遣元から依頼*1があった場合は、面接指導を適切に行えるよう、労働時間等の情報について、必要な情報を提供する。
- 派遣元は面接指導の結果、医師の意見を勘案して労働者に就業上の措置を講じるために、派遣先の協力を要請*1する（派遣法42条）。

（派遣先による主な不利益な取扱いの禁止）
- 派遣元からの要請を理由に、労働者の変更を求めること。
- 派遣元から提供*1されたストレスチェックの結果又は面接指導の結果を理由として、労働者の変更を求めること。

※上記の＊1には、労働者の同意が必要。

出題パターン

Q1 すべての事業者は、常時使用する労働者に対し、1年以内ごとに1回、定期に、ストレスチェックを行わなければならない。

Q2 事業者は、ストレスチェックの結果、心理的な負担程度が高い労働者全員に対し、医師による面接指導を行わなければならない。

A1＝× 当分の間、労働者数50人未満の事業場についてはストレスチェックの実施義務が猶予され、努力義務である（附則4条）。

A2＝× 心理的な負担の程度を把握するための検査等に係る面接指導は、ストレスチェックの結果、ストレスの程度が高い者とされた労働者から申出があった場合に、面接指導を行う（則52条の16）。心理的な負担が高い労働者すべてを対象にするものではない。

気積及び換気 ここを押さえる

則600条〜603条、事務所則5条

●気積

事業者は、労働者を常時就業させる屋内作業場の気積（換気すべき室の空気容積）を、設備の占める容積及び床面から４ｍを超える高さにある空間を除き、労働者１人について10m³以上としなければならない（則600条）。

●気積の求め方

気積＝間口×奥行×高さ※－設備の容積
※天井までの高さが４ｍを超えるときは４ｍとする。

基準気積（労働者１人当たりの気積）は10m³であるから、就労可能労働者数は次の計算式によって求められる。

就労可能労働者数※＝気積／10
※小数点以下切り捨て

●換気

（1）事業者は、労働者を常時就業させる屋内作業場においては、**窓その他の開口部の直接外気に向かって開放することができる部分の面積**が、常時床面積の20分の１以上になるようにしなければならない。ただし、換気が十分に行われる性能を有する設備を設けたときは、適用されない（則601条１項）。

（2）事業者は、屋内作業場の気温が10℃以下であるときは、換気に際し、労働者を毎秒１ｍ以上の気流にさらしてはならない（則601条２項）。

●坑内の通気設備

事業者は、坑内の作業場においては、衛生上必要な分量の空気を坑内に送給するために、通気設備を設けなければならない。ただし、自然換気により衛生上必要な分量の空気が供給されている坑内の作業場については、その必要がない（則602条）。

●坑内の通気量の測定

事業者は、通気設備が設けられている坑内の作業場について、半月以内ごとに１回、定期に、当該作業場における通気量を測定しなければならない(則603条１項)。測定記録は、３年間保存しなければならない（則603条２項）。

●空気調和設備等による調整

事業者は、空気調和設備又は機械換気設備を設けている場合は、室に供給される空気が次の表に適合するように、当該設備を調整しなければならない（事務所則５条）。

項目	調整基準値
空気中の浮遊粉じん量	0.15mg/m³以下
一酸化炭素含有率	100万分の10以下
二酸化炭素（炭酸ガス）含有率	100万分の1,000以下
ホルムアルデヒド量	0.1mg/m³以下
室内の気流	毎秒0.5m 以下
室内の気温（努力目標）	17℃以上28℃以下
相対湿度（努力目標）	40％以上70％以下

①気積は、労働者１人について10m³以上必要である。
②気積を求めるときは、設備の占める容積及び床面から４mを超える高さの空間を除いて計算する。
③窓その他の直接外気に向かって開放することができる部分の面積は、常時床面積の20分の１以上必要である。
④屋内作業場の気温が10℃以下であるときは、換気に際し、労働者を毎秒１m 以上の気流にさらしてはならない。

ナビゲーション

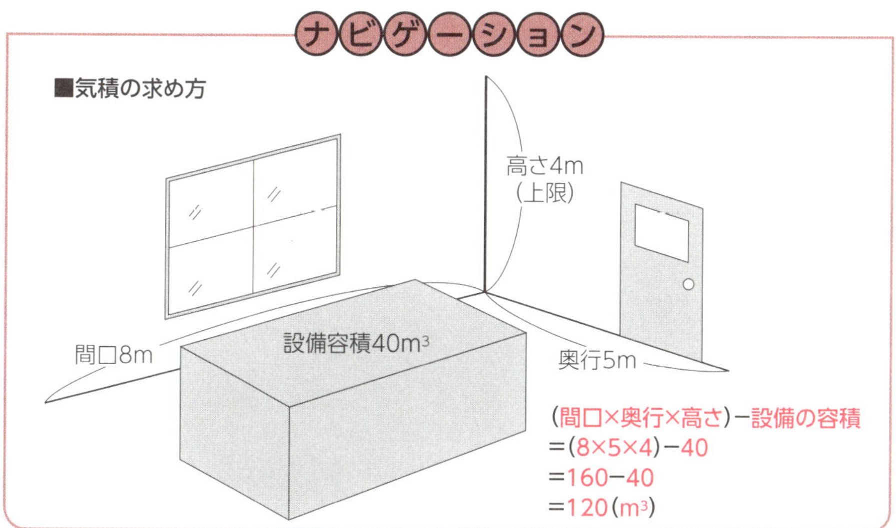

出題パターン

Q1 常時60人の労働者を就業させている屋内作業場の気積が、設備の占める容積及び床面から４mを超える高さにある空間を除き、600m³となっている。

Q2 有害業務を行っていない事業場において、直接外気に向かって開放することのできる窓の面積が、常時床面積の15分の１である屋内事業場に換気装置を設けていない。

A1＝○ 気積基準値は、部屋にある設備の占める容積及び床面から４mを超える高さにある空間を除き、労働者１人当たり10m³とされている（則600条）。

A2＝○ 窓面積が常時床面積の20分の１以上であれば、換気装置は特に必要ない（則601条1項）。

採光及び照明 ここを押さえる

則604条、605条

●視環境

人体に影響を与える環境の要素として、明るさ、色彩、眩輝（グレア）などがある。快適な視環境の形成には以下が必要である。

①作業場所の明るさ（照度）が適当であること。

②光がくる方向が適当であること（逆光にならない）。

③光の色（色彩）が適当であること。

●照度

人間の眼は、虹彩と網膜で視覚を調節し、明るさの変化に順応できる仕組みとなっている。一般に、人は明るさにすばやく順応できるが、暗闇に慣れるには長い時間（30分以上）を要する。また、眩輝や照明不足は眼精疲労を引き起こす。そのため、労働者を常時就業させる場所の作業面の照度を作業内容の区分に応じて次の基準に適合させなければならないとしている（則604条）（ナビ参照）。

①精密な作業：300ルクス以上

②普通の作業：150ルクス以上

③粗な作業：70ルクス以上

●色彩

作業場の色彩の違いは、人体に影響を及ぼす。同じ作業でも、周囲の色彩が淡い色だと疲れが少ないが、鮮やかな赤は疲労を増幅させることが知られている。

●照明

採光は窓などから自然光を取り入れることであり、照明は電灯などの人工の光を光源にしている。照明の方法には次の4種類がある。

①**直接照明**：作業面に光が直接当たり**強い影**ができる。

②**間接照明**：光を壁や天井に反射させる。**事務作業**に適する。

③**局部照明**：局部的に光を当てる。明るい照度を必要とする**精密作業**に適する。

④**全般照明**：作業場全体を照明する。あまり照度を必要としない**普通の作業**に適する。

●照明の必要要件

照明に求められる要件として、次の4つがある。

①適当な照度を有し、眩輝を起こさないこと。

②作業面の明るさと周囲の明るさに極端な格差がないこと。

③光源が固定され、ゆれ動かないこと。

④複数の光源を用い、強い影を作らないこと。

●光の方向

光がくる方向は、手元がよく見え、直接眼に当たらないように眼と光源を結ぶ線と視線が作る角度が30度以上となるようにする。また、**四方**から同じ明るさがくると立体感がなくなり、**適当でない**。

●照明設備の点検

照明設備の点検は、6か月以内ごとに1回、定期に行わなければならない（則605条2項）。

①作業面の照度は、精密な作業300ルクス以上、普通の作業150ルクス以上、粗な作業70ルクス以上である。

②採光及び照明は、明暗の対照が著しくなく、かつ、まぶしさを生じさせない方法によらなければならない。

③照明設備の点検は、6か月以内ごとに1回、定期に行わなければならない。

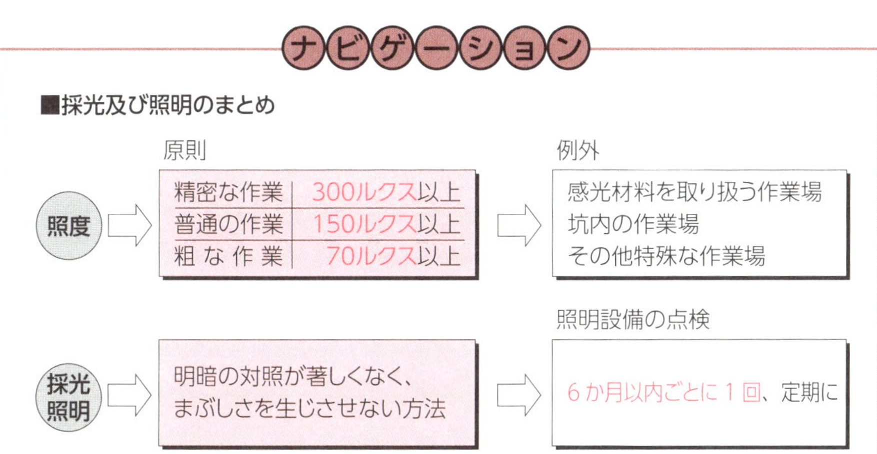

ナビゲーション
■採光及び照明のまとめ
原則
例外
照度
精密な作業　300ルクス以上
普通の作業　150ルクス以上
粗な作業　70ルクス以上
感光材料を取り扱う作業場
坑内の作業場
その他特殊な作業場
照明設備の点検
採光
照明
明暗の対照が著しくなく、
まぶしさを生じさせない方法
6か月以内ごとに1回、定期に

出題パターン

Q1 常時就業させる場所の照明設備について、1年以内ごとに1回、定期に点検しなければならない。

Q2 精密な作業を行う作業場では、作業面の照度を300ルクス以上としなければならない。

Q3 作業場の色彩は鮮やかな赤系統の色を避け、淡い色とするのがよい。

A1＝× 照明設備の点検は、6か月以内ごとに1回、定期に行わなければならない（則605条2項）。

A2＝○ 精密な作業を行う作業面の照度は、300ルクス以上でなければならない（則604条）。

A3＝○ 鮮やかな赤は、疲労を増幅させ、淡い色は疲れが少ないので、作業場の色彩は淡い色がよい。

1章 30

衛生基準3

温度及び湿度 ここを押さえる

65条の3、則606条～612条

●概要

事業者は、労働者の健康に配慮して、労働者の従事する作業を適切に管理するように努めなければならない（65条の3）。

作業場の温度や湿度等は労働環境に大きな影響を与える。則3編5章において、以下等を**事業者に義務づけ**ている。

①有害作業場における気温・湿度の調節及び測定・記録
②輻射熱からの保護
③給湿をする場合の規定
④坑内の気温保持及び測定・記録

●温度・湿度の調節

事業者は、暑熱、寒冷又は多湿の屋内作業場で、有害のおそれのあるものについては、冷房、暖房、通風等適当な温湿度調節の措置を講じなければならない（則606条）。

対象となる屋内作業場としては、①金属又はガラスを溶解する業務、②加熱された金属の圧延、鍛造、焼入、伸線等の加工の業務、③多量のドライアイス等を取り扱う業務、④紡績、織布の業務で給湿を行うものなどがある。

●測定

暑熱、寒冷又は多湿の屋内作業場については、半月以内ごとに1回、定期に、気温、湿度及び輻射熱（輻射熱については一部の屋内作業場を除く）を測定しなければならない。この測定を行ったときは、その都度一定の事項を記録して3年間保存しなければならない（則607条）。

●輻射熱からの保護

屋内作業場に多量の熱を放散する溶融炉等があるときは、加熱された空気を**直接屋外に排出し**、又はその放射する輻射熱から労働者を保護する措置を講じなければならない（則608条）。

●炉の修理

加熱された炉を修理するときは、適当に冷却した後でなければ労働者をその内部に入らせてはならない（則609条）。

●給湿

給湿を行うときは、有害にならない限度で行い、噴霧には清浄な水を用いなければならない（則610条）。

●坑内の気温

坑内における気温は、37℃以下にしなければならない。ただし、高温による健康障害を防止するため、必要な措置を講じて人命救助を行うときや危害防止のための作業をするときは、37℃を超えてもよい。

また、坑内の作業場について、半月以内ごとに1回、定期に、当該作業場における気温を測定しなければならない。

この測定を行ったときは、その都度一定の事項を記録して3年間保存しなければならない（則611条、612条）。

①**暑熱、寒冷又は多湿の屋内作業場においては、半月以内ごとに1回、定期に、気温、湿度及び輻射熱を測定しなければならない。**
②**坑内の気温は、人命救助や危害防止のための作業をする場合を除いて、37℃以下にしなければならない。**

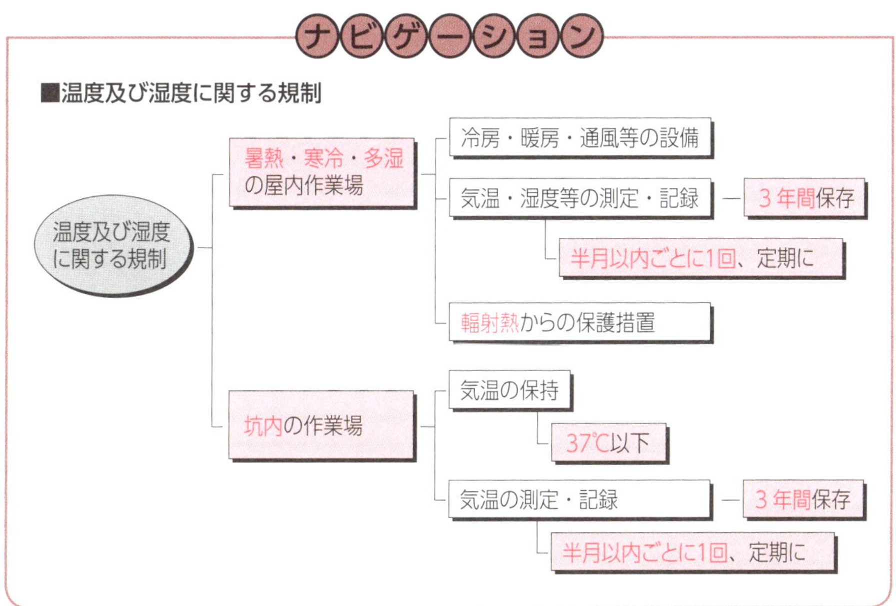

出題パターン

Q1 暑熱、寒冷又は多湿の屋内作業場においては、冷房、暖房、通風等の適当な温湿度調節の措置を講じなければならない。

Q2 暑熱、寒冷又は多湿の屋内作業場についての気温、湿度等の測定記録は、5年間保存しなければならない。

Q3 坑内の気温は、26℃以下としなければならない。

A1＝○ 暑熱、寒冷又は多湿の屋内作業場については、冷房、暖房、通風等の適当な温湿度調節措置が必要である（則606条）。

A2＝× 暑熱、寒冷又は多湿の屋内作業場の気温、湿度等の測定記録は、3年間保存しなければならない（則607条2項で準用する591条2項）。

A3＝× 坑内の気温は、非常時等を除いて37℃以下としなければならない（則611条）。

1章 31

衛生基準4

休養 ここを押さえる

則613条～618条

●休憩設備

事業者は、労働者が有効に利用することができる休憩の設備を設けるように努めなければならない（則613条）。

これは事業者の努力義務であるから、必ず設けなければならないというわけではなく、休憩の設備を設けるよう努力すべき義務を課しているものである。

●有害作業場の休憩設備

事業者は、著しく暑熱、寒冷又は多湿の作業場、有害なガス、蒸気又は粉じんを発散する作業場その他有害な作業場においては、作業場外に休憩の設備を設けなければならない。ただし、坑内等特殊な作業場でこれによることができないやむを得ない事由があるときは、休憩の設備を設けなくてもよい（則614条）。

●立業のための椅子

事業者は、持続的立業に従事する労働者がしばしば座ることができる機会があるときは、当該労働者が利用することができる椅子を備えなければならない（則615条）。

●睡眠又は仮眠の設備

事業者は、夜間に労働者に睡眠を与える必要があるとき、又は労働者が就業の途中に仮眠することができる機会があるときは、適当な睡眠又は仮眠の場所を男性用と女性用に区別して設けなければならない（則616条１項）。

睡眠又は仮眠の設備は、使用する労働者数にかかわらず、男性用と女性用に区別して設ける必要がある。

睡眠又は仮眠の場所には、寝具、かや、その他必要な用品を備え、かつ、疾病感染を予防する措置を講じなければならない（則616条２項）。

●発汗作業に関する措置

事業者は、多量の発汗を伴う作業場においては、労働者に与えるために塩及び飲料水を備えなければならない（則617条）。

●休養室

事業者は、常時50人以上又は常時女性30人以上の労働者を使用するときは、労働者が臥床することができる休養室又は休養所を、男性用と女性用に区別して設けなければならない（則618条）。

男女合わせて常時50人以上の労働者を使用する事業者は、例えば、女性労働者が２～３人の場合であっても、男性用と女性用に区別して設けなければならないことになる。

●その他

労働者の疲労の回復を図るため、厚生労働省の指針では、①職場における疲労やストレス等に関する相談窓口を設けること、②運動施設の設置、敷地内に緑地を設けることなどを掲げている（平成４.７.１労告59号）。

①常時50人以上又は常時女性30人以上の労働者を使用するときは、労働者が臥床することができる休養室又は休養所を、男性用と女性用に区別して設けなければならない。
②睡眠又は仮眠の場所を設けるときは、男性用と女性用に区別して設けなければならない。

■休養室の設置

常時使用労働者数		男女別休養室設置義務
男性・女性合計して 50人以上	➡	あり
男性 30人以上（50人未満）	➡	なし
女性 30人以上	➡	あり

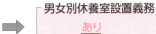

出題パターン

Q1 常時男性10人、女性35人の労働者を使用する事業場では、労働者が臥床することのできる休養室又は休養所を男性用と女性用に区別して設けなければならない。

Q2 労働者に睡眠を与える場所は、常時使用する労働者数が50人以上、かつ、女性労働者が10人以上である事業場に限って、男性用と女性用に区別しなければならない。

Q3 著しく暑熱、寒冷又は多湿の作業場では、作業場外に休憩の設備を設けなければならない。

Q4 多量の発汗を伴う作業場においては、労働者に与えるために塩及び飲料水を備えなければならない。

A1＝○ 臥床できる休養室又は休養所は、常時使用する労働者数が50人以上であるか、常時使用する労働者数が女性のみで30人以上であるときに、男性用と女性用に区別して設けなければならない（則618条）。

A2＝× 睡眠の場所は、常時使用する労働者数にかかわらず、男性用と女性用に区別して設けなければならない（則616条）。

A3＝○ 則614条の規定のとおりである。

A4＝○ 則617条の規定のとおりである。

32 記録の作成・報告等 ここを押さえる

則23条、38条、51条、52条、97条、605条、事務所則7条、9条

安衛法は事業者が職場における労働者の安全と健康を確保し、快適な職場環境の形成を促進することを目的とする法律で、そのための各種措置を事業主に義務づけ、記録の作成・保存及び報告の提出を求めている。主要なものは以下のとおり。

	作成する記録報告書等	保存期間	関連条文	報告先
健康診断	定期健康診断結果報告書※1	5年	則52条	労基署長
	診断結果の個人票※2	5年	則51条	—
面接指導	面接指導個人記録	5年	則52条の6	—
ストレスチェック※3	検査結果の記録等（1年以内ごと1回実施）	5年	則52条の11 則52条の21	労基署長
特別の安全衛生教育	実施記録	3年	則38条	—
衛生委員会	議事録（原則毎月1回開催）	3年	則23条4項	—
作業環境測定※4	測定記録（2月以内ごと1回実施）	3年	事務所則7条	—
換気設備点検	点検記録（2月以内ごと1回実施）	3年	事務所則9条	—
照明設備点検	（6月以内ごと1回実施）	保存不要	則605条2項	—
（労働中の死傷病）死傷病報告※5	休業4日以上〔遅滞なく報告〕		則97条	労基署長
	休業4日未満〔四半期ごとに報告〕			

※1　常時50人以上の労働者を使用する事業者が作成する。特殊健康診断の詳細は p.53を参照。
※2　事業の規模に関係なく健康診断を行った事業者が作成する。
※3　ストレスチェック（心理的負担程度の把握検査）は常時50人以上の労働者を使用する事業者が実施する。
※4　中央管理方式の空気調和設備を設けている室で事務所の用に供されているものの作業環境測定（令21条5号）。
※5　派遣労働者が派遣中に労働災害により休業した場合の「死傷病報告書」の提出義務者は派遣元、派遣先双方の事業者で、報告提出先はそれぞれの事業者の所轄労基署長宛となる（派遣法45条15項）。

健康診断・面接指導等の検査、指導等に従事した者はその実施に関し**知り得た秘密を漏らしてはならない**（105条）。

①**常時50人以上の労働者を使用する事業者は、定期健康診断を行ったときは、遅滞なく、定期健康診断結果報告書を所轄労働基準監督署長へ提出しなければならない。**

②**安衛法の規定による健康診断の結果に基づき、健康診断個人票を作成してこれを5年間保存しなければならない。**

③**労働者死傷病報告は、派遣労働者が被災した場合にも報告義務がある。**

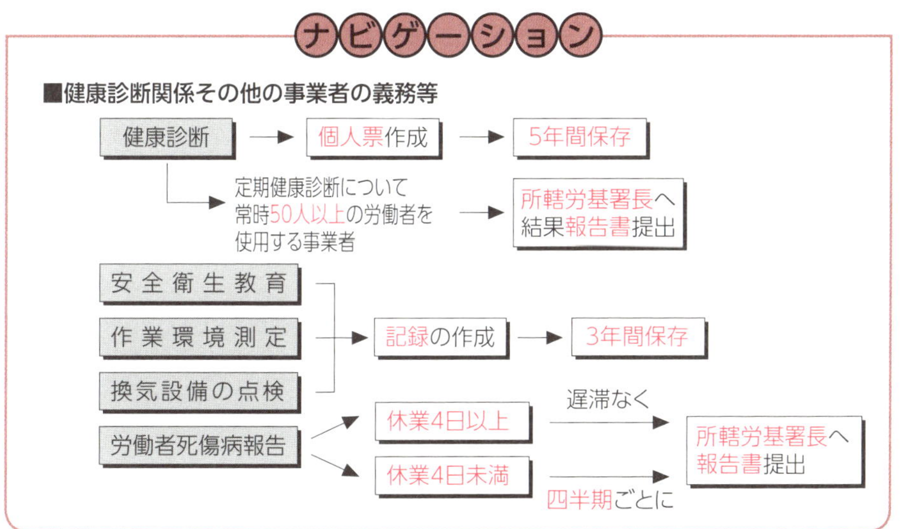

出題パターン

Q1 常時50人以上の労働者を使用する事業者は、定期健康診断を行ったときは定期健康診断結果報告書を所轄労働基準監督署長に提出しなければならない。

Q2 雇入れ時の健康診断を行ったときは、健康診断個人票を作成し3年間保存しなければならない。

Q3 派遣労働者が派遣中に労働災害に被災し、休業したときは、派遣元及び派遣先双方の事業者が労働者死傷病報告を作成し、それぞれの所轄労働基準監督署長に提出しなければならない。

A1＝○ 則52条の規定のとおりである。

A2＝× 労働安全衛生法の規定による健康診断を行ったときは、健康診断個人票を作成してこれを5年間保存しなければならない（則51条）。

A3＝○ 派遣労働者が派遣中に労働災害により休業した場合、労働者死傷病報告書の提出義務者は派遣元及び派遣先双方の事業者であり、その提出先は、それぞれの所轄労働基準監督署長である（派遣法45条15項、則97条）。

有機溶剤設備等 ここを押さえる

有機則1条、5条、6条、15条の2、32条

●有機溶剤の種別

有機溶剤とは、他の物質を溶かす性質を持つ有機化合物の総称であり、塗装、洗浄、印刷等の作業に幅広く使用されている。有機溶剤は常温では液体だが、揮発性が高いため、蒸気となって作業者の皮膚や呼吸を通じて体内に吸収されやすく、がん等の健康障害を引き起こす。

第1種有機溶剤
1・2－ジクロルエチレン（別名：二塩化アセチレン）、二硫化炭素　計2物質
第2種有機溶剤
アセトン、イソブチルアルコール他　計35物質
第3種有機溶剤
ガソリン、石油ナフサ他　計7物質

●特別有機溶剤

平成26年8月の政令・省令の改正で、発がん性が高いクロロホルム他9物質が有機溶剤から、特定化学物質の第2類物質に移行され、クロロホルム他9物質にエチルベンゼン、1・2-ジクロロプロパンをあわせて「特別有機溶剤」と称され、特定化学物質と同様の規制が適用される。しかし、発散抑制措置、呼吸用保護具等に関しては有機則の適用を受ける。

●設備

(1) 第1種及び第2種有機溶剤業務

事業者は、屋内作業場等において第1種有機溶剤（特別有機溶剤を含む。以下同じ）又は第2種有機溶剤に係る有機溶剤業務（有機溶剤を入れたことがあるタンクの内部における業務を除く）に労働者を従事させるときは、①有機溶剤の蒸気の発散源を密閉する設備、②局所排気装置又は③プッシュプル型換気装置（排気口の高さが屋根から1.5m以上のもの）を設けなければならない。

(2) 第3種有機溶剤業務

（a）タンク内において吹付けによる第3種有機溶剤業務に労働者を従事させるときは、①有機溶剤の蒸気の発散源を密閉する設備、②局所排気装置又は③プッシュプル型換気装置を設けなければならない（有機則6条2項）。

（b）吹付けによる業務以外の第3種有機溶剤業務を行う場合は、上記（a）①～③に加えて④全体換気装置のいずれかを設置すればよい（有機則6条1項）。

(3) 送気マスクの使用

次のいずれかの業務に労働者を従事させるときは、労働者に送気マスクを使用させなければならない（有機則32条1項）。

（a）有機溶剤（第1種～第3種）を入れたことがあるタンクの内部における業務。

（b）タンクの内部において有機溶剤業務に従事させる時間が短時間であり、かつ、上記（2）の①～④の装置等を設けないとき。

①第1種又は第2種有機溶剤等に係る有機溶剤業務に労働者を従事させるときは、1.有機溶剤の蒸気の発散源を密閉する設備、2.局所排気装置、又は3.プッシュプル型換気装置を設けなければならない。

②有機溶剤を入れたことがあるタンクの内部で作業を行うときは、作業者に送気マスクを使用させなければならない（有機則32条）。

■有機溶剤取扱業務に関する設備等

区分	設備等
第1種有機溶剤 第2種有機溶剤	発散源密閉設備、局所排気装置又はプッシュプル型換気装置
第3種有機溶剤	タンク等の内部の業務に関し、発散源密閉設備、局所排気装置、プッシュプル型換気装置のほか、吹付けの業務以外の場合は、全体換気装置でも可

■局所排気装置の性能

型式	制御風速
囲い式フード	0.4m/s
外付け式フード	—
①側方吸引型	0.5m/s
②下方吸引型	0.5m/s
③上方吸引型	1.0m/s

出題パターン

Q1 屋内作業場で第1種有機溶剤等を用いた作業を行うとき、局所排気装置を設けたので、作業者に送気マスクも有機ガス用防毒マスクも使用させなかった。

Q2 空気清浄装置を設けていない屋内作業場の局所排気装置の排気口の高さを、屋根から1mとしている。

Q3 有機溶剤を入れたことがあるタンクの内部で作業を行うとき、作業者に送気マスクを使用させ、局所排気装置も全体換気装置も設けなかった。

A1＝○ 第1種及び第2種の有機溶剤の業務を行うときは、有機溶剤発散源密閉設備、局所排気装置又はプッシュプル型換気装置の設置が義務づけられており、その性能が適合していればマスク等の使用は必要ない（有機則5条）。

A2＝× 局所排気装置の排気口の高さは、屋根から1.5m以上とされている（有機則15条の2第2項）。

A3＝○ 有機溶剤を入れたことがあるタンクの内部の業務では、局所排気装置又はプッシュプル型換気装置の設置は不要であるが、送気マスクの使用は義務づけられている（有機則1条1項6号ヲ、32条）。

1章 34 有害 有機溶剤中毒予防規則2

有機溶剤定期自主検査等 ここを押さえる

有機則15条の2、19条、20条、20条の2、21条、25条、28条、36条

●定期自主検査

（1）自主検査：事業者は、局所排気装置及びプッシュプル型換気装置について、1年以内ごとに1回、定期に、一定の事項について自主検査を行わなければならない。ただし、1年を超える期間使用しない装置について当該使用しない期間中は、この規定を適用しない（有機則20条、20条の2）。

（2）保存：事業者は、自主検査を行ったときは、一定の事項を記録し、これを3年間保存しなければならない（有機則21条）。

●有機溶剤等の区分の表示

有機溶剤は、揮発性、脂溶性、引火性の液体で、毒性の強い順に第1種（特別有機溶剤を含む。以下同じ）～第3種に分類される。

有機溶剤は、次の区分により色分けしなければならない（有機則25条2項）。

区分	色
第1種有機溶剤等	赤
第2種有機溶剤等	黄
第3種有機溶剤等	青

●作業環境測定

（1）測定：事業者は、有機溶剤業務（第3種有機溶剤を除く）を行う屋内作業場について、6か月以内ごとに1回、定期に、当該有機溶剤の濃度を測定しなければならない（有機則28条2項）。

（2）保存：測定を行ったときは、その都度一定の事項を記録し、これを3年間保存しなければならない（有機則28条3項）。

●換気装置の性能等

事業者は、局所排気装置、プッシュプル型換気装置、全体換気装置又は排気管等の排気口を直接外気に向かって開放しなければならない（有機則15条の2第1項）。

空気清浄装置を設けていない局所排気装置若しくはプッシュプル型換気装置又は排気管等の排気口の高さを屋根から1.5m以上としなければならない。ただし、当該排気口から排出される有機溶剤の濃度が厚生労働大臣の定める濃度に満たない場合は、この基準を適用しない（有機則15条の2第2項）。

●作業主任者

事業者は、有機溶剤を製造し、又は取り扱う業務で厚生労働省令で定めるものに係る作業については、有機溶剤作業主任者技能講習を修了した者のうちから、有機溶剤作業主任者を選任しなければならない（有機則19条）。

●空容器の処理

有機溶剤等を入れてあった空容器で有機溶剤の蒸気が発散するおそれのあるものについては、容器を密閉するか屋外の一定の場所に集積しておかなければならない（有機則36条）。

①第1種有機溶剤等は**赤**、第2種有機溶剤等は**黄**、第3種有機溶剤等は**青**の色分けをしなければならない。

②排気口の高さは、**屋根から1.5m 以上**としなければならない。

③有機溶剤業務に係る作業環境測定は**6か月以内**ごとに行い、記録を**3年間保存**しなければならない。

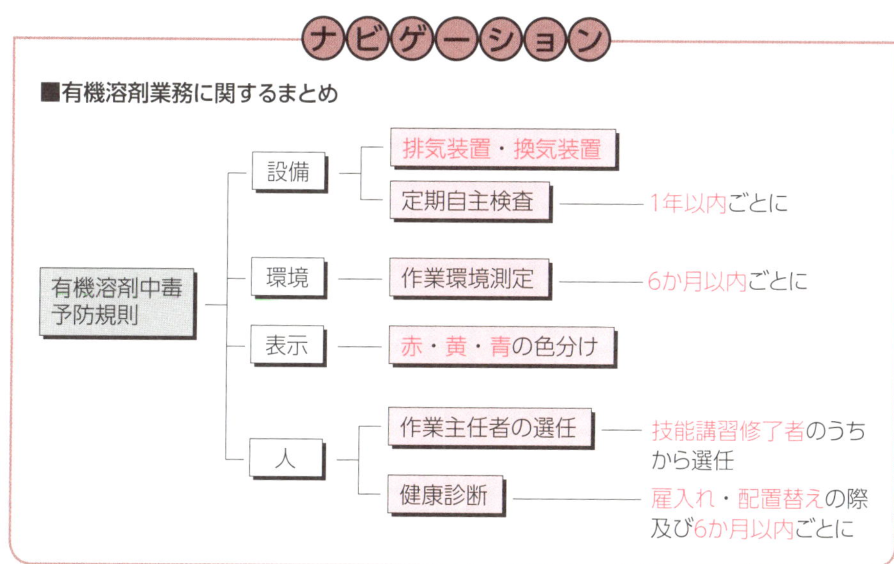

出題パターン

Q1 屋内作業場においてトリクロルエチレンを用いる洗浄槽に設けた局所排気装置は、2年以内ごとに1回、定期に自主検査を行わなければならない。

Q2 作業従事者が有機溶剤等の区分を容易に知ることができるように、クロロホルム溶剤を入れた容器に赤色の表示をする。

Q3 第1種有機溶剤等を取り扱う屋内作業場に、有機溶剤の区分を黄色で表示している。

A1＝× トリクロルエチレンは特別有機溶剤であり、局所排気装置の自主検査は1年以内ごとに1回、である（有機則20条2項）。

A2＝○ クロロホルムは特別有機溶剤であり、赤で表示する（有機則25条2項）。

A3＝× 有機溶剤等の区分の色分けについて、第1種有機溶剤等は赤で表示しなければならない（有機則25条2項）。

特定化学物質等 ここを押さえる

56条1項、令17条、特化則3条、4条、9～12条の2、21条、24条、37条、38条、38条の2

●特定化学物質とは

安衛令別表第3は、労働者に健康障害を発生させる可能性が高い化学物質を「特定化学物質」とし、有害性の発症度を基準に第1類物質～第3類物質の3種に区分し、規定している（ナビ参照）。

(1) 第1類物質（製造許可物質）

重度の健康障害を発症する有害性が特に高く、製造にあたり厚生労働大臣の許可を必要とする8種類がある。

①ジクロルベンジジン及びその塩
②アルファーナフチルアミン及びその塩
③塩素化ビフェニル（PCB）
④オルトートリジン及びその塩
⑤ジアニシジン及びその塩
⑥ベリリウム及びその化合物
⑦ベンゾトリクロリド
⑧その他上記の所定量を含有する物質

(2) 第2類物質

アクリルアミド他で、毒性は第1類物質に次いで強く、有機溶剤から移行されたクロロホルム他9物質にエチルベンゼン、1・2-ジクロロプロパンを加えた特別有機溶剤（p.78参照）と、平成27年法改正でナフタレンとリフラクトリーセラミックファイバー、平成29年法改正でオルト-トルイジンと三酸化二アンチモン、令和2年法改正で令和3年4月1日より溶接ヒュームを追加し、全61種類に及ぶ。

(3) 第3類物質

アンモニア、一酸化炭素、塩化水素など9種類あり、大量漏洩で急性中毒を引き起こす。

●第1類・第2類物質の取扱い措置

①製造設備
・製造設備は、密閉式構造にし隔離室からの遠隔操作で作業を進める。
・作業場には、囲い式フード付き局所排気装置又はプッシュプル型換気装置を設置する。
・作業場の床構造は、不浸透性で水洗い可能な材質とする。
②関係者以外立ち入り禁止（第3類物質100L以上取り扱う場所も同じ）の掲示。
③休憩室は、作業場以外の場所に設置。
④床は水洗し、真空掃除機で1日1回は清掃する。
⑤洗眼、洗身、うがい、更衣設備を設置。
⑥作業場での喫煙、飲食は禁止。

●用後処理

用後処理として、除じん、排ガス、排液、残さい物等については各物質に対応した処理方法が定められている（特化則9条他）。このうち共通の処理としては、特定化学物質に汚染されたぼろ、紙くず等について、蓋又は栓をした不浸透性の容器に納めておく等の措置を講じなければならないとされている。また、酸（硫酸、塩酸、硝酸）の排液処理は、中和方式による排液処理装置を設けなければならない。

①特定化学物質のうち、**第1類**物質はその製造について**厚生労働大臣の許可**を受けなければならない。
②**第1類**物質及び**第2類**物質に係る作業の場合、**局所排気装置**又は**プッシュプル型換気装置**を稼働させなければならない。
③酸（硫酸、塩酸、硝酸）の**排液**処理については、**中和**方式による**排液**処理装置を設けなければならない。

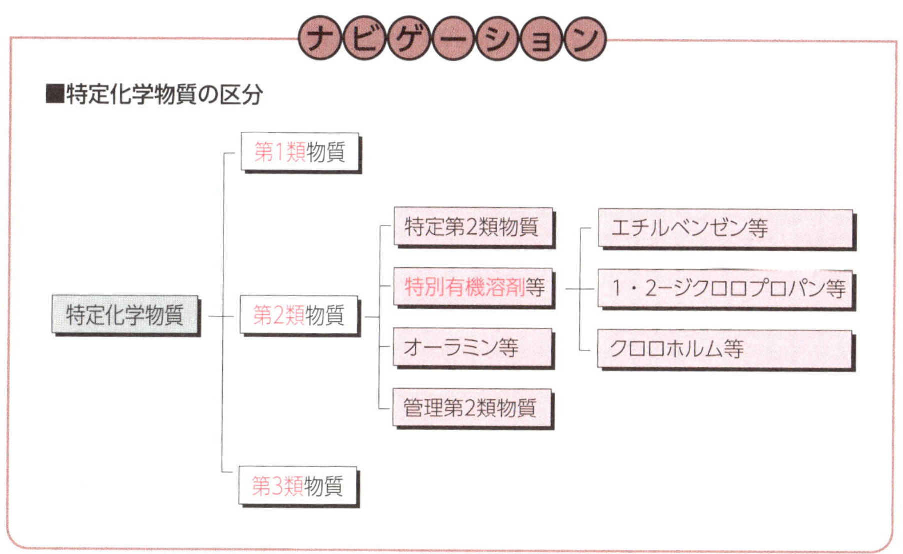

出題パターン

Q1 特定化学物質のうち、第1類物質及び第2類物質はその製造について厚生労働大臣の許可を受けなければならない。

Q2 硫酸を含む排液については、中和方式による排液処理装置を設けて処理しなければならない。

A1＝× 第1類物質（ジクロルベンジジン、ベリリウムなど）を製造しようとする者は、あらかじめ、厚生労働大臣の許可を受けなければならないが、第2類物質は製造許可を必要としない（56条1項、令17条、令別表第3）。

A2＝○ 硫酸を含む排液は、中和方式による処理装置を設けなければならない（特化則11条）。

特定化学物質作業主任者等 ここを押さえる

特化則27条、28条、30条、32条、36条、38条～41条

●作業主任者

(1) 選任：事業者は、特定化学物質を製造し、又は取り扱う作業（試験研究のために取り扱う作業を除く。）については、特定化学物質作業主任者技能講習（特別有機溶剤業務では有機溶剤作業主任者技能講習）を修了した者のうちから、特定化学物質作業主任者を選任しなければならない（特化則27条）。

(2) 職務：事業者は、作業主任者に次の事項を行わせなければならない（特化則28条）。

①作業に従事する労働者が特定化学物質に汚染され、又は吸入しないように作業方法を決定し、労働者を指揮すること

②局所排気装置、プッシュプル型換気装置、除じん装置、排ガス処理装置、排液処理装置等を1か月を超えない期間ごとに点検すること

③保護具の使用状況を監視すること等

●作業環境測定

事業者は、第1類物質又は第2類物質を製造し、又は取り扱う作業場について、6か月以内ごとに1回、定期に、それらの物質の空気中における濃度を測定し、一定の事項について記録し、3年間保存しなければならない（特化則36条）。

●定期自主検査

(1) 定期自主検査：事業者は、①局所排気装置、②プッシュプル型換気装置③除じん装置、④排ガス処理装置、⑤排液処理装置については、1年以内ごとに1回、定期に、一定の事項について自主検査を行わなければならない。ただし、1年を超える期間使用しない装置について当該使用しない期間中は、この規定を適用しない（特化則30条）。

(2) 保存：事業者は、定期自主検査を行ったときは、一定の事項について記録し、これを3年間保存しなければならない（特化則32条）。

●作業の記録

事業者は、特別管理物質（特化則38条の3)を製造し又は取り扱う作業場において、常時作業に従事する労働者について、1か月を超えない期間ごとに一定の事項を記録し、これを当該労働者が当該作業場において当該作業に従事することとなった日から30年間保存するものとする（特化則38条の4）。

●健康診断

(1) 対象者：事業者は、第1類物質及び第2類物質（一部を除く）の製造・取扱業務等に常時従事する労働者に対し、「特定化学物質健康診断」を行わなければならない（特化則39条）。

(2) 実施及び記録の保存：この健康診断は、雇入れ又は当該業務への配置替えの際及びその後6か月以内ごとに1回、定期に行い、その結果に基づき、特定化学物質健康診断個人票を作成し、5年間（特別管理物質の製造・取扱業務にあたっては30年間）保存しなければならない（特化則40条）。

(3) 報告：特定化学物質健康診断（定期のものに限る。）を行ったときは、遅滞なく、特定化学物質健康診断結果報告書を所轄労働基準監督署長に提出しなければならない（特化則41条）。

①特定化学物質のうち第1類物質を製造しようとするときは、厚生労働大臣の許可が必要である。

②第1類物質又は第2類物質を製造し、又は取り扱う業務に常時従事する労働者に対しては、6か月以内ごとに1回、定期に、特別の項目による健康診断を実施しなければならない。

■特定化学物質に関する要点整理

項　目	第1類物質	第2類物質	第3類物質
健康障害	がん等慢性的障害	特別有機溶剤は発がん性	大量漏洩により急性中毒
健康診断	6か月以内ごとに、特定化学物質健康診断実施		特定化学物質健診対象外
作業環境測定	6か月以内ごとに、空気中濃度測定		対象外
製造許可	要	不要	不要
製造に係る設備等	・製造設備は密閉式とする ・囲い式フード付局所排気装置又はプッシュプル型換気装置を設置し、作業中は稼働させる		特に定めなし
用後処理	塩酸・硝酸等含有排液は排液処理装置を設置		
作業場立入	立入禁止 第1類物質又は第2類物質を製造、取り扱う作業場（禁止の旨を見やすいところに表示する）		作業場は禁止。作業場以外で合計100リットル以上を取り扱う場合も立入禁止
定期自主検査	1年に1回、特定化学設備は2年に1回実施		特定化学設備2年に1回
作業主任者	技能講習修了者のうちから選任※		

※正式講習名：特定化学物質及び四アルキル鉛等作業主任者技能講習

出題パターン

Q1 第1類物質又は第2類物質を製造し、又は取り扱う業務に常時従事する労働者に対し、1年以内ごとに1回、定期に、特別の項目による健康診断を実施しなければならない。

Q2 特別管理物質を製造し、又は取り扱う作業場において常時作業に従事する労働者については、1か月を超えない期間ごとに作業に関する一定の事項を記録し、当該作業に常時従事することとなった日から30年間保存するものとされている。

A1＝× 第1類物質又は第2類物質を製造し、又は取り扱う業務に常時従事する労働者に対する健康診断は、6か月（胸部X線直接撮影検査は1年）以内ごとに1回実施しなければならない（特化則39条1項、同則別表第3）。

A2＝○ 特別管理物質に係る作業の記録は30年間保存するものとされている（特化則38条の4）。

1章 37 有害 化学物質のSDS
リスクアセスメント ここを押さえる

56条、57条、57条の2、57条の4、101条、令17条～18条の3

●リスクアセスメント

リスクアセスメント（有害性の調査）とは、化学物質やその製剤の持つ危険・有害性（ハザード）を特定し、労働者への危険又は健康障害を生じるおそれのある程度を見積り、検討、リスクの低減を図る手法である。

リスクアセスメントは、危険性・有害性の物質を製造し、取り扱う事業者を対象に実施が義務化されている。

●対象物質等の表示とSDS

化学物質を譲渡・提供する者は、労働者に危険性・有害性の健康障害を生ずるおそれのある物質は名称等を（容器又は包装上に）表示しなければならない（令18条）。

又、名称等を通知すべき物質（令18条の2）及び製造許可物質（令17条）等の通知対象物を譲渡・提供する者は、（57条の事項の他、成分及びその含有量、流出その他事故発生の場合の応急措置等）所定の事項をSDS（化学物質等安全データシート）にして相手方に交付しなければならない（56条～57条の2）。

SDSの交付対象物を製造・輸入し使用する事業者は、リスクアセスメントを実施し、その結果に基づき、労働者の健康障害を防止する措置を速やかに講じなければならない（57条の4）。

●リスクアセスメントの実施

リスクアセスメントの調査等の実施は、作業手順書、仕様書、SDS、作業環境測定結果・特殊健康診断結果等の資料を活用し、次の手順で行う。

①危険性・有害性の特定、②そのリスクを見積り、③リスク低減措置の検討と優先度の決定 ④優先度に対応して低減措置を実施する。

危険性又は有害性の特定は、対象となる業務を洗い出し、GHS分類等に即して行う。

・GHS：国連勧告による「化学品の分類および表示に関する世界調和システム」として世界的統一ルール。

■リスク低減措置と実施順位

①危険性・有害性の高い物質の使用中止、代替えの実施

②化学反応プロセス等運転条件変更

③設備密閉化、局所排気装置等設置等、衛生工学的対策

④マニュアル整備等管理対策

⑤個人用保護具の使用

※SDSは、健康に関し有害性を有する化学物質の他、爆発性等のある危険物質及び製造許可物質を、その対象に含めている。

SDSに記載する「人体に及ぼす作用」の有害性の範囲には急性毒性、発がん性の他、皮膚腐食性及び刺激性、生殖毒性を含む。慢性毒性は含まない。

①**SDS対象化学物質はリスクアセスメントの実施が義務化される。**
②**リスクアセスメントは、事業場にある危険性や有害性（ハザード）を特定し、それによる健康障害のリスクの見積りを行う。**

■代表的なリスクの見積り方法

対象物が労働者に危険を及ぼし、又は健康障害を生ずるおそれの程度（**発生可能性**）と、危険又は健康障害の程度（**重篤度**）を考慮する方法で行う。

◆**化学物質等による疾病リスク**
・労働者の**ばく露濃度**の実測値と**ばく露限界**を**比較**する方法（推奨）。

◆**危険性・有害性についてのリスク**
・発生可能性と重篤度を**相対的に尺度化**し、それらを縦軸と横軸とし、あらかじめ発生可能性と重篤度に応じたリスクの表で見積もる方法。
・発生可能性と重篤度を一定の尺度で**数値化**し、それらを**加算又は乗算**などして見積もる方法。
・発生可能性と重篤度を**段階的に分岐**していくことにより見積もる方法。
・**コントロール・バンディング**などを用いて見積もる方法。

※**コントロール・バンディング**：作業環境測定に替えて、ILO が中小企業向けに開発したウェブサイトを利用する簡易な化学物質管理手法。

出題パターン

Q 化学物質による疾病の**リスクの低減措置**を検討する場合、次のアからエの対策について**優先度の高い順**に並べたのはどれか。

ア　マニュアルの整備等の管理的対策
イ　有害性の高い化学物質等の使用の中止
ウ　機械設備等の密閉化、局所排気装置の設置等の衛生工学的対策
エ　個人用保護具の使用

（1）アーイーウーエ
（2）アーイーエーウ
（3）イーアーエーウ
（4）イーウーアーエ
（5）エーアーイーウ

A＝正解は（4）

◉ 有害 石綿障害予防規則

石綿(アスベスト)の製造・使用の禁止 ここを押さえる

55条、令16条、則53条、石綿則6条、9条、28条～31条、33条、35条、36条、49条

●石綿（アスベスト）の全面製造・使用等禁止

石綿（アスベスト）及び石綿をその重量の0.1%を超えて含有するすべての物（石綿分析用試料等除く）の製造、輸入、譲渡、提供、使用が禁止されている（55条、令16条1項）。

●石綿等の除去作業

石綿等の除去作業を行うときは、①他の作業場所から隔離すること、②ろ過集じん排気装置を使用すること、③作業場所を負圧に保つこと、④作業場所の出入口に前室を設けること、等の措置を講じなければならない（石綿則6条）。

●注文者の配慮義務

建築物の解体等の作業を行う仕事の注文者は、事前調査等（石綿等の使用の有無の調査）を踏まえた当該作業方法等について、法令の遵守を妨げるおそれのある条件を付さないように配慮しなければならない（石綿則9条★）。

●作業場内の喫煙・飲食禁止

石綿等を取り扱う作業場では、喫煙・飲食を禁止し、その旨を見やすい場所に表示しなければならない（石綿則33条）。

●事業廃止時の添付書類

石綿等を取り扱う事業者が事業を廃止しようとするときに提出する石綿関係記録等報告書に添付すべき書類は、①作業の記録、②作業環境測定の記録、③石綿健康診断個人票、である（石綿則49条）。

●健康管理手帳の交付

石綿等製造・取扱い業務に従事していた労働者で、①両肺野に石綿による不整形陰影・胸膜肥厚がある、②石綿等製造・取扱い業務に1年以上従事し、かつ、初めて石綿等の粉じんにばく露した日から10年以上経過している等の要件を満たす者に、申請によって健康管理手帳が交付される（則53条1項）。

●管理

（1）休憩室：石綿等を常時取り扱う作業等に労働者を従事させるときは、当該作業を行う場所以外の場所に休憩室を設けなければならない（石綿則28条1項）。

（2）掃除の実施：石綿等を常時取り扱う作業等を行う作業場及び休憩室の床等については、水洗等容易に掃除できる構造とし、水洗する等粉じんが飛散しない方法によって毎日1回以上掃除をしなければならない（石綿則29条、30条）。

（3）洗浄設備：石綿等を取り扱う作業等に労働者を従事させるときは、洗眼・洗身・うがいの設備、更衣設備及び洗濯のための設備を設けなければならない（石綿則31条）。

（4）石綿等を取り扱う作業に従事した労働者については、1か月を超えない期間ごとに作業の概要・期間等を記録し、常時作業に従事しなくなった日から40年間保存する（石綿則35条）。

①**石綿が原因で発症する疾病に、石綿（アスベスト）肺、肺がん、悪性中皮腫等がある。**
②**石綿等製造・取扱い業務に1年以上従事し、初めて石綿の粉じんにばく露した日から10年以上経過している者は、健康管理手帳交付の対象となる。**

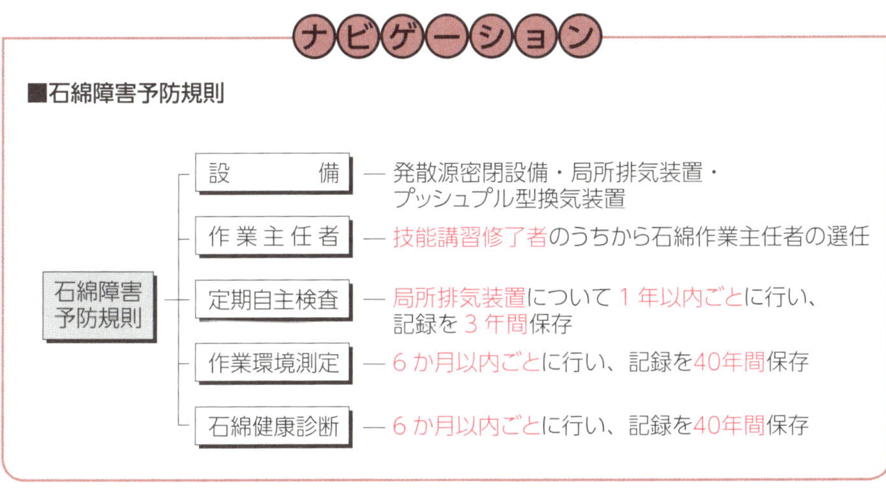

ナビゲーション
■石綿障害予防規則
石綿障害予防規則
設　備 ― 発散源密閉設備・局所排気装置・プッシュプル型換気装置
作業主任者 ― 技能講習修了者のうちから石綿作業主任者の選任
定期自主検査 ― 局所排気装置について1年以内ごとに行い、記録を3年間保存
作業環境測定 ― 6か月以内ごとに行い、記録を40年間保存
石綿健康診断 ― 6か月以内ごとに行い、記録を40年間保存

出題パターン

Q1 石綿等の除去作業に労働者を従事させるときは、当該作業場所を隔離すること、ろ過集じん排気装置を使用すること等の措置を講じる必要がある。

Q2 石綿等を取り扱う作業場については、6か月以内ごとに1回、定期に、石綿の空気中における濃度を測定し、その記録を7年間保存しなければならない。

Q3 石綿等を取り扱う作業に労働者を従事させるときは、洗眼、洗身又はうがいの設備等を設けなければならない。

A1=○ 石綿則6条1項、2項の規定のとおりである。

A2=× 石綿に係る作業環境測定の記録は40年間保存しておかなければならない（石綿則36条2項）。

A3=○ 石綿則31条の規定のとおりである。

作業室・気こう室等 ここを押さえる

高圧則1条の2～3条、5条～7条、7条の3、10条、11条

●定義（高圧則1条の2）

(1) 高圧室内業務：潜函工法その他圧気工法により、大気圧を超える気圧下の作業室又はシャフトの内部で行う業務をいう。

(2) 潜水業務：潜水器を用い、かつ、空気圧縮機・手押しポンプによる送気又はボンベからの給気を受けて、水中で行う業務をいう。

(3) 作業室：潜函工法その他の圧気工法による作業を行うための大気圧を超える気圧下の作業室をいう。

(4) 気こう室：高圧室内業務に従事する労働者が作業室への出入りに際し、加圧又は減圧を受ける室をいう。

●作業室

事業者は、労働者を作業室において高圧室内業務に従事させるときは、作業室の気積を労働者1人について4m^{3}以上としなければならない（高圧則2条）。

●気こう室

(1) 床面積及び気積：事業者は、気こう室の床面積及び気積を労働者1人について、次のようにしなければならない（高圧則3条）。

	床面積	気積
労働者１人当たり	0.3m^{2}以上	0.6m^{3}以上

(2) のぞき窓等：事業者は、気こう室の内部を観察することができる窓等を設けて、外部から気こう室の内部の状態を把握できるようにしなければならない（高圧則7条の3）。

●空気清浄装置

事業者は、空気圧縮機と作業室又は気こう室との間に、作業室及び気こう室へ送気する空気を清浄にするための装置を設けなければならない（高圧則5条）。

●排気管

事業者は、作業室及び気こう室に、専用の排気管を設けなければならない。また、高圧室内作業者に減圧を行うための排気管は、内径53㎜以下のものとしなければならない（高圧則6条）。

●圧力計

事業者は、作業室への送気の調節を行うためのバルブ又はコックを室外に設けたときは、作業室内のゲージ圧力を表示する圧力計を室外に設けなければならない（高圧則7条）。

●作業主任者

事業者は、高圧室内作業については高圧室内作業主任者免許を受けた者のうちから、作業室ごとに高圧室内作業主任者を選任しなければならない（高圧則10条1項）。

●特別の教育

事業者は、作業室及び気こう室へ送気するための空気圧縮機を運転する業務その他一定の業務に労働者を就かせるときは、当該業務に関する特別の教育を行わなければならない（高圧則11条）。

①労働者を作業室において高圧室内業務に従事させるときは、作業室の気積を労働者1人について4m^3以上としなければならない。
②気こう室の床面積は労働者1人について0.3m^2以上、気積は0.6m^3以上としなければならない。
③高圧室内作業については、高圧室内作業主任者免許を受けた者のうちから、作業室ごとに高圧室内作業主任者を選任しなければならない。

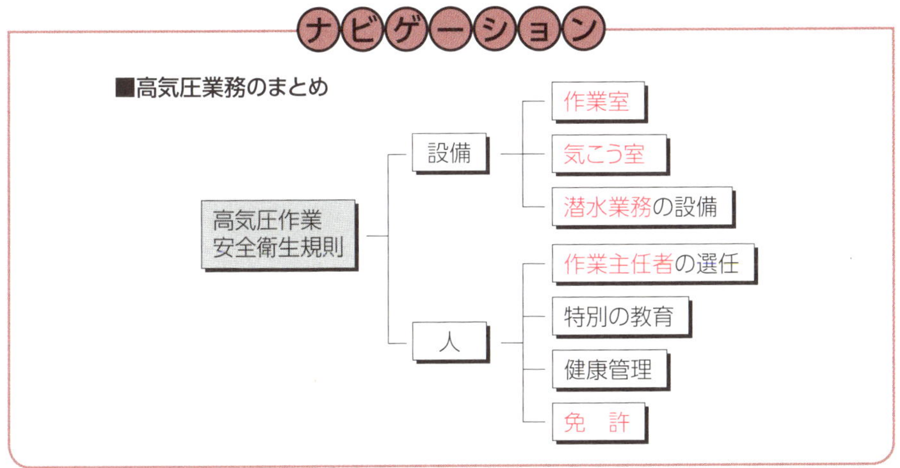

出題パターン

Q1 労働者を作業室において高圧室内業務に従事させるときは、作業室の気積を労働者1人について6m^3以上としなければならない。

Q2 気こう室にはのぞき窓を設けるなどして、外部から内部の状態を把握できるようにしなければならない。

Q3 作業室へ送気するための空気圧縮機を運転する業務に労働者を就かせるときは、当該業務に関する特別の教育を行わなければならない。

A1＝× 高圧室内業務に係る作業室の気積は、労働者1人について4m^3以上としなければならない（高圧則2条）。

A2＝○ 気こう室の内部を観察することができる窓等を設けて、外部から気こう室の内部の状態を把握できるようにしなければならない（高圧則7条の3）。

A3＝○ 作業室及び気こう室へ送気するための空気圧縮機を運転する業務その他一定の業務に労働者を就かせるときは、当該業務に関する特別の教育を行わなければならない（高圧則11条）。

有害　高気圧作業安全衛生規則２

潜水士等 ここを押さえる

高圧則12条、12条の２、15条、18条、27条、38条〜40条、47条、48条、52条、53条

●潜水士

事業者は、潜水士免許を受けた者でなければ潜水業務に就かせてはならない（高圧則12条）。

●潜水業務の管理

事業者は、あらかじめ、送気する気体の成分組成や加圧開始から減圧開始までの時間等の「作業計画」を定め、作業を行わなければならない（高圧則27条で準用する12条の２）。

事業者は、酸素、窒素、炭酸ガスの分圧が規定の範囲に収まるように送気、換気等を講じる（15条）。減圧を行うときは、人体に存在する不活性ガスが、許容できる最大の不活性ガスの分圧を超えないようにすること。減圧を終了した者に対しては、終了した時から14時間、重激な業務に従事させてはならない（18条）。

（注）不活性ガスとは窒素、ヘリウム。

●健康診断

（1）対象者：事業者は、高圧室内業務又は潜水業務（以下「高気圧業務」という。）に常時従事する労働者に対し、その雇入れの際、当該業務への配置替えの際及びその後６か月以内ごとに１回、定期に、医師による健康診断を行わなければならない（高圧則38条１項）。

（2）検査項目

①既往歴及び高気圧業務歴の調査

②関節等の痛み、耳鳴り等の自覚症状又は他覚症状の有無の検査

③四肢の運動機能の検査

④鼓膜及び聴力の検査

⑤血圧の測定並びに尿中の糖及び蛋白の有無の検査

⑥肺活量の測定

（3）保存：事業者は、上記（2）の結果に基づき、高気圧業務健康診断個人票を作成し、これを５年間保存しなければならない（高圧則39条）。

（4）報告・通知：事業者は、遅滞なく、健康診断の結果を労働者に通知するほか、高気圧業務健康診断結果報告書を所轄労働基準監督署長へ提出しなければならない（高圧則39条の３、40条）。

●免許

（1）高圧室内作業主任者免許：高圧室内作業主任者免許は、高圧室内業務に２年以上従事した者であって、高圧室内作業主任者免許試験に合格した者その他厚生労働大臣が定める者に対し、都道府県労働局長が与える。ただし、20歳未満の者には与えない（高圧則47条、48条）。

（2）潜水士免許：潜水士免許は、潜水士免許試験に合格した者その他厚生労働大臣が定める者に対し、都道府県労働局長が与える。ただし、18歳未満の者には与えない（高圧則52条、53条）。

①事業者は、減圧を行うときは、人体に存在する不活性ガスが、許容できる最大の不活性ガスの分圧を超えないようにすること。
②減圧を終了した者に対しては、終了した時から14時間、重激な業務に従事させてはならない。
③高気圧業務に常時従事する労働者に対し、6か月以内ごとに1回、定期に、医師による健康診断を行わなければならない。
④高圧室内作業主任者免許及び潜水士免許は、それぞれ試験に合格した者に対し都道府県労働局長が与える。

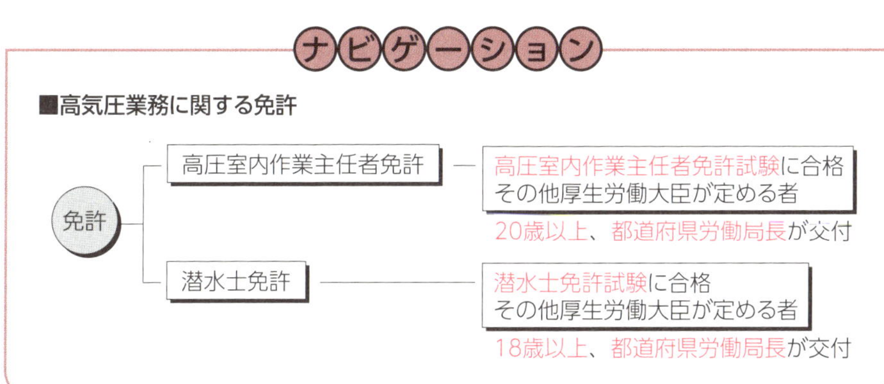

出題パターン

Q1 潜水士免許を受けた者でなければ潜水業務に就かせてはならない。

Q2 高気圧業務健康診断では、血圧の測定並びに尿中の糖及び蛋白の有無の検査、肺活量の測定などを行う。

Q3 高圧室内業務又は潜水業務に常時従事する労働者に対し、1年以内ごとに1回、定期に、高気圧業務健康診断を行わなければならない。

A1＝○ 事業者は、潜水士免許を受けた者でなければ潜水業務に就かせてはならない（高圧則12条）。

A2＝○ 血圧の測定並びに尿中の糖及び蛋白の有無の検査、肺活量の測定は、高気圧業務健康診断の項目である（高圧則38条1項）。

A3＝× 高気圧業務健康診断は、6か月以内ごとに1回、定期に、行わなければならない（高圧則38条）。

41 酸素欠乏危険作業 ここを押さえる

令別表第6、酸欠則2条、3条、5条

●定義（酸欠則2条）

(1) 酸素欠乏：空気中の酸素の濃度が18%未満である状態をいう。

(2) 酸素欠乏症：酸素欠乏の空気を吸入することにより引き起こす症状が酸素欠乏症である。脳の障害（頭痛、耳鳴り、意識喪失など）、循環器障害（頻脈、動悸、チアノーゼなど）の症状が認められ、急性進行し致命率も高い。

(3) 酸素欠乏等：酸素欠乏の状態又は空気中の硫化水素の濃度が100万分の10を超える状態をいう。

(4) 酸素欠乏危険場所：令別表第6に計14種類が定められている。その主なものは次のとおりである。

①一定の地層に接し、又は通じる井戸等の内部

②長期間使用されていない井戸等の内部

③海水の滞留しているピットの内部

④相当期間密閉されていた鋼製のボイラー、タンク、船倉等の内部

⑤鋼材、くず鉄等を入れてあるタンク、船倉等の内部

⑥乾性油を含むペイントで塗装され、そのペイントが乾燥する前に密閉された地下室、タンク、船倉等の内部

⑦しょうゆ、酒類等発酵物を入れている、又は入れたことがある醸造槽の内部

⑧し尿、汚水等腐敗し、又は分解しやすい物質を入れている、又は入れたことがあるタンク、船倉等の内部

⑨ドライアイスを使用する冷蔵庫、冷凍庫、冷凍コンテナー等の内部

(5) 第1種酸素欠乏危険作業：第2種酸素欠乏危険作業以外の酸素欠乏危険作業をいう。

(6) 第2種酸素欠乏危険作業：酸素欠乏危険場所のうち、硫化水素中毒にかかるおそれがある場所（③、⑧等）における作業をいう（酸欠則2条）。

●作業環境測定

事業者は、酸素欠乏危険場所における作業場について、その日の作業を開始する前に、当該作業場における空気中の酸素（第2種酸素欠乏危険作業に係る作業場にあっては、酸素及び硫化水素）の濃度を測定しなければならない（酸欠則3条）。

●換気

事業者は、酸素欠乏危険作業に労働者を従事させる場合は、当該作業を行う場所の空気中の酸素の濃度を18%以上に保つように換気しなければならない。第2種酸素欠乏危険作業に係る場所にあっては空気中の酸素の濃度を18%以上、かつ、硫化水素の濃度を100万分の10以下に保つように換気しなければならない（酸欠則5条1項）。

事業者は、換気をするときは、純酸素を使用してはならない（酸欠則5条2項）。

①酸素欠乏症とは、酸素欠乏（空気中の酸素の濃度が18％未満の状態）の空気を吸入することにより引き起こされる症状である。
②酸素欠乏危険場所における作業場について、その日の作業を開始する前に、当該作業場における空気中の酸素（第２種酸素欠乏危険作業に係る作業場にあっては、酸素及び硫化水素）の濃度を測定しなければならない。

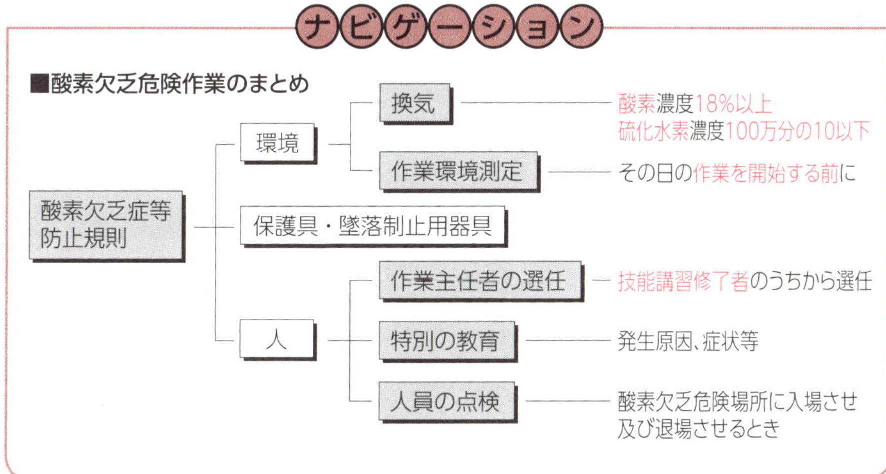

出題パターン

Q1 酸素欠乏症とは、酸素欠乏の空気を吸入することにより生ずる症状が認められる状態をいう。

Q2 鋼材が積み込まれている船倉の内部は、酸素の濃度が18％以上であっても酸素欠乏危険場所に該当する。

Q3 事業者は、第１種酸素欠乏危険作業を行う場所では、１日１回、作業中に当該作業場における空気中の酸素及び硫化水素の濃度を測定しなければならない。

A1＝○ 酸素欠乏症は、酸素欠乏の空気を吸入することにより引き起こされる脳の障害、循環器障害などの症状をいう。急性進行し、一呼吸ないし数呼吸で意識を失うことが多く、致命率も高い。

A2＝○ 鋼材を積み込んでいる船倉は、酸素欠乏危険場所である（令別表第６第５号）。

A3＝× 第１種酸素欠乏危険作業を行う作業場では１日１回ではなく、その日の作業を開始する前に空気中の酸素濃度の測定を行わなければならない（酸欠則３条）。また、硫化水素の濃度の測定は必要ではない。

酸素欠乏保護具の使用等 ここを押さえる

令別表第6、酸欠則5条の2、6条、11条〜13条、15条、20条

●保護具の使用

事業者は、爆発、酸化等を防止するため、換気等をすることができない場合又は作業の性質上換気することが著しく困難な場合は、**空気呼吸器等**（注）を備え、労働者にこれを使用させなければならない（酸欠則5条の2）。

（注）**空気呼吸器等**：空気呼吸器、酸素呼吸器又は送気マスクをいう。

●墜落制止用器具

事業者は、酸素欠乏危険作業に労働者を従事させる場合で、労働者が酸素欠乏症にかかって転落するおそれがあるときは、労働者に墜落制止用器具その他の命綱を使用させなければならない（酸欠則6条）。

●作業主任者

事業者は、酸素欠乏危険作業について、次の区分に基づき酸素欠乏危険作業主任者を選任しなければならない（酸欠則11条1項）。

第1種酸素欠乏危険作業	酸素欠乏危険作業主任者技能講習又は酸素欠乏・硫化水素危険作業主任者技能講習を修了した者のうちから選任すること
第2種酸素欠乏危険作業	酸素欠乏・硫化水素危険作業主任者技能講習を修了した者のうちから選任すること

●特別の教育

事業者は、酸素欠乏危険作業に係る業務に労働者を従事させるときは、次の科目について特別の教育を行わなければならない（酸欠則12条）。

①酸素欠乏の発生の原因
②酸素欠乏症の症状
③空気呼吸器等の使用の方法
④事故の場合の退避、救急蘇生の方法
⑤その他酸素欠乏症の防止に関し必要な事項

●特別の教育を実施する時間数

①第1種酸素欠乏危険作業：4時間
②第2種酸素欠乏危険作業：5時間30分

●監視人等

事業者は、酸素欠乏危険作業に労働者を従事させるときは、常時作業の状況を監視し、異常があったときに直ちに関係者等に知らせる者を置く等の措置を講じなければならない（酸欠則13条）。

●避難用具等

事業者は、酸素欠乏危険作業に労働者を従事させるときは、空気呼吸器等、はしご、繊維ロープ等非常の場合に労働者を避難させ、又は救出するために必要な用具を備えなければならない（酸欠則15条）。

●冷蔵室等

事業者は、冷蔵室、冷凍室等密閉して使用する施設又は設備の内部における作業に労働者を従事させるときは、出入口の扉が締まらないような措置をしなければならない。ただし、扉が内部から容易に開くことができる構造である場合等は、この規定を適用しない（酸欠則20条）。

①冷蔵室、冷凍室等密閉して使用する施設又は設備の内部における作業に労働者を従事させるときは、出入口の扉が締まらないような措置をしなければならない。
②酸素欠乏危険作業に係る業務に労働者を従事させるときは、酸素欠乏に関する特別の教育を行わなければならない。

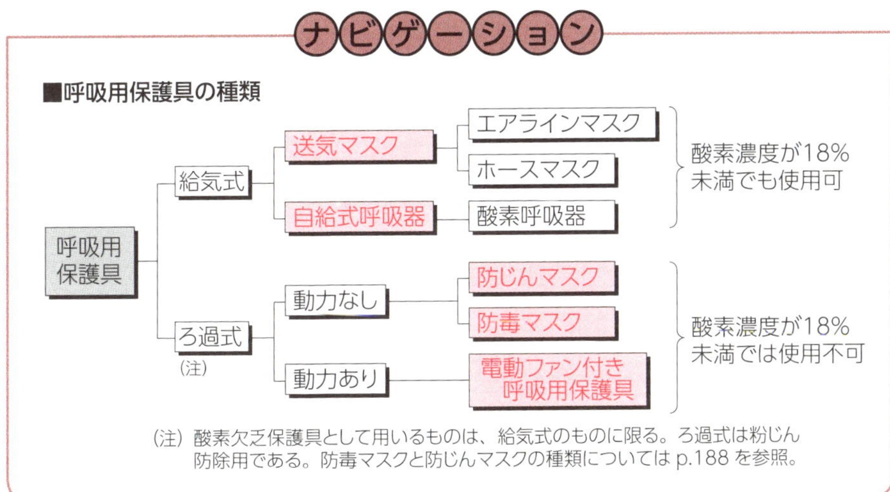

出題パターン

Q1 冷凍室の内部における作業に労働者を従事させるときは、その間、原則として出入口の扉が締まらないような措置を講じなければならない。

Q2 酒の醸造槽の内部の清掃作業に労働者を従事させるときは、酸素欠乏に関する特別の教育を行わなければならない。

Q3 酸素欠乏危険作業に労働者を従事させる場合は、酸素欠乏危険作業主任者免許を有する者のうちから作業主任者を選任しなければならない。

A1＝○ 冷凍室等の密閉している施設での作業は、出入口の扉が締まらないような措置を講じなければならない（酸欠則20条）。

A2＝○ 酒の醸造槽は酸素欠乏危険場所であるため、特別の教育を行わなければならない（令別表第６第８号、酸欠則12条）。

A3＝× 酸素欠乏危険作業主任者の選任は、免許を有する者でなく、酸素欠乏危険作業主任者技能講習を修了した者のうちから選任することとされている（酸欠則11条）。

事務所衛生基準規則

気積等 ここを押さえる

事務所則1条〜5条

●適用

気積、温度等については、安衛則に屋内作業場全般に関する規定が設けられている（p.68、72参照）。事務所衛生基準規則では、屋内作業場のうち事務作業（カードせん孔機、タイプライターその他の事務用機器を使用して行う作業を含む）について必要事項を定めている（事務所則1条）。

●気積

事業者は、労働者を常時就業させる室の気積を、設備の占める容積及び床面から4mを超える高さにある空間を除き、労働者1人について10m^{3}以上としなければならない（事務所則2条）。

●換気

事業者は、室においては、窓その他の開口部の直接外気に向かって開放することができる部分の面積が常時床面積の20分の1以上となるようにしなければならない。ただし、換気が十分に行われる性能を有する設備を設けたときは、この規定を適用しない（事務所則3条1項）。

●一酸化炭素及び二酸化炭素の濃度

事業者は、室における一酸化炭素及び二酸化炭素（炭酸ガス）の含有率を次の表のようにしなければならない（事務所則3条2項）。

	一酸化炭素	二酸化炭素
含有率	100万分の50以下	100万分の5,000以下

●温度

事業者は、室の気温が10℃以下の場合は、暖房する等適当な温度調節の措置を講じなければならない（事務所則4条1項）。

事業者は、室を冷房する場合は、当該室の気温を外気温より著しく低くしてはならない。ただし、電子計算機等を設置する室において、その作業者に保温のための衣類等を着用させた場合は、この規定を適用しない（事務所則4条2項）。

●空気調和設備等による調整

事業者は、**空気調和設備**又は**機械換気設備**（注）を設けている場合は、室に供給される空気が次の表に適合するように、当該設備を調整しなければならない（事務所則5条）。

項目	調整基準値
空気中の浮遊粉じん量	0.15mg/m^{3}以下
一酸化炭素含有率	100万分の10以下
二酸化炭素（炭酸ガス）含有率	100万分の1,000以下
ホルムアルデヒド量	0.1mg/m^{3}以下
室内の気流	毎秒0.5m以下
室内の気温（努力目標）	17℃以上28℃以下
相対湿度（努力目標）	40％以上70％以下

（注）**空気調和設備**：空気を浄化し、その温度、湿度及び流量を調節して供給することができる設備をいう。
機械換気設備：空気を浄化し、その流量を調節して供給することができる設備をいう。

空気調和設備又は機械換気設備を設けている場合、
①室に供給する空気中に占める一酸化炭素の割合は100万分の10以下、二酸化炭素（炭酸ガス）の割合は100万分の1,000以下としなければならない。
②室内の気流は毎秒0.5m以下でなければならない。

■一酸化炭素及び二酸化炭素の濃度の許容量

自然換気の室		空気調和設備・機械換気設備
100万分の50以下	一酸化炭素の含有率	100万分の10以下
100万分の5,000以下	二酸化炭素の含有率	100万分の1,000以下

事務所衛生基準規則では、自然換気の室と空気調和設備のある室とでは、一酸化炭素及び二酸化炭素の濃度の許容量に違いがある。

出題パターン

Q1 空気調和設備を設けた事務室の空気環境基準について室に供給される空気中の浮遊粉じん量は、0.5mg/m^{3}以下とする。

Q2 空気調和設備を設けた事務室の空気環境基準について室に供給される空気中に占める一酸化炭素の含有率は、100万分の50以下とする。

Q3 空気調和設備を設けた事務室の空気環境基準について室内の気流は、毎秒1.0m以下とする。

Q4 空気調和設備を設けた事務室の空気環境基準について室内の気温は、17℃以上28℃以下になるよう努める。

Q5 空気調和設備を設けた事務室の空気環境基準について室内の相対湿度は、30%以上60%以下になるよう努める。

A1＝× 空気中の浮遊粉じん量は、0.15mg/m^{3}以下でなければならない（事務所則5条1項1号）。

A2＝× 一酸化炭素の含有率は、100万分の10以下でなければならない（事務所則5条1項2号）。

A3＝× 室内の気流は、毎秒0.5m以下でなければならない（事務所則5条2項）。

A4＝○ 室内の気温は、17℃以上28℃以下になるよう努める（事務所則5条3項）。

A5＝× 室内の相対湿度は、40%以上70%以下になるよう努める（事務所則5条3項）。

特定粉じん発生源に係る措置等 ここを押さえる

粉じん則2条、4条、5条、13条、17条、18条、22条、26条

●定義

(1) 粉じん作業：鉱物等を掘削する場所における作業等計28作業が指定されている（粉じん則2条1項1号、同則別表第1）。

(2) 特定粉じん作業：粉じん作業のうち、その粉じん発生源が特定粉じん発生源であるものをいうが、発生源は「坑内で動力を用いて鉱物等を掘削する作業」など計15の作業が粉じん則別表第2で規定されている。

●特定粉じん発生源に係る措置

特定粉じん作業を行う作業場について、その特定粉じん発生源における粉じんの発散を防止するため、次のいずれかの措置を講じなければならない（粉じん則4条）。

①衝撃式削岩機を湿式型とする
②湿潤な状態に保つ設備を設置する
③密閉する設備を設置する
④局所排気装置を設置する
⑤プッシュプル型換気装置を設置する

●除じん装置

粉じんの種類が、ヒューム以外の粉じんの場合は、サイクロンによる除じん方式でもよいが、ヒュームの場合には「ろ過除じん方式」又は「電気除じん方式」でなければならない（粉じん則13条）。

●換気の実施

事業者は、特定粉じん作業以外の粉じん作業を行う屋内作業場について、粉じんを減少させるため全体換気装置による換気等の措置を講じなければならない（粉じん則5条）。

●定期自主検査

(1) 定期自主検査：事業者は、①局所排気装置、②プッシュプル型換気装置、③除じん装置については、1年以内ごとに1回、定期に、一定の事項について自主検査を行わなければならない。ただし、1年を超える期間使用しない装置について当該使用しない期間中は、この規定を適用しない（粉じん則17条2項）。

(2) 保存：事業者は、定期自主検査を行ったときは、一定の事項について記録し、これを3年間保存しなければならない（粉じん則18条）。

●特別の教育

事業者は、常時特定粉じん作業に係る業務に労働者を就かせるときは、一定の科目について特別の教育を行わなければならない（粉じん則22条）。

●作業環境測定

事業者は、常時特定粉じん作業が行われる屋内作業場について、6か月以内ごとに1回、定期に、空気中の粉じんの濃度を測定し、一定の事項について記録し、7年間保存しなければならない（粉じん則26条）。なお、**特定粉じん作業以外の**粉じん作業では、測定を行う必要がない。

①特定粉じん作業を行う箇所では、その作業内容に応じて、密閉する設備、局所排気装置を設置する等の措置を講じなければならない。
②局所排気装置等の定期自主検査は、1年以内ごとに1回、定期に、一定の事項について実施し、その記録を3年間保存しなければならない。

ナビゲーション

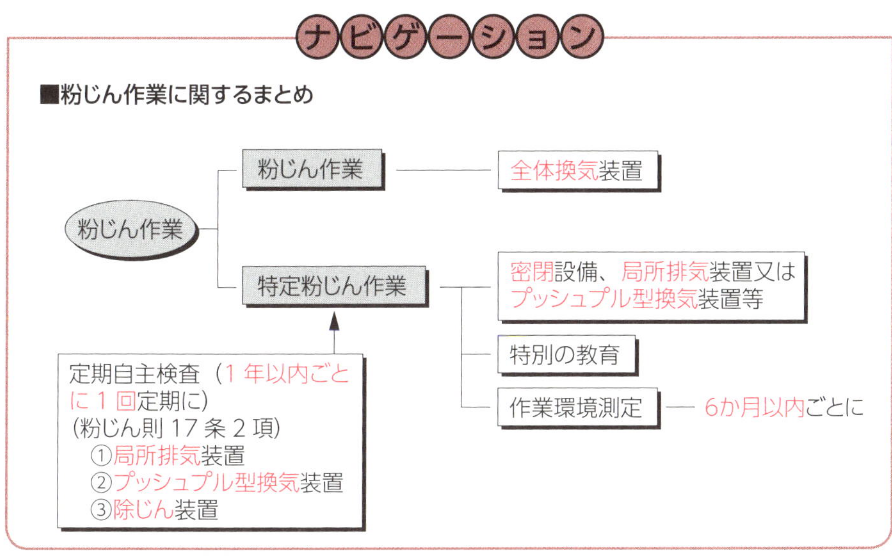

出題パターン

Q1 特定粉じん作業を行う室内作業場について、粉じんを減少させるため全体換気装置による換気等の措置を講じなければならない。

Q2 局所排気装置の定期自主検査は、1年以内ごとに1回、定期に、一定の事項について行わなければならない。

Q3 常時特定粉じん作業が行われる屋内作業場について、1年以内ごとに1回、空気中の粉じんの濃度を測定し、その記録を3年間保存しなければならない。

A1＝× 全体換気装置による換気等の措置は、特定粉じん作業以外の粉じん作業を行う場合の措置である（粉じん則5条）。

A2＝○ 1年以内ごとに1回、定期に、一定の事項について自主検査を行わなければならない（粉じん則17条2項）。

A3＝× 常時特定粉じん作業が行われる屋内作業場について、6か月以内ごとに1回、定期に、空気中の粉じんの濃度を測定し、一定の事項について記録し、7年間保存しなければならない（粉じん則26条）。

放射線障害の影響等 ここを押さえる

電離則3〜6条、55条

●放射線管理区域

放射線管理区域（以下管理区域という）とは、人が放射線の不必要な被ばくを防ぐため、放射線量が一定以上ある場所を明確に区分し、不必要な者の立入りを禁止するため設けられる区域である。

その基準は次記項目のうちのいずれかによる（電離則３条）。

①外部放射線による実効線量と空気中の放射性物質による実効線量との合計が３か月につき1.3mSv（ミリシーベルト）を超えるおそれのある区域 。外部放射線による実効線量の算定は１cm 線量当量によって行う。

②放射性物質の表面密度が法令に定める限度の10分の１を超えるおそれのある区域。

「外部放射線による実効線量」は、作業場所の空間に存在する放射線量である。

「空気中の放射性物質による実効線量」は、作業場所の空間に存在する放射性物質の量の人体が受ける実効線量である。

※1ｃｍ線量当量：放射線量は、人体が受ける量と作業環境中の量とでは異なるが、人体の深さ1cm で受ける放射線量のこと。

●放射線業務従事者の被ばく限度

①男性又は妊娠する可能性がないと診断された女性の場合は、実効線量が５年間につき100mSv を超えず、かつ、１年間につき50mSv を超えないこと。

②妊娠可能な女性の場合は３か月につき５mSv を超えないこと。

③妊娠と診断された女性で妊娠と診断されたときから出産までの間（妊娠中）の線量は、以下の区分に応じて超えないこと（電離則６条）。

・内部被ばくによる場合　１mSv（実効線量）

・腹部表面に受ける場合　２mSv（等価線量）

④放射線業務従事者の眼の水晶体に受けるものについては5年間につき100mSv、及び1年間につき50mSv、皮膚に受けるものについては1年間につき500mSv を超えないこと（電離則５条★）。

※一部の医師・事業者等については、令和3.4.1〜5.3.31及び以後の期間について経過措置がある。

●放射性物質の濃度の測定

放射性物質を取り扱う作業室、坑内作業等について、空気中の放射性物質の濃度を１か月以内ごとに１回、定期に測定し、記録を５年間保存しなければならない(電離則55条)。

●電離放射線による健康障害

電離放射線による健康障害には、身体的影響と遺伝的影響がある。身体的影響には、「確定的影響」と、「確率的影響」がある。被ばく後30日以内に生ずるものを「急性障害」、数か月、数十年にわたる潜伏期間を経て発生するものを「晩発障害」と呼ぶ（健康障害については p.172〜173参照）。

①管理区域とは、外部放射線による実効線量と空気中の放射性物質による実効線量との合計が3か間につき1.3mSvを超えるおそれのある区域又は放射性物質の表面密度が法令に定める表面汚染に関する限度の1/10を超えるおそれのある区域をいう。

②管理区域の外部放射線による実効線量の算定は1cm線量当量によって行う。

③放射性物質を取り扱う作業室、坑内作業等については、空気中の放射性物質の濃度を1か月以内ごとに1回、定期に測定し、記録を5年間保存しなければならない。

■放射線業務従事者の被ばく限度（★）

全身	100mSv/5年間、50mSv/1年間
眼の水晶体	100mSv/5年間、50mSv/1年間
皮膚	500mSv/1年間
女性 （妊娠の可能性がない者を除く）	5mSv/3か月間 （内部被ばくによる実効線量）
妊娠と診断された女性 （妊娠の診断から出産まで）	1mSv（内部被ばくによる実効線量） 2mSv（腹部表面に受ける等価線量）

※等価線量：放射線の種類による臓器や組織が受けた放射線量。
実効線量：すべての臓器・組織の放射線量を足した全身の放射線量で、一般的に放射線防護の意味で使われるのは実効線量である。

出題パターン

Q1 管理区域に関する正しい組合わせは（1）～（5）のうちどれか。
管理区域とは、外部放射線による実効線量と空気中の放射性物質による実効線量との合計がA（　）間につきB（　）mSvを超えるおそれのある区域又は放射性物質の表面密度が法令に定める表面汚染に関する限度の10分の1を超えるおそれのある区域をいう。外部放射線による実効線量の算定は、C（　）線量当量によって行う。

	（1）	（2）	（3）	（4）	（5）
A	1か月	1か月	3か月	3か月	3か月
B	1.3	5	1.3	1.3	5
C	70μm	1cm	70μm	1cm	70μm

A＝（4）が正しい組み合わせであり、Aは3か月間、Bは1.3mSv、Cは1cmの数値である（電離則3条1・2項）。

得点アップのための確認事項

有害場所への関係者以外の立入禁止 (則585条)

一　多量の高熱物体を取り扱う場所又は著しく暑熱な場所
二　多量の低温物体を取り扱う場所又は著しく寒冷な場所
三　有害な光線又は超音波にさらされる場所
四　炭酸ガス濃度が1.5%を超える場所、酸素濃度が18%に満たない場所又は硫化水素濃度が100万分の10を超える場所
五　ガス、蒸気又は粉じんを発散する有害な場所
六　有害物を取り扱う場所
七　病原体による汚染のおそれの著しい場所

食堂及び炊事場の主な衛生基準 (則629条、630条)

①食堂と炊事場は区別して設け、採光及び換気が十分であり、掃除に便利な構造にする。
②食堂の床面積は、食事の際の1人につき1m²以上とする。
③食堂には、食卓及び椅子を設ける（椅子については座食の場合を除く）。
④炊事場の床は不浸透性の材料で造り、かつ、洗浄及び排水に便利な構造とする。
⑤炊事従業員には専用の休憩室及び便所を設ける、など。

清潔保持の衛生基準

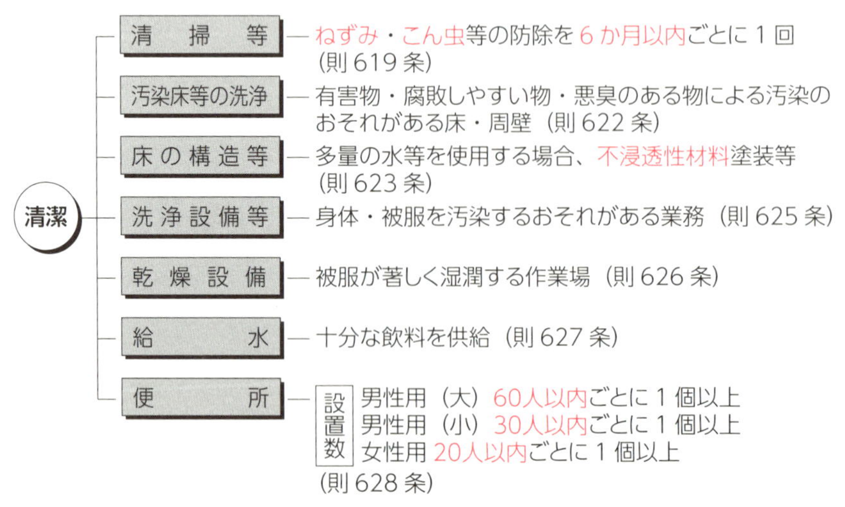

第2章

労働基準法
の
必修15項目

労働契約 ここを押さえる

13条〜15条、109条、附則137条、143条、則5条、労働契約法12条、民法627条

●労働契約の内容

労働契約は、使用者と労働者との労務提供・賃金支払を約する契約であるが、その内容は、賃金、労働時間、休日、休暇等労働条件の全てに及ぶ。

労働基準法で定める基準に達しない労働条件を定める労働契約は、その部分については無効とする。この場合、無効となった部分は、労働基準法で定める基準による（13条）。

就業規則で定める基準に達しない労働条件を定める労働契約は、その部分について無効とされ、無効となった部分は就業規則で定める基準による（労働契約法12条）。

●契約期間

契約期間（雇用期間）を定めている「有期契約」による場合は、契約期間に上限があり、原則として、3年を超える契約は許されない。

次の労働契約については契約期間の上限が5年に緩和されている。

①一定の専門的知識等を有する（高度プロフェッショナル制度）労働者との間に締結される労働契約（14条1項1号）。

②満60歳以上の労働者との間に締結される労働契約（14条1項2号）。

※一定の事業の完了に必要な期間を定めるもの（14条1項）で、例えば4年で完了する土木工事については、工事の途中で技術者に辞められてしまっては、工事の進捗が阻害されてしまう。そこで、3年を超える契約期間を定めることが許される。

●期間の定めの有無に関する労働契約

①期間の定めのある（一定の事業の完了に必要な期間を定めるものを除く）1年を超える期間の労働契約については、労働者は1年を経過した日以後、いつでも退職できる（附則137条）。

②期間の定めがない労働契約については、使用者・労働者双方はいつでも解約することができる。解約申入れ日から2週間を経過することによって、雇用は終了する（民法627条）。わが国の、いわゆる正社員契約は、期間の定めがない労働契約であることが多い。

●労働条件の明示

使用者は、労働契約の締結に際し、労働者に対して賃金、労働時間その他の労働条件を書面の交付で明示しなければならない。ただし、労働者が希望した場合、出力して書面を作成できるものに限り、

①FAXを利用して送信する方法、

②電子メールその他の受信が特定できる送信（電子メール等）の方法をとることができる（15条、則5条4項）。

●労働契約等の記録の保存

使用者は、労働者名簿その他労働関係に関する重要な書類は、（5年間に改正も）当分の間、3年間保存しなければならない（109条、附則143条）。

その他の労働関係に関する重要な書類については、ナビを参照。

①有期契約の期間は、原則として3年を超えてはならない。
②労働契約の締結に際し、契約期間、就業の場所、賃金、労働時間など主要な労働条件は、書面交付又は、労働者が希望する場合はFAX、電子メール等の方法により明示しなければならない。

■主要な労働契約関係の記録等

使用者は、以下の労働関係書類・記録について「当分の間、３年間保存」しなければならない。

①雇用･退職等関係書類（労働者名簿、契約書、履歴書、解雇決定書類、予告手当･退職手当領収書等)、賃金関係書類（賃金台帳、昇給・減給関係等)、労働関係書類（出勤簿、タイムカード等）(法15条、則５条関係)。
②三六協定の健康・福祉実施状況の記録等（法36条２項、則17条２項)。
③裁量労働制に関する記録･労使委員会の議事録（法38条の３、則24条の２の２、24条の２の４第２項)。
④年次有給休暇管理簿（法39条５～７項、則55条の２、56条３項（新設)、則24条の７)。
④高度プロフェッショナル制度の同意等（法41条の２、則34条の２第15項)。

出題パターン

Q1 満60歳以上の労働者との労働契約については５年の期間を定めることができ、この契約を更新する場合も５年の期間を定めることができる。

Q2 労働契約は、一定の事業の完了に必要な期間を定める場合は、３年を超える期間について締結することができる。

A1＝○ 満60歳以上の労働者との労働契約の締結については、期間の上限が５年とされており、また新規採用の場合に限定されない（14条１項２号)。

A2＝○ 労働契約は３年を超える期間について締結してはならないのが原則であるが、設問のような例外が認められている（14条１項)。

解雇制限 ここを押さえる

19条、81条、104条、労働契約法16条

●解雇制限期間

解雇制限期間は、①労働者が業務上負傷し又は疾病にかかり、療養のために休業する期間及びその後の30日間、②産前産後の女性が労基法65条の規定により休業する期間及びその後の30日間である(19条1項)。解雇は労働者の生活を脅かす大きな要因となるため、再就業活動に困難をきたす期間における解雇を禁止しているのである。この期間は、解雇制限除外事由がある場合(一定の事由については、行政官庁の認定を要する)を除き、たとえ、横領、背任等労働者の責に帰すべき事由が発覚した場合であっても、その労働者を解雇することはできない。

●解雇制限除外事由

解雇制限期間であっても、次の①、②の場合には、労働者を解雇することができる(19条1項但書)。これを解雇制限除外事由という。①労働基準法81条の打切補償を支払う場合、②天災事変その他やむを得ない事由のために事業の継続が不可能となり、かつ、その事由について所轄労働基準監督署長の認定を受けた場合。②について認定を必要とするのは、そのような事情が真に存在するかどうかについて使用者の恣意が介入しないように客観性を担保するためである。

●打切補償

業務上の傷病により療養のために休業している労働者が療養開始後3年を経過しても傷病が治癒しない場合において、使用者が平均賃金の1,200日分を支払えば解雇することができる(81条)。この場合は、所轄労働基準監督署長の認定を受ける必要もない。また、療養開始後3年を経過し、労災保険法の傷病補償年金を受けることになったときは、打切補償を支払ったものとみなされる。

●事業の継続が不可能な場合

天災事変その他やむを得ない事由のために事業の全部又は大部分の継続が不可能になった場合をいい、多少の整理解雇をすれば操業を継続しうる場合や一時的操業中止(休業)ですむような場合はこれにあたらない。事業の経営者として、社会通念上とるべき必要な措置をもってしても通常いかんともしがたい状況にある場合をいう。つまり、①税金の滞納処分のために事業廃止に至った場合、②事業経営上の見通しの誤りのような事業主の危険負担に属すべき事由に起因して資材入手難、金融難に陥った場合、③従来の取引先が休業状態となり、発注品がなくなり、その結果、金融難に陥った場合は、「やむを得ない事由」にあたらない。これに対し、事業場が火災により焼失した場合、震災で工場等が倒壊した場合はこれにあたる。

①解雇は、客観的に合理的な理由を欠き、社会通念上相当であると認められない場合は、その権利を濫用したものとして、無効とする（労働契約法16条）。
②あらかじめどんなときに解雇されるのかが労働者にもわかるように、就業規則や労働契約で明らかにしておくことが義務づけられている。

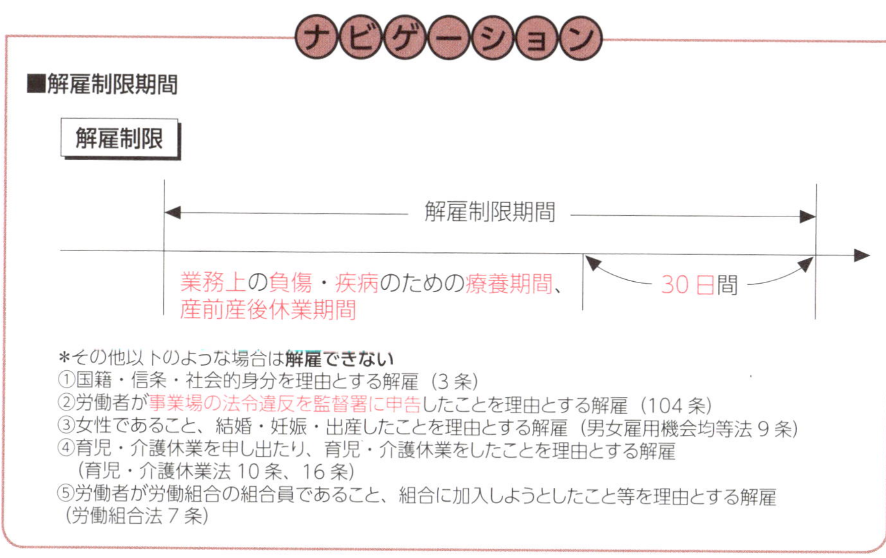

ナビゲーション
■解雇制限期間
解雇制限
解雇制限期間
業務上の負傷・疾病のための療養期間、
産前産後休業期間
30日間
＊その他以下のような場合は解雇できない
①国籍・信条・社会的身分を理由とする解雇（3条）
②労働者が事業場の法令違反を監督署に申告したことを理由とする解雇（104条）
③女性であること、結婚・妊娠・出産したことを理由とする解雇（男女雇用機会均等法9条）
④育児・介護休業を申し出たり、育児・介護休業をしたことを理由とする解雇
（育児・介護休業法10条、16条）
⑤労働者が労働組合の組合員であること、組合に加入しようとしたこと等を理由とする解雇
（労働組合法7条）

出題パターン

Q1 使用者は、その事業場の労働基準法違反の事実を労働基準監督署長に申告した労働者を、そのことを理由に解雇してはならない。

Q2 産後8週間休業した女性については、その後30日間は解雇してはならない。

Q3 業務上の負傷をし、療養のため休業していた労働者については出勤しても30日間は解雇できないが、その後も負傷が完全に治癒するまでは解雇してはならない。

A1＝○ 労働者は法令違反等がある場合は、その事実を所轄労働基準監督署長に申告することができるが、使用者はこの申告をしたことを理由として、労働者に対し、解雇その他の不利な取扱いをしてはならない（104条）。

A2＝○ 解雇制限の規定の一つ（女性が労働基準法の規定により産前産後の休業をする期間及びその後30日間は解雇できない）に該当する（19条）。

A3＝× 解雇制限のもう一つは「労働者が業務上負傷し、又は疾病にかかり療養のために休業する期間及びその後30日間は、解雇してはならない」（19条）である。この期間は、あくまでも「療養のために休業する」期間であって、負傷が完治するまでの期間ではない。休業をしなくなった日から解雇の日に向けて30日のカウントは開始され、30日が経過すれば解雇制限は解かれる。

解雇の予告 ここを押さえる

19条～22条

●解雇の予告

使用者は、労働者を解雇しようとする場合には、少なくとも30日前にその予告をしなければならない。これを**解雇予告**という。30日前に予告しない使用者は、30日分以上の平均賃金を支払わなければならない（20条1項前段）。これを**解雇予告手当**という。また、予告の日数は、1日について**平均賃金**を支払った場合は、その日数を短縮することができる（20条2項）。解雇予告期間と予告手当とを併用して、30日分以上であれば適法であるから、平均賃金30日分の解雇予告手当を支払えば、即時解雇をすることができる。

●解雇予告除外事由

次の①、②の場合には解雇予告の規定は適用されない。これを解雇予告除外事由という。①天災事変その他やむを得ない事由のために**事業の継続が不可能**となった場合、②**労働者の責**に帰すべき事由に基づいて解雇する場合（20条1項但書）。解雇予告除外事由については、所轄労働基準監督署長の認定を受けなければならない（20条3項による19条2項の準用）。

●労働者の責に帰すべき事由

労働者の故意、過失又はこれと同視すべき事由をいい、労働者の地位、職責、継続勤務年数、勤務状況等を考慮の上総合的に判断する。一般的には事業場内における窃盗、横領、背任、傷害、職場規律の紊乱（びんらん）、経歴詐称、他の事業への転職、長期無断欠勤等が該当する。しかし、この場合であっても解雇制限の規定は解除されるわけではないので、解雇制限期間中は解雇することはできない。

●法20条違反の解雇の効力

解雇予告及び予告手当の支払もせずに労働者を解雇した場合の解雇の効力については、即時解雇としては無効だが、使用者が即時解雇にこだわる趣旨でない限り、その解雇通知は、法定の最低期間である30日間経過後において解雇する旨の予告として効力を有する。

●解雇予告制度が適用されない労働者

①日々雇い入れられる者、②2か月以内の期間を定めて使用される者、③季節的業務に4か月以内の期間を定めて使用される者、④試みの使用期間中の者については、原則として、解雇予告制度が適用されない（21条）。臨時的・短期的な性格の労働者についてまで解雇予告をさせることは、困難あるいは不適切であり、労働者側としても、臨時的な就労と考えているので予告させるに及ばないからである。

●解雇予告制度の例外的適用

上記の労働者も、次の要件に該当する場合には、解雇予告制度が適用になる。

①の労働者が1か月を超えて引き続き使用されるに至った場合

②、③の労働者が所定の期間を超えて、引き続き使用されるに至った場合

④の労働者が14日を超えて引き続き使用されるに至った場合

①労働者が退職の場合において、使用期間、業務の種類、その事業における地位、賃金又は退職の事由（退職の事由が解雇の場合にあっては、その理由を含む）について証明書を請求した場合においては、使用者は、遅滞なくこれを交付しなければならない（22条）。

②①の証明書には、労働者の請求しない事項や秘密の記号を記入してはならない。また、労働者の再就職を妨げる目的で、第三者とはかり、労働者の国籍、信条、社会的身分、労働組合活動などについて、通信することも禁止されている。

③退職時の証明に加え、解雇を予告した日から解雇日までの間に、労働者から解雇の理由についての証明書を請求されたら、使用者はこれに応じなければならない。

ナビゲーション

■解雇予告の除外

解雇予告のいらない労働者	解雇の予告が必要な場合	
①日雇労働者	1か月	左の期間を超えて引き続き使用されることになったとき
②契約期間が2か月以内	所定の期間中の契約期間	
③4か月以内の季節労働者		
④試用期間中の者	14日	

出題パターン

Q1 労働者の責に帰すべき事由により、予告手当を支払わずに労働者を即時解雇しようとするときは、所轄労働基準監督署長の認定を受けなくてもよい。

Q2 労働者を解雇しようとする場合には、原則として少なくとも30日前にその予告をしなければならないが、15日分の平均賃金を支払えば予告は15日前に行って差し支えない。

A1＝×「労働者の責に帰すべき事由」がある場合は解雇予告をすること又は解雇予告手当を支給することなしに即時解雇できるが、その場合は所轄労働基準監督署長の認定を受けなければならない（20条1項、3項）。

A2＝○ 解雇予告の日数は、1日について平均賃金を支払った場合は、その日数を短縮できる（20条2項）。

労働時間等 ここを押さえる

32条、36条、37条、則18条

●労働時間とは

労働時間に該当するかどうかは、労働者が使用者の指揮命令下に置かれた時間をいい、労働時間に該当するか否かは、労働者の行為が使用者の指揮命令下に置かれたものと評価することができるか否かにより客観的に定まる（平成12年三菱重工長崎造船所事件最高裁判決）。

労働時間は、必ずしも使用者の指揮命令如何により決定されるべきものではなく、例えば所定労働時間外に、労働者が自発的に職務を行っていた場合であっても、これを黙認・許容していれば労働時間と解される。

●法定労働時間

労基法では、休憩時間を除き1日8時間、1週40時間を法定労働時間と定めている（32条）。「1日」とは午前零時から午後12時までの暦日、「1週」とは日曜日から土曜日までの暦週をいう。休憩時間についてはp.116参照。

●法定労働時間を超える労働

使用者は、過半数労働組合（過半数組合がない場合は過半数代表者）と「時間外・休日労働に関する協定」を締結し労働基準監督署（以下労基署という）に届け出て、法定労働時間を超えて労働をさせることができる。この協定を通常、労基法の規定条項のNo.に従い三六（さぶろく）協定と呼ぶ。

法定時間を超える労働も1か月45時間、1年360時間を限度とするが、対象期間が3か月を超える場合の1年単位変形労働時間制にあっては、1か月42時間、1年320時間を限度にする（36条4項）。

なお、坑内労働、著しく暑熱な業務等、健康上特に有害な業務は1日2時間を超えて労働時間を延長することはできない。この違反に関しては30万円以下の罰金が課される。

●三六協定の協定事項

三六協定は次の事項を定め、労基署に届けた場合その効力を発する（36条2項）。

①時間外・休日労働の対象労働者の範囲
②対象期間（1年間に限る）
③労働時間延長又は休日労働の必要理由
④1日、1か月及び1年についての労働時間の上限又は休日労働の日数
⑤労働時間の延長及び休日労働を適正事項として厚生労働省令で定める事項（例：健康診断の実施などの場合）

●時間外、休日、深夜の割増賃金

使用者は、労働者が法定労働時間を延長して労働した場合には、下記による率の割増賃金を支払わなければならない。

①時間外労働…2割5分以上
②休日労働…3割5分以上
③深夜労働…2割5分以上
④時間外労働が深夜の時間帯に及んだ時…5割以上
⑤休日労働が深夜の時間帯に及んだ時…6割以上

※高度プロフェッショナル制度の労働者に、労働時間等の規定は適用されない。

①労働時間とは、使用者の明示又は黙示の指示によって、労働者が使用者の指揮命令下に置かれている状態の時間をいう。

②「1週間」「1日」の法定労働時間はいわゆる暦週、暦日で判断する。継続勤務が2日にわたる場合は、たとえ暦日を異にする場合でも、1勤務として扱い、始業時刻の属する日の労働として、当該日の「1日」の労働とする。

■時間外労働1日2時間の制限業務

協定を締結し労働時間を延長する場合においても、1日2時間以内に制限される業務は次の業務である（36条6項、則18条）。

①坑内労働（※）
②多量の高熱物体を取り扱う業務及び著しく暑熱な場所における業務（※）
③多量の低温物体を取り扱う業務及び著しく寒冷な場所における業務（※）
④ラジウム放射線、エックス線その他の有害放射線にさらされる業務（※）
⑤土石、獣毛等のじんあい又は粉末を著しく飛散する場所における業務（※）
⑥異常気圧下における業務（※）
⑦削岩機、鋲打機等の使用によって身体に著しい振動を与える業務（※）
⑧重量物の取扱い等重激なる業務（※）
⑨ボイラー製造等強烈な騒音を発する場所における業務（※）
⑩鉛、水銀、クロム、砒素、黄りん、弗素、塩素、塩酸、硝酸、亜硫酸、硫酸、一酸化炭素、二硫化炭素、青酸、ベンゼン、アニリン、その他これに準ずる有害物の粉じん、蒸気又はガスを発散する場所における業務（※）
⑪前各号のほか、厚生労働大臣の指定する業務

（※）の①～⑩は、18歳未満の者が就業制限を受ける業務にも該当する業務（年少則7条、8条）。

出題パターン

Q1 労働基準法の法定労働時間は、1日8時間又は1週間40時間である。

Q2 病原体によって汚染された物を取り扱う業務は時間外労働時間が1日2時間を超えてはならない業務である。

A1＝× 1日8時間、かつ、1週間40時間でなければならない（32条）。

A2＝× 当該業務は18歳未満の者を就かせてはならない業務であるが、時間外労働が1日2時間以内に制限される業務には該当しない。

変形労働時間制　ここを押さえる

32条の2～32条の5、60条、66条、89条、則12条の3～12条の6

●変形労働時間制

変形労働時間制とは、一定の単位期間について、労働時間の規制を1週及び1日単位ではなく、労働時間を単位期間における平均労働時間で捉え、この間の特定された日に法定労働時間を超えても時間外労働として取り扱わないとする制度。労働時間の短縮化を図り、労働者の健康維持を目的に、次の4項目が制定されている。

（イ）1か月単位の変形労働時間制
（ロ）フレックスタイム制
（ハ）1年単位の変形労働時間制
（ニ）1週間単位の非定型的変形労働時間制

このうち（ニ）の1週間単位の非定型的変形労働時間制は、日ごとの業務に著しい繁閑のある飲食店、旅館等の事業に限定適用され、かつ常時使用労働者数30人未満の事業規模に限っているので衛生管理者の業務範疇とはならない。

変形労働時間制を採用する場合には、労働組合又は労働者の過半数代表者との間で労使協定を締結し、これを労基署に届け出て（フレックスタイム制は1か月を超える清算期間を定めた協定は届出必要）、就業規則その他これに準じるもの※に定めをする。

なお、清算期間とは、フレックスタイム制において労働者が労働をすべき時間を定める期間をいう。

※「就業規則その他これに準じるもの」とは就業規則は、常時使用労働者が10人未満の事業場では就業規則の作成義務がない。このため当該事業場が変形労働時間制を採用する場合には別途に文書の作成が必要となる。

●変形労働時間制における留意事項

（1）妊産婦に係る取扱い

1か月単位の変形労働時間制において妊産婦（p.128参照）の女性労働者を就かせる場合であっても1週間について40時間、1日について8時間を超えて労働させてはならない（66条1項）。

（2）育児、介護を行う者への配慮

使用者は、育児を行う者、老人等の介護を行う者等、特別の配慮を要する者については、これらの者が**育児・介護等に必要な時間を確保**できるように配慮をしなければならない（則12条の6）。

（3）年少者等に係る取扱い

満18歳未満の年少者には原則として、変形労働時間制及びフレックスタイム制は適用しない（60条1項、3項）。

なお、非現業の一般職の地方公務員についてもフレックスタイム制は適用されない。

（4）フレックスタイム制の清算期間

フレックスタイム制では原則的な時間外労働を1日、1週間単位で捉えるのではなく清算期間（上限3か月）における法定労働時間の総枠を超えた時間で捉える（32条の3）。

①1か月単位の変形労働時間制の労使協定は、所轄労働基準監督署長へ届出が必要である。
②妊娠中又は産後1年を経過しない女性が請求した場合には、1か月単位の変形労働時間制を採用する場合においても、1週間40時間・1日8時間を超えて労働させることはできない。

■変形労働時間制における法定総労働時間

変形期間は週を単位とすると法定総労働時間数の計算が単純で分かりやすい（例えば、変形期間が４週間の場合の法定総労働時間数は40×４＝160時間）が、１か月を単位とする場合は次の計算式により月間法定総労働時間を求めることになり、複雑になる。

$$法定総労働時間=\frac{40\times 変形期間の暦日数}{7}$$

※１か月の法定総労働時間数

① 30日の月 $\frac{40\times30}{7}=171.4$（時間）

② 31日の月 $\frac{40\times31}{7}=177.1$（時間）

③ 28日の月 $\frac{40\times28}{7}=160.0$（時間）

④ 29日の月 $\frac{40\times29}{7}=165.7$（時間）

出題パターン

Q1 1か月単位の変形労働時間制において、妊娠中又は産後1年を経過しない女性については、法定労働時間を超えて延長する労働時間は1日について２時間以内に限られている。

Q2 1か月単位の変形労働時間制においては特定された週又は日において1週40時間又は1日8時間を超えて労働させることができるが、その上限については制限が設けられていない。

A1＝× 本人が請求した場合に、法定労働時間（1週間40時間・1日８時間）を超えて労働させることができないという制限である（66条1項）。

A2＝○ 1か月単位の変形労働時間制においては、特定された週及び日についての上限は定められていない。

休憩・休日 ここを押さえる

34条、35条、則31条～33条

●休憩時間の与え方

休憩時間は、1日の労働時間の途中に与えなければならない、業務から離れることが保障された時間である。一部の業種を除き（則31条）、原則として、全ての労働者に、①一斉に与え、②自由に利用できるようにしなければならない。ただし、①の一斉休憩については、この原則が適用される業種であっても、労使間で**労使協定を締結**すれば、交替で休憩を与えることができる（34条）。

●休憩の例外

①**電車、自動車、船舶、航空機**の乗務員で長距離にわたって継続して乗務する者（運行の所要時間が6時間を超える区間に乗務すること）、②屋内勤務者**30人未満の郵便局**で郵便等の業務に従事する者、③①以外の乗務員で、停車時間等が休憩時間に相当する者、には休憩時間を与えないことができる（則32条）。

●自由利用の例外

①警察官、消防吏員、常勤消防団員、准救急隊員及び児童自立支援施設に勤務する職員で児童と起居をともにする者、②乳児院、児童養護施設、障害児入所施設等の施設の職員で児童と起居をともにする者で、労働基準監督署長の許可を受けた者については、休憩時間の**自由利用の原則はない**（則33条）。勤務の性質上休憩時間中であっても一定の場所にいる必要があるからである。

●休憩時間の長さ

労働時間が6時間を超える場合においては少なくとも45分、8時間を超える場合においては少なくとも1時間の休憩時間を労働時間の途中に与えなければならない（34条）。

●週休制の原則

使用者は、労働者に対して、毎週少なくとも1回の休日を与えなければならない。ただし、4週間を通じて4日以上休日を与える方法（いわゆる変形休日制）も認められている（35条）。この要件を満たす限り、国民の祝日に労働者を休ませなくても、使用者が労働基準法違反を問われることはない。

●休日の振替

法定休日に出勤させて、その代わりの休日を計画的に与えた場合は、**休日の振替**という。出勤日（労働日）と休日がトレードされただけで、休日出勤としての**割増賃金の支払義務は生じない**。しかし、振替休日の振替の結果、その1週の労働時間が**法定労働時間を超える場合**は、三六協定（p.118参照）の締結と**割増賃金**の**支払義務**が生じる。

●代休

法定休日に出勤させたが、休日出勤した労働者が事後に代休を請求し、使用者が認めて与えた場合は、振替の場合と異なり、休日出勤としての**割増賃金**分は**支払義務**がある。

①国際線の航空機のパイロット等、休憩時間を与えなくてもよい労働者がある。
②労使協定の締結によって、一斉休憩の原則が適用除外される。
③週休制が確保されさえすれば、年末年始、ゴールデンウィーク、国民の祝日等を休日とするかどうかは任意である。
④休日に労働させた後に、その代償措置として特定の労働日の労働義務を免除しても、先の労働が休日労働でなくなるわけではない。

■休憩に関する原則の例外

①休憩付与の例外　→　国際線のパイロット等
②一斉休憩の例外　→　①労使協定の締結、②運輸交通業・商業・金融広告業・映画演劇業・通信業・保健衛生業・接客娯楽業・官公署の事業、③坑内労働
③自由利用の例外　→　警察官、消防吏員、准救急隊員等

※高度プロフェッショナル制度の労働者については、休憩・休日に関する規定は適用されない。

出題パターン

Q1 労働時間が8時間を超える場合には、少なくとも1時間の休憩時間を労働時間の途中に与えなければならない。

Q2 特定の者に休日労働させた場合、代休を与えれば休日労働とはならない。

Q3「国民の祝日」は、労働基準法上の休日である。

Q4 4週間を通じて4日以上の休日を定めて与えれば、週1回の休日を与えなくてもよい。

Q5 休日は、原則として毎週日曜日を特定して与えなければならない。

A1＝○ 労働時間が6時間を超えるときは45分、8時間を超えるときは1時間の休憩時間を労働時間の途中で与えなければならない（34条1項）。

A2＝× 代休は、休日労働を行わせた後に、代償措置として特定労働日の労働義務を免除することになるだけで、先の休日労働に対する割増賃金の支払が必要である。

A3＝× 国民の祝日に関し設問文のような規定はない。

A4＝○ 4週間を通じ4日以上の休日を与えるときはこれを採用できる（35条）。

A5＝× 休日は労働者に、毎週少なくとも1回与えなければならない（35条）が、曜日を特定する必要はない。

7 時間外・休日労働 ここを押さえる

33条、36条、則16条、則18条

●災害等臨時の必要がある場合

災害その他避けることのできない事由によって臨時の必要がある場合は、使用者は、所轄労働基準監督署長の許可を受けて、その必要の限度において時間外労働又は休日労働をさせることができる（33条1項）。事態急迫のため許可を受ける暇がない場合には、事前の許可に代えて事後の所轄労働基準監督署長への届出によることができる。

●三六協定による場合（36条）

三六協定では、使用者と労働者代表（労働組合又は労働者の過半数を代表する者）が書面による労使協定を締結し、これを所轄労働基準監督署長に届け出た場合には、使用者は、その協定で定めるところにより、時間外労働又は休日労働をさせることができる。三六協定による時間外労働は1年間を限度として、1か月45時間（休日労働を含まず。※）、1年360時間（3か月を超える1年単位の変形労働時間制は42時間・320時間）とする。

ただし、臨時的な特別の事情による場合は、1か月100時間未満、1年間720時間以内で定めることができる。

※法定休日労働は含まないが、週休2日制における法定休日以外のいわゆる公休日等の休日労働は含まれる。

また、1か月45時間を超える月数は年6か月以内とし、2～6か月（複数月）を平均して80時間を超えないこととする（36条2項～6項）。

なお、適用対象外等はナビ参照。

●労働時間の延長制限業務

坑内労働のほか、1日につき2時間を超えて労働時間の延長をしてはならない業務は次のとおりである（則18条）。

①多量の高熱物体を取り扱う業務及び著しく暑熱な場所における業務
②多量の低温物体を取り扱う業務及び著しく寒冷な場所における業務
③ラジウム放射線、エックス線その他有害放射線にさらされる業務
④土石、獣毛等のじんあい又は粉末を著しく飛散する場所における業務
⑤異常気圧下における業務
⑥削岩機、鋲打機等の使用によって身体に著しい振動を与える業務
⑦重量物の取扱い等重激なる業務
⑧ボイラー製造等強烈な騒音を発する場所における業務
⑨鉛、水銀、クロム、砒素、黄りん、弗素、塩素、塩酸、硝酸、亜硫酸、硫酸、一酸化炭素、二硫化炭素、青酸、ベンゼン、アニリンその他これに準ずる有害物の粉じん、蒸気又はガスを発散する場所における業務
⑩その他厚生労働大臣の指定する業務

①**坑内労働**その他厚生労働省令で定める健康上特に有害な業務の労働時間の延長は、**1日2時間**を超えてはならない。
②三六協定を締結しても**届出**をしないと、時間外・休日労働は違法となる。
③**満18歳未満**の者については、三六協定による時間外・休日労働をさせることはできない。

■延長時間の限度

期　間	限度時間（一般）	予見できない業務量の大幅な増加に伴う臨時的な限度時間
1か月	45時間	100時間未満（2～6か月平均80時間）
1年	360時間	720時間

※**適用除外・猶予者**　新たな技術、商品又は役務の研究開発業務等高度プロフェッショナル制度の労働者には、上記の表内容は適用しない。また、自動車運転業務、建設事業、医師には5年間の適用猶予措置があり、個々にその後の措置が規定されている。

出題パターン

Q1 災害その他避けることのできない事由により臨時の必要がある場合は、所轄労働基準監督署長への事前の許可又は事後の届出により、必要の限度で休日労働をさせることができる。

Q2 病原体によって汚染のおそれのある業務は、時間外労働に関する協定を届け出ることにより、労働時間を1日2時間を超えて延長することができる。

Q3 ボイラー製造等強烈な騒音を発する場所における業務は、時間外労働に関する協定を届け出ることにより、労働時間を1日2時間を超えて延長することができる。

A1＝○ 災害その他避けることのできない事由によって、臨時の必要がある場合においては、所轄労働基準監督署長の許可を受けて、あるいは事態急迫で許可を受ける暇がないときは、事後に届け出ることで休日に労働させることができる（33条）。

A2＝○ 病原体によって汚染のおそれのある業務は、労働時間延長制限業務に該当しない（則18条）。

A3＝× ボイラー製造等強烈な騒音を発する場所における業務は、労働時間延長制限業務に該当するため、時間外労働に関する協定を届け出ても、労働時間を1日2時間までしか延長することはできない（則18条）。

年次有給休暇 ここを押さえる

26条、39条、則24条の3、24条の7

●年次有給休暇の付与要件

使用者は、その雇入れの日から起算して6か月間継続勤務し全労働日の８割以上出勤した労働者に対して、継続し、又は分割した10労働日の有給休暇を与えなければならない（39条１項）。その後は、継続勤務年数に応じて、ナビ掲載の日数を付与しなければならない。ただし、最高20日を限度とすることができる。

●出勤率

出勤率は、全労働日のうち、出勤した日の割合であるが、次の日は出勤したものとして扱う。①年次有給休暇を取得した日、②業務上の負傷、疾病による療養のため休業した日、③産前産後の休業期間、④育児・介護休業期間（39条10項）。また、次の日は全労働日から除外される。①使用者の責に帰すべき休業、②正当な争議で勤務しなかった日。

●計画的付与

使用者は、書面による協定により年次有給休暇の５日を超えた日数につき、計画的付与の対象とすることができる。年次有給休暇の５日に係る日数は、個人が自由に取得できる日数として必ず残しておかなければならない。また、事業場全体で一斉付与する場合、年次有給休暇の残日数不足で賃金カットを受ける者には、休業手当の支払いが必要になる（26条）。

●時季指定権と時季変更権

年次有給休暇に係る時季指定権とは、労働者が年次有給休暇をいつ取得するかを指定できる権利をいう。一方、使用者には当該時季を変更する権利、時季変更権が認められている。時季変更権は労働者が請求した時季に応じて有給休暇を与えると、事業の正常な運営が妨げられる場合に限り、他の時季に変更することができるとする権利である（39条５項）。

また、使用者は、年次有給休暇日数が10日以上の労働者について、そのうち５日については、基準日（年休付与日）以降、１年以内の期間に時季を定めて与えるものとし、この管理を年次有給休暇管理簿で行い、この管理簿は当分の間、３年間保存すると規定された（則24条の７）。

●年次有給休暇日の賃金

年次有給休暇の際に支払うべき賃金は、①平均賃金、②所定労働時間労働した場合に支払われる通常の賃金、③健康保険法による標準報酬月額の1/30に相当する金額のいずれかである。いずれを支払うかを就業規則等に定めておかなければならず、③については必ず書面による労使協定が必要である（39条９項）。

●付与単位

年次有給休暇の付与単位は「日」であるが、労使協定を締結することにより、年間５日を限度として「時間」を単位として付与することができる（39条４項）。

①年次有給休暇の消滅時効は2年である。
②年次有給休暇を取得した労働者に対して、賃金の減額その他不利益な取扱いをすることは禁止されている。
③使用者が年次有給休暇を買い上げることは、本来の目的を失わせるものであるからできないとされている。しかし、法定付与日数を超えた部分については、買上げも認められる。

■通常の労働者の年次有給休暇の付与日数

勤続年数	6か月	1年 6か月	2年 6か月	3年 6か月	4年 6か月	5年 6か月	6年 6か月 以上
付与日数	10日	11日	12日	14日	16日	18日	20日

※比例付与

週所定労働時間が30時間未満の労働者のうち、①週所定労働日数が4日以下、②週以外の期間で労働日数が定められている場合は、年間所定労働日数が216日以下の者については、年次有給休暇が、その所定労働日数に比例して付与される（39条3項、則24条の3）。

出題パターン

Q1 産前産後の女性が労働基準法の規定によって休業した期間については、年次有給休暇の要件としての出勤率の算定にあたっては出勤したものとみなされる。

Q2 1週間の所定労働日数が5日で、1日の所定労働時間が4時間の労働者の場合、年休の比例付与の対象とならないので、通常の労働者と同じ日数の年休を与えなければならない。

Q3 年次有給休暇は、労働者が請求する時季に与えられなければならないが、業務に多少の支障が生じるようであれば、他の時季に与えることができる。

A1＝○ 39条10項の規定のとおりである。

A2＝○ 39条3項、則24条の3の規定のとおりである。

A3＝× 年次有給休暇は、労働者が請求する時季に与えられなければならないが、事業の正常な運営を妨げる場合は、他の時季に与えることができる。「業務に多少の支障」ぐらいでは不十分である（39条5項）。

年少者の就業制限等 ここを押さえる

56条、57条、61条、62条、63条、年少則7条、8条

●最低年齢

使用者は、児童が満15歳に達した日以後の３月31日が終了するまで使用してはならない（56条１項）。ただし、非工業的事業で、児童の健康及び福祉に有害でなく、かつその労働が軽易なものについては、所轄労働基準監督署長の許可を受けて、満13歳以上の児童を修学時間外に使用することができる（同条２項）。

●年少者の証明書

満18歳に満たない者を使用する場合は、その年齢を証明する戸籍証明書を事業場に備え付けておかなければならない（57条１項）。

●年少者の労働時間

労働者として使用する18歳未満の年少者は時間外労働、休日労働が禁止され、厳格に１週40時間、かつ１日８時間以内とされる。

●深夜業の禁止

満18歳に満たない者を深夜（午後10時から午前５時の間）に使用してはならない。ただし、交替制によって使用する場合は、満16歳以上の男性を深夜に使用することができる（61条１項）。

●重量物を取り扱う業務の就業制限

重量物の取り扱いについては、年齢及び性別に次の制限がある（年少則７条）。

年齢及び性		重量（単位＝kg）	
		断続作業	継続作業
満16歳未満	男	15	10
	女	12	8
満16歳以上 満18歳未満	男	30	20
	女	25	15

●有害業務への就業制限

使用者は、満18歳に満たない者を、①毒劇薬・毒劇物その他有害な原料・材料を取り扱う業務、②爆発性又は発火性・引火性の原料・材料を取り扱う業務、③じんあい・粉末を著しく飛散し又は有害ガス・有害放射線を発散する場所における業務、④高温・高圧の場所における業務、⑤その他安全・衛生・福祉に有害な場所における業務、に就かせてはならない（62条２項）。

就業制限の対象となる業務は「年少者労働基準規則」（年少則）に定められており、衛生関係の業務は「多量の高熱物体を取り扱う業務」など計14業務が指定されている（ナビ参照）。

●坑内労働の禁止

使用者は、満18歳に満たない者を坑内で労働させてはならない（63条）。女性の場合は人力による掘削の業務等は禁止されるが、坑内労働であっても調査や記事の取材の業務などは禁止されていないのに対し、年少者の場合は全面禁止である。

① 「さく岩機、鋲打機等身体に著しい振動を与える機械器具を用いて行う業務」に満18歳未満の者を就かせてはならない。
② 「給湿を行う紡績又は織布の業務」は18歳未満の者を就かせることができる（就業制限業務ではない。）。

■年少者の就業制限業務

①火薬・爆薬・火工品を製造し、又は取り扱う業務（年少則８条28号）
②爆発性・発火性・酸化性・引火性の物又は可燃性のガスを製造し、又は取り扱う業務（29号）
③圧縮ガス・液化ガスを製造し、又は用いる業務（31号）
④水銀･砒素･黄りん･塩酸･硝酸･シアン化水素等の有害物を取り扱う業務（32号）
⑤鉛・水銀・クロム・砒素・黄りん・シアン化水素等の有害物のガス・蒸気・粉じんを発散する場所における業務（33号）
⑥土石・獣毛等のじんあい又は粉末を著しく飛散する場所における業務（34号）
⑦ラジウム放射線・エックス線等の有害放射線にさらされる業務（35号）
⑧多量の高熱物体を取り扱う業務及び著しく暑熱な場所における業務（36号）
⑨多量の低温物体を取り扱う業務及び著しく寒冷な場所における業務（37号）
⑩異常気圧下における業務（38号）
⑪さく岩機、鋲打機等身体に著しい振動を与える機械器具を用いて行う業務（39号）
⑫強烈な騒音を発する場所における業務（40号）
⑬病原体によって著しく汚染のおそれのある業務（41号）
⑭焼却、清掃又はと殺の業務（42号）

出題パターン

Q1 満18歳未満の者は、強烈な騒音を発する場所における業務に就かせることを禁止される。

Q2 著しい精神的緊張を伴う業務に、満18歳未満の者を就かせてはならない。

A1＝○「強烈な騒音を発する場所における業務」は、年少者の就業制限の対象業務である（年少則８条40号）。

A2＝×「著しい精神的緊張を伴う業務」は、年少者の就業制限の対象業務ではない。

女性の就業制限等(1)　ここを押さえる

64条の2、64条の3、女性則1条～3条

●女性の就業制限業務

労基法は、母性機能保護の立場から、一般女性の就業を制限する業務を定めている。具体的には、

①坑内における業務（64条の2）、
②重量物を取り扱う業務、
③有害物質の発散する作業場での業務(64条の3第2項）である。

就業制限業務の範囲は、妊産婦の就業制限を規定している女性労働基準規則（以下、女性則と略す）3条により、一般女性(妊産婦に該当しない満18歳以上の者)にも準用される。

●坑内業務の就業制限

一般女性が行う次の坑内業務は禁止される（64条の2、女性則1条）。

①人力(スコップ等)による鉱物等の掘削・掘採業務。
②動力（削岩機等）による鉱物等の掘削・掘採業務(遠隔操作によるものを除く)。
③発破による鉱物等の掘削・掘採業務。
④ずり、資材等の運搬等掘削・掘採業務に付随して行われる業務（計画の作成・工程管理その他の技術上の管理の業務などを除く)。

●重量物を取り扱う業務の就業制限

年齢別及び作業の断続・継続区分別に6通りの重量規制が定められている（ナビ参照)。

●有害物質発散作業場での就業制限

女性労働者が次の有害物質を発散する屋内作業場等での業務を就業することは禁止される（女性則2条1項18号)。

①作業環境測定（安衛法57条の3）を行い測定結果が第3管理区分に該当した作業場での業務。第3管理区分とは、作業場の気中の有害物質の濃度の平均が管理濃度を超える状態にあることをいう。
②タンク、船倉内などで規制対象の化学物質を取り扱う業務で呼吸用保護具が義務づけられている業務。
③有害物質としての規制対象化学物質等は、次の26種類が対象になる。
（イ）特化則の適用を受ける塩素化ビフェニル（PCB）等の17物質
（ロ）鉛則の適用を受ける鉛及びその化合物の1物質
（ハ）有機則の適用を受けるエチレングリコールモノエチルエーテル(セロソルブ）等の8物質

①「重量物を取り扱う業務」及び「水銀・鉛などの有害物を発散する場所における業務」は、妊産婦を含むすべての女性について就業が制限される。
②坑内業務については、妊娠中の女性を除いて女性の就業は原則的には禁止されていないが、人力による掘削・掘採の業務等への就業はすべての女性について禁止される。

■女性の重量物取扱い業務への就業制限

女性について、次の表の重量以上の重量物の取扱いが禁止されている（女性則2条）。

年齢	重量（単位＝kg）	
	断続作業の場合	継続作業の場合
満16歳未満	12	8
満16歳以上満18歳未満	25	15
満18歳以上	30	20

出題パターン

Q1 水銀・鉛などの有害物を発散する場所における業務に妊産婦を就業させることはできないが、妊産婦以外の満18歳以上の女性を就業させることができる。

Q2 女性について、重量物を取り扱う業務は就業制限されるが、次の表のA～Cに入る数字として正しい組合せはどれか。

年齢	重量（単位＝kg）	
	断続作業	継続作業
満16歳未満	12	A
満16歳以上満18歳未満	B	15
満18歳以上	C	20

	A	B	C
（1）	8	20	25
（2）	8	25	30
（3）	10	20	25
（4）	10	20	30
（5）	10	22	30

A1＝× 当該業務は妊産婦以外の女性も含むすべての女性を就業させることはできない（女性則3条）。

A2＝A：8、B：25、C：30で（2）が正しい。

11 女性の就業制限等(2) ここを押さえる

66条、68条、育・介休業法５～９条、11～15条、16条の２、16条の３

●女性の時間外・深夜労働等の制限

女性の時間外労働・休日労働・深夜労働に関しては、妊産婦以外の満18歳以上の者（一般女性）については、特段の就業制限は設けられていない。原則として男性と同様の労働が求められるが、フレックスタイム制以外の変形労働時間制を採用する場合においては、妊産婦と一般女性との間にその取扱いの相違がある。

また、妊娠中の女性及び産後１年を経過しない女性（併せて妊産婦という）が請求したときは、三六協定の締結があっても、時間外・休日労働は禁止される。深夜労働についても同様である（66条２項、３項）。

●変形労働時間制の女性への適用

変形労働時間制の採用については、フレックスタイム制（32条の３）は全ての女性に対し、制限なく適用が可能である。これは労働者自身において、始業・終業時刻を決定し得るためである。

ただし、１年単位制・１か月単位制・１週間の変形労働時間制においては、妊産婦が請求した場合には、その週、あるいはその日が法定労働時間を超えて労働させることが可能な特定の週、あるいは特定の日であったとしても、１週40時間、１日８時間を超えて、労働させることはできない（66条１項）。

●生理休暇

生理日の就業が著しく困難な女性が、それによる休暇を請求した場合は、その女性を生理日に就業させてはならない（68条）。

●育休・介護休業と労働時間

①女性労働者のみならず、男性労働者にも共通である（以下同じ）が、労働者は子が１歳６か月から２歳に達するまで育児休業をすることができる（育児・介護休業法５～９条）。

②労働者は申し出て、要介護状態にある対象家族１人につき常時介護を必要とする状態ごとに１回（限度3回）、通算して93日間の介護休業をすることができる（育・介休業法11～15条）。

③小学校就学前の子を養育する労働者は、申し出て１年に５日まで、病気・負傷の子のために看護休暇を取得できる（育・介休業法16条の２、16条の３）。

②③については、全ての労働者が時間単位で取得が可。

●管理監督者の適用除外

労基法41条では、①一定の事業及び②管理の地位にある者（女性の管理監督者を含む）、又は機密の事務を取り扱う者（秘書等）、③監視又は断続的労働に従事する者で使用者が行政官庁の許可を受けた者については、労働時間、休憩及び休日について適用しない旨規定されている。ただし、管理監督者等であっても、有給休暇及び妊産婦が請求した場合は深夜業も保護される。

①妊産婦以外の満18歳以上の一般女性は、時間外労働・休日労働・深夜労働につき特に就業制限は設けられていない。
②ある事業場で変形労働時間制を採用する場合に、妊産婦を除き18歳以上の女性労働者であれば原則として適用が可能である。

■変形労働時間制（1月単位制）模式図

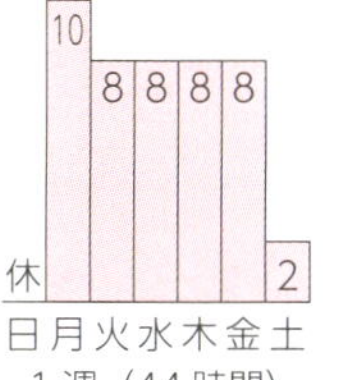

1週（44時間）

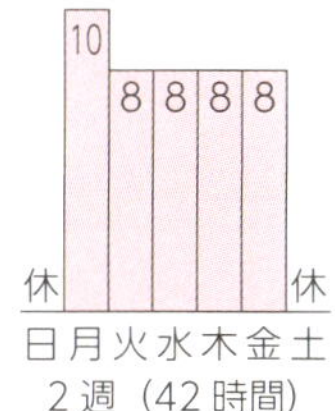

2週（42時間）

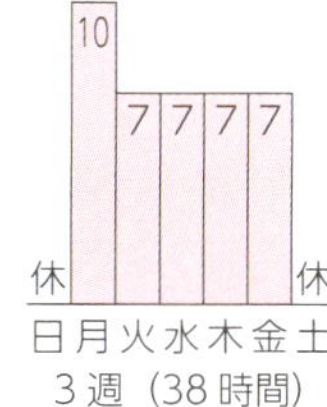

3週（38時間）

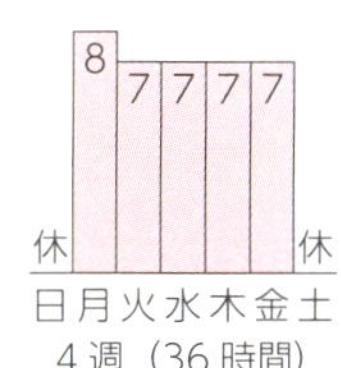

4週（36時間）

・図において妊産婦が請求した場合、第1週、第2週、第3週の各月曜日が10時間に特定されているが、これらの日は、いずれも8時間を超えて、労働させてはならない。

・第1週目、月曜日を上記により8時間労働としたとしても、1週間の労働時間は、合計42時間で40時間を超えるので、いずれかの日に2時間の短縮が必要となる。

出題パターン

Q1 1か月単位の変形労働時間制を採用した場合であっても、妊婦又は産婦については、法定労働時間を超えて延長する労働時間は1日につき2時間以内に限られる。

Q2 妊産婦が請求した場合には管理監督者を除き、深夜業をさせてはならない。

A1＝× 妊産婦が請求した場合は、1か月単位の変形労働時間制を採用しても法定労働時間（1日8時間、1週40時間）を超えて労働させてはならない。

A2＝× 管理監督者であっても、妊産婦が請求した場合は、深夜業をさせてはならない。

妊産婦等（1） ここを押さえる

12条、19条、39条、64条の2～66条、女性則1条

●坑内業務の就業制限

女性の坑内業務は必ずしも禁止ではないが、次の各号に掲げる女性を坑内業務に就かせてはならない（64条の2、女性則1条）。

①妊娠中の女性の場合

②産後1年を経過しない女性で、従事しない旨を使用者に申し出た者

一般女性についてはp.124を参照。

●産前休業

使用者は、6週間（多胎妊娠の場合にあっては、14週間）以内に出産する予定の女性が休業を請求した場合においては、その者を就業させてはならない（65条1項）。これを産前休業という。これは、女性が請求した場合に休業させればよく、請求されない限り、出産日まで就業させても違法ではない。出産予定日より早く生まれた場合には、産前休業はその分短縮される。出産予定日より遅く生まれた場合は、産前休業はその分延長される。出産日当日は産前6週間に含まれる。

●産後休業

使用者は、女性の請求の有無にかかわらず、産後8週間を経過しない女性を就業させてはならない（65条2項本文）。これを産後休業という。ただし、産後6週間を経過した女性が就業を請求した場合において、その者について医師が支障ないと認める業務に就かせることは差し支えない（同項但書）。

●妊産婦と深夜業

使用者は妊産婦（妊娠中の女性及び産後1年を経過しない女性をいう）が請求した場合は、深夜業をさせてはならない（66条3項）。通常、管理・監督の地位にある女性（41条該当者）については労働時間、休日の規定は適用されないが、深夜業に関しては、妊産婦である管理・監督の地位にある者が請求した場合は、その者に深夜業をさせてはならない。

●産前産後休業の効果

①休業期間及びその後30日間について解雇制限（解雇禁止）される（19条1項）。

②平均賃金算定の基礎から除外される（12条3項2号）。賃金については、法律は規定しておらず、労使で任意に決める事項である。

③年次有給休暇発生の要件である出勤率の算定において、出勤したものとみなされる（39条10項）。

●軽易業務転換

使用者は、妊娠中の女性が請求した場合には、他の軽易な業務に転換させなければならない。この請求は、妊娠中であることのみが要件で、出産6週間前であること等は要しない。原則として、軽易な業務がある場合に限り転換すれば足り、新たに軽易な業務を創設する必要はない。

①臨時の必要のため、政令により定められる坑内で行われる業務であっても、妊娠中の女性及び坑内労働をしないことを申し出た産後1年を経過しない女性には、坑内労働をさせてはならない。
②産後6週間は、いかなる場合でも就業させることはできないが、産前の期間については、女性が請求しなければ、出産日まで就業させてもよい。

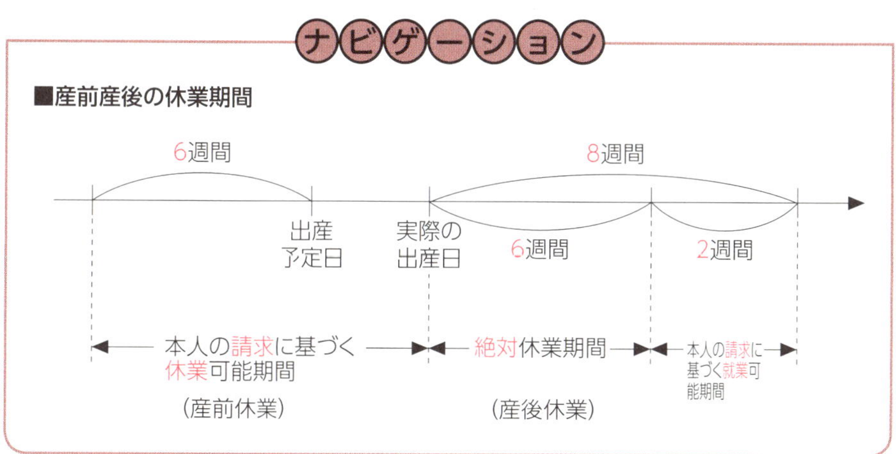

出題パターン

Q1 満18歳以上の女性については、いかなる場合も坑内労働は禁止されている。

Q2 産前又は産後に休業させた場合、平均賃金の60％の休業手当を支給しなければならない。

Q3 産後6週間を経過しない女性が就業を請求した場合、当該女性を就業させてはならない。

A1＝× 妊産婦以外の満18歳以上の女性については、女性に有害な業務として厚生労働省令で定めるもの以外は、坑内労働をさせることができる(64条の2第2号)。

A2＝× 産前・産後の休業期間の賃金については、法律に規定しておらず、労使で任意に決める事項である。

A3＝○ 産後6週間を経過しない女性は本人の請求の有無にかかわらず、就業させてはならない（65条2項本文)。

妊産婦等（2）ここを押さえる

64条の3、66条、67条、女性則2条、3条

●労働時間等及び深夜業に関する規制

①使用者は、妊産婦が請求した場合には、変形労働時間制による場合でも、法定労働時間を超えて労働させてはならない(66条1項)。②また、使用者は、妊産婦が請求した場合には、いかなる事由があっても（33条の災害等のための臨時の必要がある場合であっても)、時間外労働又は休日労働をさせてはならない（同条2項)。③さらに、使用者は、妊産婦が請求した場合には、深夜業をさせてはならない（同条3項)。41条2号の管理監督者や秘書である妊産婦についても請求により深夜業は禁止される。

●育児時間

生後満1年に達しない生児を育てる女性は、34条の休憩時間のほか、1日2回それぞれ少なくとも30分の育児時間を請求することができる。使用者は、育児時間中は、その女性を使用してはならない（67条)。これは、授乳等母親として行う子の世話のための時間を、通常の休憩時間とは別に確保することにより、育児を支援するという趣旨である。育児時間は、女性が請求する時間帯に付与しなければならない。また、育児・介護休業法に基づく勤務時間の短縮等の措置の適用を受けている女性が請求したときであっても、付与しなければならない。なお、パートタイマー等で1日の労働時間が4時間以内である場合、育児時間は1日1回でよい。

●危険有害業務の就業制限

妊産婦を重量物を取り扱う業務（p.124参照)、有害ガスを発散する場所における業務、その他妊産婦の妊娠・出産・哺育等に有害な業務に就かせてはならない(64条の3第1項)。具体的な危険有害業務の範囲は女性則2条に計24業務定められており、妊娠中の女性は全面禁止、産後1年を経過しない女性については①本人の申出により禁止される業務、②申出の有無にかかわらず禁止される業務、③禁止されない業務（妊婦のみが禁止)、とに分かれる。

●就業制限の概略

以下の業務は、女性則2条によって妊婦は全面就業禁止、産婦は請求により就業が禁止される。

①ボイラーの取扱い、溶接の業務、②クレーン、デリック等の揚貨装置の運転、玉掛けの業務、③運転中の動力伝導装置の清掃、給油等の保全業務、④土木建築用機械、船舶荷扱用機械の運転、⑤丸ノコ盤等への木材送給の業務、⑥車両の入換え、連結等操車場での作業、⑦プレス機、シャー等を用いる金属、鋼板等加工業、⑧削岩機・鋲打機等振動器具を使う作業、⑨足場の組立、解体又は変更の業務、⑩立木伐採の業務、⑪土砂崩壊のおそれのある場所又は深さ5m以上の地穴での作業、⑫高さ5m以上の墜落危険性のある業務、⑬暑熱場所、高熱物体を扱う業務、⑭寒冷場所、低温物体を取り扱う業務、⑮異常気圧下での業務。

①**妊産婦が請求した場合には、たとえ災害等のため臨時の必要がある場合であっても、時間外労働・休日労働をさせることができない。**
②**管理監督者である妊産婦も、請求をすれば、深夜業禁止の保護を受けることができる。**

■妊産婦等の保護

就業制限項目
①変形労働時間制による法定**時間外労働**（ただし、フレックスタイム制は除く）
②非常災害・公務等や三六協定による**時間外労働**、**休日労働**
③**深夜業**（**管理監督者**である妊産婦にも適用される）
④**危険有害業務**（女性則に定める**重量物取扱い**業務・**有害ガス発生**業務等）

育児時間の付与
1日2回それぞれ少なくとも30分（生後1歳に満たない生児を育てる女性が対象）

出題パターン

Q1 生後満1年に達しない生児を育てる女性は、休憩時間のほか、1日2回各々少なくとも30分、その生児を育てるための時間を請求することができる。

Q2 使用者は満18歳以上の女性を、断続作業の場合は25kg以上、継続作業の場合は15kg以上の重量物を取り扱う業務に就かせてはならない。

Q3 フレックスタイム制を採用している場合、妊産婦が請求したときは、管理監督者を除きフレックスタイムによる労働をさせてはならない。

Q4 時間外・休日労働に関する労使協定を締結し、これを所轄労働基準監督署長に届け出ている場合であっても、妊産婦が請求した場合は、管理監督者を除き、時間外・休日労働をさせてはならない。

A1＝○ 67条1項の規定のとおりである。

A2＝× 満18歳以上の女性に関し重量物取扱いが禁止される業務は、断続作業の場合は30kg以上、継続作業の場合は20kg以上を取り扱う業務である（女性則2条）。

A3＝× フレックスタイム制については、始業・終業の時刻を労働者自らが決定することができるところから、妊産婦に関し特に労働時間に関する特例は設けられていない。

A4＝○ 時間外・休日労働は、労使協定の締結、労働基準監督署長への届出があって初めて合法的に有効となるが、妊産婦（管理監督者を除く）が請求した場合はさせてはならない（66条2項）。

就業規則 ここを押さえる

89条〜92条、106条、則49条、則52条の2、労働契約法12条

●作成義務

就業規則は、労働時間・賃金などの労働条件や、経営上の必要から労働者が就労に際して守らなければならない規律などについて、具体的に定めた職場の規則である。常時10人以上の労働者を使用する使用者は、就業規則を作成し**所轄労働基準監督署長に届け出なければならない。変更**した場合も同様とする（89条）。

正社員が10人未満であっても、臨時社員であるパートタイマーを含めれば常態として10人以上となる場合には、就業規則を作成して所轄労働基準監督署長へ届け出なければならない。

●意見聴取

就業規則は、使用者が作成・変更するものであるが、労働者にも関与し得る機会を与えるため、労働者の過半数で組織される労働組合又は過半数の労働者を代表する者の**意見を聴かなければならない**。使用者は、就業規則の届出の際には、労働者を代表する者の署名又は記名押印のある「**意見書**」**を添付**しなければならない（90条、則49条）。

●就業規則に定める事項

就業規則に定める事項には、①必ず記載しなければならない**絶対的必要記載事項**、②定めをする場合は必ず記載しなければならない**相対的必要記載事項**、③使用者が任意に記載する任意的記載事項がある（89条）（ナビ参照）。

●制裁する場合の制限

就業規則で減給の制裁を定める場合には、次のような一定の制限がある。①1回の額は、**平均賃金の1日分の半額**を**超えて**はならない、②総額が一賃金支払期の**賃金総額の10分の1**を**超えて**はならない（91条）。

●法令及び労働協約との関係

就業規則は、法令又は当該事業場について適用される労働協約に反してはならない。所轄労働基準監督署長は、法令又は労働協約に抵触する就業規則の変更を命ずることができる（92条）。

●就業規則の効力

就業規則で定める**基準に達しない**労働条件を定める**労働契約**は、その部分については**無効**とする。この場合において**無効となった部分**は、**就業規則で定める基準**による（労働契約法12条）。

●労働者への周知

就業規則は、労働者に周知し、いつでも見られる状態にしておくことが必要である。周知の方法としては次のいずれかによるものとする。①常に各作業場の見やすい場所に**掲示**又は**備え付ける**、②各労働者に**書面**で渡しておく、③磁気テープ、磁気ディスクなどに**記録**し、各作業場に労働者がいつでも確認できる**機器を設置**する（106条、則52条の2）。

①就業規則は、労働基準法以上の労働条件が確保されていなければならない。効力は、労働契約より強いが、労働協約より弱い。
②就業規則の作成・変更についての労働組合等の意見の聴取義務とは、意見を聴けばそれで足りるということであり、労働者の同意はいらないので反対の意見書でも届け出ることができる。

■就業規則の記載事項

	内　容
絶対的必要記載事項	①始業・終業の時刻、休憩時間、休日、休暇、交替制で就業させる場合には就業時転換に関する事項 ②賃金（臨時の賃金等を除く）の決定、計算・支払の方法、賃金の締切り、支払の時期及び昇給に関する事項 ③退職（解雇の事由を含む）に関する事項
相対的必要記載事項	①退職手当に関する事項 （適用労働者の範囲、退職手当の決定、計算・支払の方法、支払時期） ②臨時の賃金等（退職手当を除く）及び最低賃金額に関する事項 ③労働者に負担させる食費、作業用品等に関する事項 ④安全及び衛生に関する事項 ⑤職業訓練に関する事項 ⑥災害補償及び業務外の傷病扶助に関する事項 ⑦表彰及び制裁に関する事項 ⑧その他事業場の労働者のすべてに適用する定めに関する事項
任意的記載事項	上記以外の事項 （例：就業規則制定の趣旨、改定の手続きなど）

出題パターン

Q1 就業規則を労働基準監督署長に届け出る場合は、労働者代表の同意書を添付しなければならない。

Q2 就業規則には、退職に関する事項を必ず定めておかなければならない。

Q3 就業規則には、表彰及び制裁に関する事項を必ず定めておかなければならない。

A1＝× 就業規則を作成するについては、労働者代表の意見（反対意見でもよい）を聴きその意見書（同意書ではない）を添付し、行政官庁である労働基準監督署長に届け出なければならない（90条）。

A2＝○ 就業規則で退職に関する事項は、絶対的必要記載事項である（89条）。

A3＝× 表彰、制裁に関する事項は相対的必要記載事項で、必ずしも規定する必要はないが、もしこれらに関し何らかの定めをするのであれば、そのときは就業規則に記載しなければならない（89条）。

附属寄宿舎 ここを押さえる

94条～96条の2、106条、事業附属寄宿舎規程4条

●寄宿舎生活の自治

使用者は、①事業の附属寄宿舎に寄宿する労働者の私生活の自由を侵してはならない、②寮長、室長その他寄宿舎生活の自治に必要な役員の選任に干渉してはならない（94条）。

①について私生活を侵す行為として禁止されている行為は次のとおりである。

イ．外出又は外泊について使用者の承認を受けさせること。

ロ．教育、娯楽、行事等に参加を強制すること。

ハ．共同の利益を害する場所及び時間を除き、面会の自由を制限すること（寄規程４条）。

●寄宿舎の秩序

事業の附属寄宿舎に労働者を寄宿させる使用者は、次の事項について寄宿舎規則を作成し、所轄労働基準監督署長に届け出なければならない。これを変更した場合においても同様である。①起床、就寝、外出及び外泊、②行事、③食事、④安全及び衛生、⑤建設物及び設備の管理（95条１項）。

●労働者の同意

使用者は、上記①から④までの事項の規定の作成又は変更については、**寄宿舎に寄宿する労働者**の過半数を代表する者の同意を得た上で、同意を証明する書面を添付し、所轄労働基準監督署長に届け出なければならない。⑤建設物及び設備の管理は必要記載事項だが、同意書の添付は必要とされていない（95条２項、３項）。

●寄宿舎規則の遵守と周知

使用者及び寄宿舎に寄宿する労働者は、寄宿舎規則を遵守しなければならない。寄宿舎規則は、寄宿舎の見やすい場所に掲示し、又は備え付ける等の方法によって、寄宿労働者に周知させなければならない（106条２項）。

●寄宿舎の設備及び安全衛生

使用者は、事業の附属寄宿舎について、換気、採光、照明、保温、防湿、清潔、避難、定員の収容、就寝に必要な措置その他労働者の健康、風紀及び生命の保持に必要な措置を講じなければならない(96条)。

●寄宿舎に関する行政措置

使用者は、常時10人以上の労働者を就業させる事業、省令で定める危険な事業又は衛生上有害な事業の附属寄宿舎を設置し、移転し、又は変更しようとする場合においては、危害防止等に関する基準に従い定めた計画を、工事着手14日前までに、所轄労働基準監督署長に届け出なければならない。所轄労働基準監督署長は、労働者の安全及び衛生に必要であると認める場合においては、工事の着手を差し止め、又は計画の変更を命ずることができる（96条の２）。

ここがポイント

事業の附属寄宿舎が、安全及び衛生の基準に反する場合は、所轄労働基準監督署長は使用者に対し、その全部又は一部の使用の停止、変更その他必要な事項を命ずることができる。また、使用者に命じた事項について必要な事項を労働者に命ずることができる。

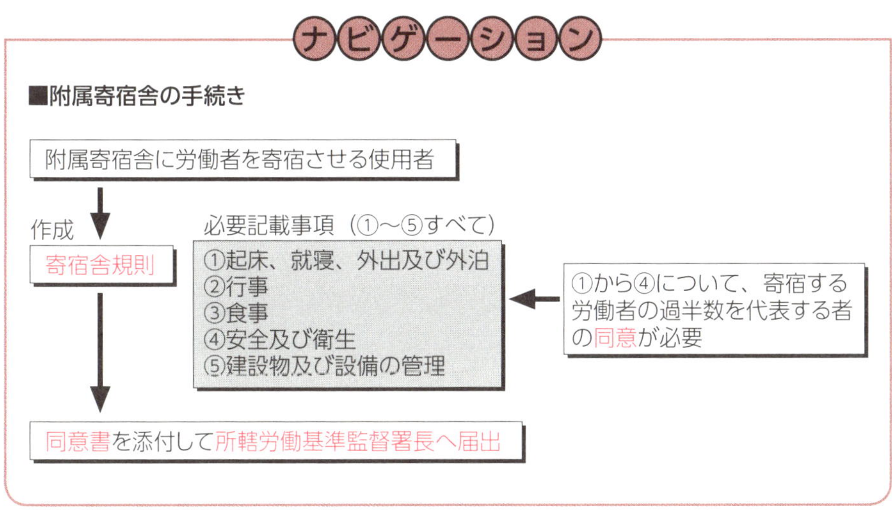
ナビゲーション
■附属寄宿舎の手続き
附属寄宿舎に労働者を寄宿させる使用者
作成
寄宿舎規則
必要記載事項（①～⑤すべて）
①起床、就寝、外出及び外泊
②行事
③食事
④安全及び衛生
⑤建設物及び設備の管理
①から④について、寄宿する労働者の過半数を代表する者の同意が必要
同意書を添付して所轄労働基準監督署長へ届出

出題パターン

Q1 寄宿舎規則を労働基準監督署長に届け出る場合は、労働者代表の意見書を添付しなければならない。

Q2 寄宿舎規則には、安全及び衛生に関する事項を必ず定めておかなければならない。

Q3 寄宿舎規則には、建設物及び設備の管理に関する事項は必ずしも定めなくてもよい。

A1＝× 寄宿舎規則を届け出る場合は同意書（意見書ではない）を添付しなければならない（95条3項）。

A2＝○ 寄宿舎規則には、就業規則と異なり寄宿する労働者代表の同意を得て、安全及び衛生に関する事項は必ず定めておかなければならない（95条）。

A3＝× 寄宿舎規則で建設物及び設備の管理に関する事項については、必ず定めをしなければならない。この事項に関しては、労働者代表の同意は不要である（95条）。

得点アップのための確認事項

作業環境測定器

測定対象物	使用測定器
気温	寒暖計（水銀又はアルコール）
湿度	0.5度目盛の**アスマン通風乾湿計**
気流	**熱線風速計**
輻射熱	0.5度目盛の**黒球温度計**
二酸化炭素濃度	検知管方式の炭酸ガス検知器
一酸化炭素濃度	検知管方式の一酸化炭素検知器

以上の他に、オゾン濃度計、ガス検知器、VOC計（大気中の揮発性有機化合物を調べる）、照度計、紫外線強度計、電磁波測定器、風速計、騒音計、圧力計、超音波リーク検出器などがある。

■**作業環境測定の出題内容**（p.41「ナビ」も参照）

出題された「作業環境測定内容と測定期間」の過去問には以下のものがある。

①**非密封の放射性物質**を取り扱う作業室の空気中の**放射性物質濃度**：**1か月以内ごと**。

②**チッパーによりチップする**業務の**等価騒音レベル**：**6か月以内ごと**。

③通気設備のある**坑内作業場**の**通気量**：**半月以内ごと**。

④鉛蓄電池の解体工程で**鉛等を切断**する業務又は**鉛ライニング**業務の空気中の**鉛濃度**：**1年以内ごと**。

⑤**多量のドライアイス等**を取り扱う**寒冷業務又は多湿、暑熱**の屋内作業場の**気温**、**湿度**：**半月以内ごと**。

⑥**セメントを袋詰め**する作業又は**特定粉じん作業**を行う屋内作業場の空気中**粉じん濃度**：**6か月以内ごと**。

第3章

労働衛生の必修29項目

温熱環境（1）ここを押さえる

●快適な温度

温熱環境とは、作業をする場所（室内等）が「暑くもなく寒くもなく」、作業をする上で生理的に快適に感じられる温湿度の環境である。

この「暑からず、寒からず」の快適な温度を至適温度という。至適温度は、作業の内容・年齢・性別などで異なり、季節、被服、飲食物等によって影響を受ける。

●温熱指標

温熱感覚は、環境側から見た気温・湿度・気流・輻射熱（放射熱）の温熱４要素と、人体側の代謝量・着衣量が関わっているとされる。これらによって作られる一定の温熱条件の尺度を温熱指標（又は温熱指数）という。

●温熱指標の種類

①実効温度：気温、湿度、気流の３要素で表し、感覚温度ともいう。乾球温度、湿球温度、気流で求め、輻射熱は含まない。

②修正実効温度：実効温度（上記３要素）＋輻射熱で表す。

③不快指数：乾球温度、湿球温度で求める（p.140参照）。

④WBGT：自然湿球温度、黒球温度、乾球温度で求める。

暑熱環境での熱ストレスを評価する指数で、高温職場の許容基準、スポーツ時や日常生活時の熱中症予防の指標として使用される。次のように、２つのパターンで算出する。

◆屋外で直射日光がある場合

WBGT＝0.7Twb＋0.2Tg＋0.1Tdb

◆屋内又は屋外で直射日光がない場合

WBGT＝0.7Twb＋0.3Tg

〔WBGT 指数（℃） Twb：自然湿球温度（℃）、Tg：黒球温度（℃）、Tdb：乾球温度（℃）〕

黒球温度計：温熱測定機器の一つで、輻射熱を吸収するように設計されている。図の、黒つや消しエナメルの球体・中空部分の温度で計測する。

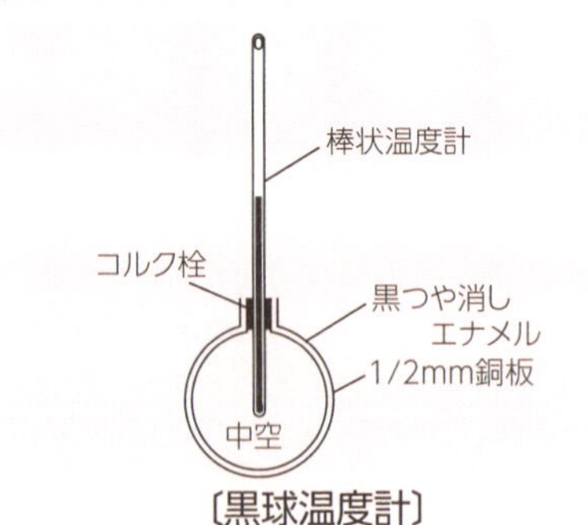

〔黒球温度計〕

◆熱の伝わり方

①伝導：物体の高温部から低温部に熱の移動が起こること。

②輻射：熱がエネルギーとなって、空間を直進移動する現象。放射ともいい、地上の物質が太陽熱によって温められるのはその代表である。逆に夜間、地上から宇宙に熱エネルギーが放射され、気温が下がる状態を放射冷却と呼ぶ。

③対流：熱が気体や液体などの流体運動によって移動すること。

①**暑からず、寒からず**の快適な温度を**至適温度**という。**年齢・性別**などで異なり、季節、被服、飲食物等によっても影響を受ける。
②温熱感覚は、**気温・湿度・気流・輻射熱（放射熱）**の**温熱4要素**に代謝量・着衣量が関わっている。
③実効温度は**感覚温度**ともいい、**気温**、**湿度**、**気流**の3要素で表す。
④暑さ指数を示すWBGTは、**自然湿球温度**、**黒球温度**、**乾球温度**で求める。

■主な温熱計測器具と特徴

計測器具	計測対象	特徴等
アウグスト乾湿計	気温、湿度	気流、輻射熱の影響を**受けやすい**
黒球温度計	**輻射熱**	修正実効温度
アスマン通風乾湿計	気温、湿度	気流、輻射熱の影響を**受けない**
カタ寒暖計	微弱な気流	気流による冷風力を計算し気流を推定する

出題パターン

Q　WBGT（湿球黒球温度）に関する次の文中の 内に入れるAからCの語句の組合せとして、正しいものは（1）～（5）のうちどれか。

屋外で太陽照射のある場合

WBGT ＝ 0.7 ×（A）＋ 0.2 ×（B）＋ 0.1 ×（C）

屋内の場合又は屋外で太陽照射のない場合

WBGT ＝ 0.7 ×（A）＋ 0.3 ×（B）

	A	B	C
（1）	自然湿球温度	黒球温度	乾球温度
（2）	自然湿球温度	乾球温度	黒球温度
（3）	乾球温度	黒球温度	自然湿球温度
（4）	乾球温度	自然湿球温度	黒球温度
（5）	黒球温度	自然湿球温度	乾球温度

A＝（**1**）A ＝自然湿球温度、B ＝黒球温度、C ＝乾球温度である。

温熱環境（2）ここを押さえる

人間の活動は、温熱環境により生産効率などに大きな影響を受ける。

体内の代謝も同様に、冬の乾燥状態では温かさを感じにくく、夏は風があったり湿度が低いと過ごしやすい。このように、湿度や気流等も快不快に大きな影響を与える。

●湿度

湿度は、暑さや寒さの感覚を定量的に示す体感温度に対して影響を与える。湿度の表し方には次のものがある。

①絶対湿度：水蒸気の密度で、空気中(通常1 m^3）に含まれる水蒸気の質量を g/m^3 で表したもの。

②相対湿度：**空気中の水蒸気量**と、そのときの温度における**飽和水蒸気量との比**を百分率（%）で表したもの。乾球温度と湿球温度で求め、日常の湿度のことである。

③実効湿度：数日前からの湿度（日平均湿度）に経過時間を勘案して計算する。木材の乾燥の程度を表す指数で、実効湿度が50～60% 以下になると火災の危険性が高まる。

●不快指数

不快指数は、乾球温度と湿球温度で求める蒸し暑さの指数。気流・輻射熱が考慮されていないため、屋外での体感とは異なる面がある。以下の式で求める。

◆不快指数

＝0.72×(乾球温度＋湿球温度)＋40.6

●乾湿計の種類

①アウグスト乾湿計：一般家庭でも使われている2本の温度計からなる。湿球は、気化熱のため乾球より低い温度を示し、両球の示す温度差から湿度を算出する（図)。

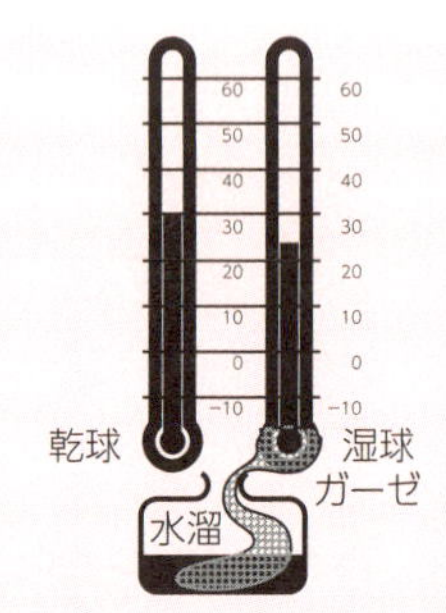

〔アウグスト乾湿計〕

②アスマン通風乾湿計：アウグスト乾湿計の欠点である気流及び輻射熱の影響を受けず、実効温度・相対湿度の測定に用いる。アウグスト乾湿計と同様、2本の温度計（水銀球部に湿球布を巻き付けた湿球と、何も付けない乾球）を用いて、湿球と温度との温度差から湿度を求める。

この他、白金測温抵抗体、気象庁形通風乾湿計等各種の乾湿計がある。

◆気流の測定

屋外での機械式風速測定のほか、室内ではアルコール温度計のカタ寒暖計や微風速計が用いられてきた。最近では、気温、湿度、気流など多くの項目が測定できるマルチの計測器が使われている。

①相対湿度とは、空気中の水蒸気量と、そのときの温度における飽和水蒸気量との比の百分率（%）で、乾球温度と湿球温度から求める。
②不快指数は、乾球温度と湿球温度で求める蒸し暑さの指数であるが、気流・輻射熱が考慮されていない。

■不快指数の計算式

不快指数の求め方には、相対湿度（%）を使った次の計算式も使われる。
不快指数（T：乾球温度℃、H：相対湿度%）
$=0.81T+0.01H\times(0.99T-14.3)+46.3$

■不快指数と体感

不快指数と体感	日本人の体感
86以上	我慢できない不快
80以上	すべての人が不快
77以上	半数以上が不快
70	不快感始まる
68以下	快適に感じる

一般的にもよく知られた指数であるが、快不快の基準となるサンプルは示されていない。

出題パターン

Q1 実効温度は、人の温熱感に基礎を置いた指標で、気温、湿度、気流の総合効果を温度目盛りで表したものである。

Q2 温度感覚を左右する環境条件は、気温、湿度、気流及び放射（ふく射）熱である。

Q3 相対湿度は、空気中の水蒸気量と、その温度における飽和水蒸気量との比を百分率で示したものである。

A1＝○ 実効温度は気温、湿度、気流から求める温度指標。感覚温度ともいう。

A2＝○ 温熱要素は、気温、湿度、気流の3要素（実効温度）に輻射（放射）熱を加えたもので、修正実効温度ともいう。

A3＝○ 相対湿度は、「空気中の水蒸気量÷飽和水蒸気量×100」で求める。

採光・照明 ここを押さえる

採光とは、自然光によって明るさを得ることであり、人工光によるものが照明である。適切な採光と照明は、快適で能率の良い作業に欠かせない。

●採光・照明の基本

①まぶしさ（眩輝）がないこと

前方から明かりをとるときは、眼と光源を結ぶ線と視線とで作る角度が、少なくとも30度以上であるようにする。室内の彩色は、眼の高さ以下の壁面を濁色にし、眼より上方の壁や天井を明るい色にする。

②適度な影があること

立体感をつかみやすいのは、適度な影があることである。

③均一な明るさがあること

最大と最小の照度差は平均照度の30％以内がよい。

④作業に適した明るさがあること

(ナビ参照)

●照度

明るさを表す用語で、ルクスという単位が使われる。発光体そのものの明るさは、光度(カンデラ)や輝度という単位で表す。照度は光を受ける量の単位である。

●作業場の照度（安衛則604条）

作業の区分	基準
精密な作業	300ルクス以上
普通の作業	150ルクス以上
粗な作業	70ルクス以上

※**1ルクス**＝1カンデラの光源から1m離れた所で光に直角な面が受ける明るさ

●全般照明と局部照明

照明は、室内全体を照らす全般照明と、行為に応じて部分的に明るくする局部照明がある。局部照明だけに頼ると、作業場の照度が不均一になり、眼の疲労を起こしやすいので、全般照明を併用するとよい。全般照明の照度は、局部照明の1/10以上であるのが適切である。

●照明方法の種類と特徴

①直接照明：光源（電球）から出る光が直接当たるため、強い影を作るので眼が疲れやすくなる。間接照明などと併用するとよい。工場の照明に適する。

②間接照明：光を天井や壁に反射させて照らす。柔らかい光なので、直接照明や半間接照明を併用して、適度な陰影をつけるようにするとよい。影が出にくく、グレアの少ない照明ができる。

③半間接照明：室全体が明るく、グレアが比較的少ない。学校などに適する。

④全般拡散照明：まぶしさが少なく、住宅用照明として最も普及している。

※グレア：視野に極端に明るい点や面が見えることで、「まぶしい・見にくい」と感じること。

●開角と仰角

開角は室内の一点と窓の上辺を結ぶ線がその一点と隣接建物の頂点とを結ぶ線とで作る角度で５度以上。仰角は水平線と作る入射角で、28度以上必要とされる。

①**前方から明かりをとるとき**は、眼と光源を結ぶ線と視線とで作る角度が、少なくとも**30度以上**であるようにする。
②**全般照明と局部照明を併用する場合、全般照明の照度は局部照明の1/10以上**とする。
③**室内の彩色は、眼の高さ以下の壁面を濁色にし、眼より上方の壁や天井を明るい色にする。**

■重要キーワード

キーワード	解　説
ルクス(lx)	・明るさを表す単位 ・1ルクス(lx)は、1カンデラ(cd)の光源から、1m離れたところでその光に直角な面が受ける明るさ。カンデラは元来、ろうそく1本の明かりとの意味合い
採　光	・自然光によって明るさを得ること
照　明	・人工光(電灯など)の光源を用い明るさを得ること
全般照明	・全体を明るくする照明。所要照度が大きくない作業場で用いる ・照度は、局部照明の照度の1/10以上が望ましい
局部照明	・検査作業など手元が高照度であることを要する作業場で用いる
直接照明	・作業面での光の大部分が直接照明源(電灯)から来る照明 ・影や眩輝(まぶしさ)を伴い、眼疲労を起こしやすい
間接照明	・天井や壁に一旦反射させた光が作業面に来る照明 ・立体感を出す場合は不向き
彩　色	・物に色を付けること。色取り ・眼より上方の壁や天井は照明効果の高い明るい色、眼の高さ以下の壁は安定感を出す濁色が良い

※明度は物体面の明るさを、彩度は色の鮮やかさの度合いを表す。室内の彩色では、明度を高くすると照度を上げる効果はあるが、彩度を高くしすぎると交感神経の緊張を招きやすく、長時間にわたる場合は疲労を招きやすい。

出題パターン

Q1 部屋の彩色にあたっては、眼より上方の壁や天井は、照明効果をよくするために明るい色にするとよい。

Q2 前方から明かりをとるとき、眼と光源を結ぶ線と、視線とが作る角度は、少なくとも30度以上でなければならない。

Q3 全般照明と局部照明を併用する場合の全般照明の照度は、局部照明の照度の1/10以下にするとよい。

A1＝○ 眼の高さ以下の壁面は逆に濁色にする。
A2＝○ 眼と光源を結ぶ線と、視線とが作る角度は、少なくとも30度以上必要である。
A3＝× 全般照明の照度は、局部照明の照度の1/10以上であるのが適切である。

換気・二酸化炭素濃度 ここを押さえる

●換気量

換気量とは1時間に室内に取り入れられる空気の量をいう。

●換気目的

①必要な酸素量の供給
②在室者の汚染のばく露量の軽減
③室内汚染物の除去
④室内燃焼器具への酸素の供給

●換気の方法

①**自然換気**：気温差による対流や風などの自然の気流による換気。窓を開けるのが一番簡便な方法ではある。
②**機械換気**：機械によって給気、排気して換気する。換気扇なども機械換気の一つである。

●必要換気量

呼吸は、酸素（O）を吸って二酸化炭素（CO_2）を呼出するため、適正な換気が行われないと、CO_2の濃度が高くなる。室内の空気を衛生的に保つため、このCO_2の濃度を一定以下にするために必要な換気量の最小値が**必要換気量**である。

呼出するCO_2の量は、労働の強度に応じて増減するので、必要換気量もこれに伴って増減する。

●必要換気量の求め方

必要換気量（下段に計算式）は、CO_2を基にして算出するが、部屋の種類や用途などにより異なる。

算出のCO_2濃度は、室内CO_2濃度:0.1%、外気のCO_2濃度：0.04%を基準とする。

※事務室の空気環境の調整：空気調和設備を設けている場合は、室に供給される空気中に占める一酸化炭素の含有率は100万分の10以下（外気が汚染されているために、困難な場合は100万分の20以下）及び二酸化炭素の含有率は100万分の1,000以下であること。

●必要換気回数

必要換気回数＝必要換気量÷気積（部屋の容積）

必要換気量が同じであれば、気積が大きいほど換気回数は少なくてよい。

●吸気と呼気の成分

主な成分の内訳は以下のとおりである。

・吸気成分→Oが21%、CO_2が0.03～0.04%、窒素（N）が78%（大気の成分と同じ）。
・呼気成分→Oが16%、CO_2が4%、Nが78%。

■必要換気量の計算式

$$必要換気量 = \frac{(室内にいる人が1時間に呼出するCO_2量(m^3/h))}{(室内CO_2基準濃度(0.1\%)) - (外気のCO_2濃度(0.04\%))} \times 100$$

①必要換気量は、衛生上必要な空気量であり、二酸化炭素（CO_2）濃度を基に算出する。
②必要換気量の算出にあたっては、通常、室内二酸化炭素（CO_2）濃度0.1%を基準として用いる。また、外気の二酸化炭素基準濃度を0.04%としている。

■必要換気量計算例

在室人数20人、外気 CO_2濃度0.04%、室内 CO_2濃度0.1%、呼出 CO_2濃度４%、１人当たりの呼気量を毎分10L としたとき、この部屋の必要換気量（m^3／h）は、約800m^3／h であり、計算式は次のとおりである。

必要換気量（m^3／h）
＝在室者の１時間当たりの呼出CO_2量（m^3/h）÷（室内CO_2濃度－外気CO_2濃度）
＝（10L ×20人×60分×0.04×0.001）÷（0.001－0.0004）
＝0.48÷0.0006≒800（m^3/h）
※計算するときは単位をそろえる。

出題パターン

Q1 必要換気量は、そこで働く人の労働の強度（エネルギー代謝率）によって増減する。
Q2 必要換気量と気積から、その作業場の必要換気回数が求められる。
Q3 換気回数の増減と、作業場内の気流の増減とは無関係である。
Q4 必要換気量の算出にあたっては、室内一酸化炭素（CO）基準濃度を普通0.04%とする。
Q5 必要換気量が同じであれば、気積が大きいほど換気回数は少なくてよい。

A1＝○ 呼出する二酸化炭素の量は労働の強度に応じて増減するので、必要換気量はこれに伴って増減する。
A2＝○ 必要換気回数は必要換気量に対する気積の割合で算出する。
A3＝× 換気回数の増減は、作業場内の気流の増減と無関係ではない。
A4＝× 必要換気量の算出にあたっては、一酸化炭素（CO）ではなく、室内二酸化炭素（CO_2）濃度0.1%を用いる。また、0.04%は外気の二酸化炭素基準濃度である。
A5＝○ 必要換気回数は、必要換気量÷気積であり、必要換気量が同じであれば、気積が大きいほど換気回数は少なくてよい。

3章 5

作業環境条件2

情報機器(VDT)作業 ここを押さえる

●情報機器（VDT）ガイドライン

厚生労働省は、情報機器（VDT）の急速な普及と作業形態の多様化を踏まえ、従来の「VDTガイドライン（廃止）」を基本に、「情報機器ガイドライン」を公表（2019.7.12）した。具体的には、①1日4時間以上の作業又は相当程度拘束性があるとするもの（すべての者が健診対象）、②それ以外の作業（自覚症状を訴える者のみ健診対象）に分け、作業例を明示している。

◆情報機器（VDT）作業：パソコンやタブレット端末等の情報機器（VDT）を使用して、データの入力・検索・照合等、文章・画像等の作成・編集・修正等、プログラミング、監視等を行う作業。

●作業環境管理内容

（1）照明及び採光

室内は、できる限り明暗の対照が著しくなく、まぶしさを生じさせないようにする。

①ディスプレイ画面上の照度
500ルクス以下。

②書類上及びキーボード上の照度
300ルクス以上。

③ディスプレイ画面及び書類及びキーボード面の明るさと周辺の明るさの差はなるべく小さくする。

④グレア防止のため、間接照明器具を用いる。輝度比は近い視野内で1:3程度、広い視野内で1：10程度が推奨されている。

（2）机又は作業台

床からの高さは60cm～72cm程度の範囲で調整できること、高さ調整ができない場合は、65cm～70cm程度（男女の平均値）のものを用いることが望ましい。

●作業管理内容

作業時間の管理及び作業の特性や個々の作業者にあった適切な作業管理を行う。

（1）作業時間・作業姿勢等

①一連続作業時間が1時間を超えないようにする。

②合間に10～15分の作業休止時間を設ける。

③一連続作業時間内で1～2回程度の小休止を設ける。

④ディスプレイは、おおむね40cm以上の視距離を確保する。

⑤画面の上端が眼の高さとほぼ同じか、やや下になる高さにする。

⑥画面上の文字高さは、おおむね3mm以上が望ましい。

⑦座位では椅子に深く腰をかけて、履き物の足裏全体が床に接した姿勢を基本とする。

◆4時間以上の作業

パソコン作業者が1日の作業時間で4～5時間を超えると、中枢神経系、筋骨格系の疲労が蓄積するという調査から、疲労測定の調査研究では、1日の作業時間は300分が望ましいとする。

●情報機器（VDT）作業健康診断

作業者に対しては、配置前及び定期健康診断を行わなければならない（一般の定期健康診断に併せて実施してもよい）。

（健康診断の調査・検査項目）

①業務歴、②既往歴、③自覚症状の有無：眼疲労、上肢・頸肩腕部等の筋骨格系症状、ストレス症状、④眼科学的検査：視力、屈折、調節機能等、⑤筋骨格系検査：上肢の運動機能、圧痛点等

※筋骨格系の障害は自覚症状が先行する。

①情報機器（VDT）作業では、一連続作業時間が1時間を超えないようにし、間に10～15分の作業休止時間を設ける。また、一連続作業時間内において1～2回程度の小休止を設ける。
②ディスプレイ画面上の照度は、500ルクス以下、書類上やキーボード上の照度は300ルクス以上が適切である。

■重要キーワード

項　目	キーワードと解説
視野及び照度等	・ディスプレイ画面上の照度➡500ルクス以下 ・キーボード上の照度➡300ルクス以上 ・ディスプレイの視距離➡おおむね40cm ・ディスプレイの高さ➡画面の上端が眼とほぼ同じ高さかやや下 ・グレア防止➡反射防止型ディスプレイ、グレア防止照明器具等の採用 ・ディスプレイ表示文字➡文字の高さおおむね３mm以上
作業時間	・一連続作業時間（単純入力型・拘束型）➡１時間を超えないこと ・作業休止時間➡次の連続作業開始までの間に10～15分設ける ・一連続作業時間における作業休止時間回数➡１～２回必要
情報機器（VDT）健康診断	・検査項目 ①業務歴の調査、②既往歴の調査、③自覚症状の有無の調査、④眼科学的検査、⑤筋骨格系に関する検査 ・情報機器（VDT）健康診断は、一般定期健康診断と併せて実施することができる

出題パターン

Q1 情報機器（VDT）作業では、ディスプレイ画面上の照度は300ルクス以上、書類やキーボード上の照度は500ルクス以下が適切とされている。

Q2 一連続作業時間が２時間を超えないようにし、次の連続作業までの間に10～15分の作業休止時間を設ける。

Q3 情報機器（VDT）作業による健康障害は、一般に他覚的所見より自覚症状の方が先行して発症するといわれている。

A1＝× 情報機器（VDT）作業の適正照度は、ディスプレイ画面上は500ルクス以下、書類やキーボード上は300ルクス以上とされている。

A2＝× 一連続作業時間が2時間ではなく、1時間を超えないようにし、10～15分の作業休止時間を設ける。

A3＝○ 情報機器（VDT）作業による健康障害は、自覚症状が先行する（愁訴先行型という）。健康診断では自覚症状の検査が重要である。

3章 6

作業環境

受動喫煙防止対策 ここを押さえる

●受動喫煙による健康障害

受動喫煙とは、人が他人の喫煙によりタバコから発生した煙にさらされることをいう（健康増進法28条3号）。

受動喫煙は、被喫煙者に健康障害や不快感やストレスなどをもたらすことが判明している。①ニコチン、②タール、③一酸化炭素をタバコの三大有害成分という。中でも②のタールは、粘着性があり、ベンゼンなどの多くの発がん性物質を含有する。このため労働者の健康保持面から労働衛生上、職場において健康増進法により喫煙防止が強く求められている。

●健康増進法の規制要点

健康増進法は、①望まない受動喫煙の皆無化、②受動喫煙による健康障害が大きいとされる子ども、妊産婦、患者等に対する特段の配慮、③施設の類型・場所ごとの防止対策とルール化の推進を柱にして、2020年4月より改正された。

【健康増進法施行規則15条概要】

施設	施設区分例	法の適用内容
第1種	学校、病院、行政機関庁舎等で多数者が利用施設	敷地内禁煙（屋外喫煙所の設置は可）
第2種	大規模飲食店※1（新規開業含む）	屋内禁煙（新規開業は喫煙室設置可）
	小規模飲食店※2	標識掲示し喫煙可
	オフィス・ホテル等	原則禁煙（喫煙室設置可）

※1 資本金＞5千万円。客席面＞100m²
※2 資本金≦5千万円で客席面≦100m²

20歳未満の者（従業員含む）の喫煙所への立入りは、全面禁止される。また加熱式タバコについては、本法の規制を受けないとされている。

●専用の喫煙室について

職場における受動喫煙防止のためのガイドライン（令和元年7月1日基発0701第1号）では、**第2種施設内に喫煙専用室**（専ら喫煙をする場所として定めたもので、室内での飲食等は認められない）、又は指定タバコ専用喫煙室（指定タバコのみ喫煙ができる場所として定めたもので、室内での飲食等が認められている）を設置する場合について、出入口において、室外から室内に流入する空気の気流が、0.2m/s以上であること、タバコの煙が室内から室外に流出しないよう壁、天井等によって区画されていること、タバコの煙が屋外又は外部の場所に排気されていること、などの基準を設けている。

なお、**第1種施設では屋外喫煙所（特定屋外喫煙場所）**の設置が可能であるが、喫煙できる場所が区画されていること、喫煙ができる場所である旨を記載した標識を掲示すること、第1種施設を利用する者が通常立ち入らない場所に設置すること、といった基準が設けられている。

①喫煙専用室とは、第2種施設等の屋内又は内部の場所の一部の場所において、タバコの煙の流出を防止するための技術的基準に適合した室を、専ら喫煙ができる場所として定めたものをいう。
②第2種施設等の屋内又は内部の場所の一部の場所では喫煙専用室を設置することができるが、この室内での飲食等は認められない。

■第1種施設の定義

多数の者が利用する施設のうち、学校、病院、児童福祉施設その他の受動喫煙により健康を損なうおそれが高い者が主として利用する施設として健康増進法施行令等で規定するものや、国及び地方公共団体の行政機関の庁舎は、第1種施設として、敷地内の喫煙が禁止されている。

■第2種施設の定義

多数の者が利用する施設のうち、第1種施設及び喫煙目的施設以外の施設（一般の事務所や工場、飲食店等も含まれる。）のこと。

■特定屋外喫煙場所の定義

第1種施設の屋外の場所の一部のうち、当該第1種施設の管理権原者によって区画され、受動喫煙を防止するために健康増進法施行規則で定める必要な措置がとられた場所のこと。

出題パターン

Q1 敷地内での喫煙が禁止される第1種施設とは、多数の者が利用する施設のうち、学校、病院、児童福祉施設その他の受動喫煙により健康を損なうおそれが高い者が主として利用する施設として健康増進法施行令等で規定するものや、国及び地方公共団体の行政機関の庁舎をいう。

Q2 第2種施設内に喫煙専用室を設置した場合、喫煙者しかその部屋には入らず、受動喫煙の恐れは少ないので、喫煙専用室内での飲食等が認められる。

A1＝〇 本問の記述のとおりである。

A2＝〇 喫煙専用室とは、第2種施設等の屋内又は内部の場所の一部の場所において、タバコの煙の流出を防止するための技術的基準に適合した室を、専ら喫煙ができる場所として定めたものをいう。専ら喫煙をする用途で使用されるものである以上、喫煙専用室内での飲食等は認められない。

有害　作業環境管理

局所排気装置等 ここを押さえる

●局所排気装置の基本構成

局所排気装置は、有害物の発生源に近いところに吸い込み口（フード）を設け、吸引流を作る。その気流に乗せて有害物（ガス、蒸気、粉じん等）を、なるべく発散したときのまま高濃度で吸い込み、作業者を汚染空気のばく露から保護する装置である。

◆装置の基本構成

フード（吸い込み口）➡ダクト（搬送用導管）➡空気清浄装置➡ファン（排風機）➡排気ダクト（排気口）

●フード（吸い込み口）

- 発生する有害物をできるだけ発生源近くで、発生源を囲うように、作業に支障をきたさないように設置する。
- フードによる有害物の吸引力が局所排気装置の能力を決定する。
- フード開口面の周囲にフランジ（縁どり）をつけると、同一フードでも少ない排気量で大きな制御風速が得られ効果的。
- 開口面積が小さいと吸引効果は大きい。
- フードには、囲い式、外付け式、レシーバー式があり、囲い式が最も吸引効果が大である。

≪吸引効果≫

囲い式 ＞ 外付け式 ＞ レシーバー式

囲い式	カバー型＞ドラフトチェンバ型
外付け式	下方吸引型＞上方吸引型

●ダクト（搬送用導管）

- ダクトは、捕捉した有害物質を排気口に搬送する導管である。
- ダクトは細すぎるとダクトの抵抗により圧力損失が増大し、太すぎると管内風速（搬送速度）が不足し、粉じんなどの堆積の原因となる。
- ダクトの断面は、円形ダクトが長方形のものより良い（コーナー部分の抵抗が少ない）。
- ダクトの長さはできるだけ短く、ベント（曲がり角）はできるだけ少なくする。
- 主ダクトと枝ダクトの合流角度は45°を超えないように設計する。

●空気清浄装置

- 有害物質を大気に放出する前に除去し清浄空気とする装置で、粉じんを除去する除じん装置と蒸気・ガスを除去する排ガス装置の2つがある。

●ファン（排風機）

- ファンは、空気清浄後の清浄空気が通る位置に設置する。

●排気ダクト

- 排気ダクトは、ファンから搬送されてきた空気を、排気口に導き、大気に放出するためのもので、有機溶剤の局所排気装置は、排気口の高さを屋根から1.5m以上とする。
- 排気口は、原則として屋外通路、建屋の開放できる窓等から、８ｍ以内に設置することは適当でないとされている。

①ダクトの長さはできるだけ**短く**、ベントはできるだけ**少なく**する。
②フード開口部周囲に**フランジ**があると、**少ない**排気量で効果が上がる。

ナビゲーション

■局所排気装置の例

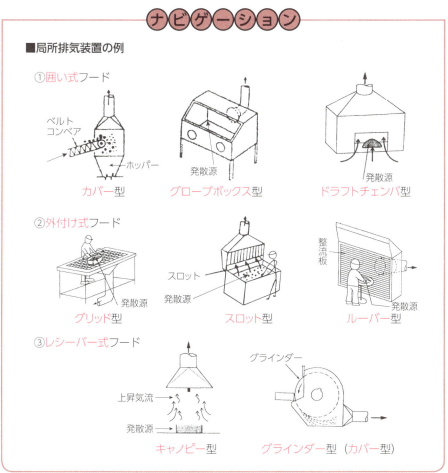

①囲い式フード

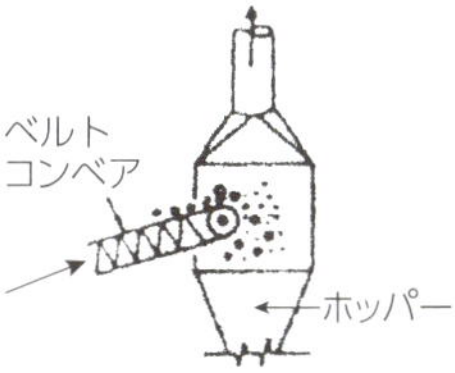

カバー型 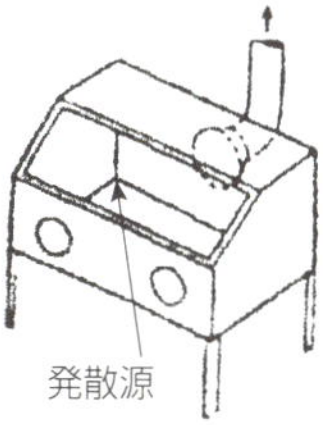　グローブボックス型 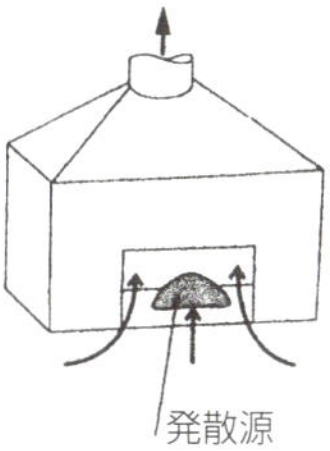　ドラフトチェンバ型

②外付け式フード

グリッド型 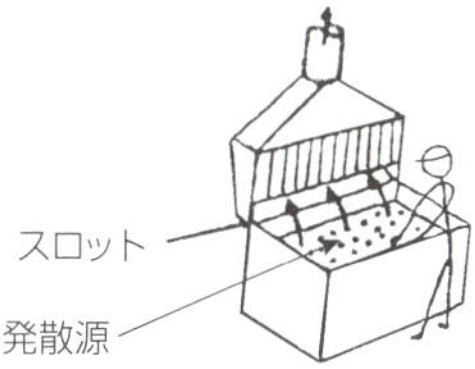　スロット型 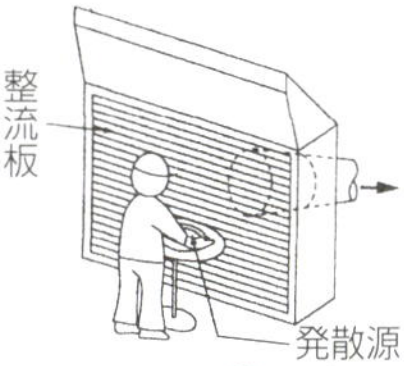　ルーバー型

③レシーバー式フード

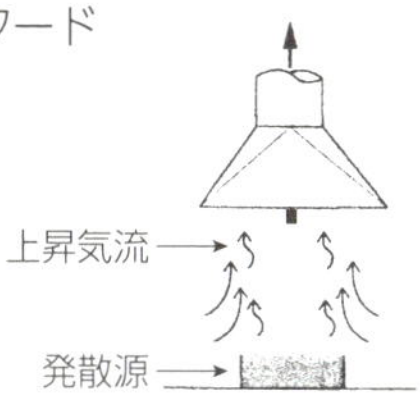

キャノピー型 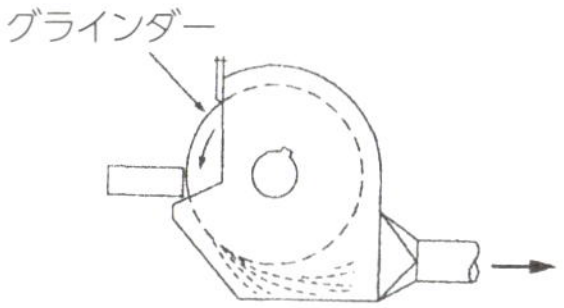　グラインダー型（カバー型）

出題パターン

Q 空気清浄装置を付設する局所排気装置では、排風機は、吸引ダクトと空気清浄装置の間に設ける。

A＝× 排風機は、空気清浄後の清浄空気が通る位置に設置する。

健康測定 ここを押さえる

●健康測定の目的

法律で定められている健康診断が、疾病の早期発見を目的としているのに対し、健康測定は、すべての人を対象に、自らが積極的に健康づくりに取り組む姿勢を作るという、健康の保持増進が目的である。従来の健康診断に加え、体力測定や生活状況の調査、さらに指導まで一貫して行われる。

●運動機能検査の具体的な内容

筋力＝握力測定、筋持久力＝上体起こし、柔軟性＝長座位体前屈、敏捷性＝全身反応時間（発光器に向かって立ち、光の刺激に反応して、できるだけ早く垂直に跳ぶ）、平衡性＝視覚に頼らずに体のバランスを保つ機能（両手を腰に置き両目を閉じ片足で立ち、何秒間維持できるかを測定する）、全身持久力＝最大酸素摂取量の測定。

●健康測定項目（太字は定期健康診断にはなくて健康測定項目にあるもの）

問診	喫煙歴、服薬歴、既往歴、業務歴、**家族歴**、自覚症状、その他
生活状況調査	**仕事の内容、通勤方法、生活リズム、趣味・嗜好、運動習慣・運動歴、食生活、メンタルヘルスケア、口腔保健、その他**
診察	聴診、視診、打診、触診
医学的検査 形態 循環機能 血液 呼吸機能 尿 その他	 身長、体重、**皮下脂肪厚（上腕伸展部及び肩甲骨下端部）**、腹囲 血圧、**心拍数**、安静時心電図、**運動負荷試験** **ヘモグロビン濃度**、**赤血球数**、LDLコレステロール、HDLコレステロール、トリグリセライド、血糖（空腹時）又はグリコヘモグロビン、**尿酸**、**BUN**又は**クレアチニン**、AST（GOT）、ALT（GPT）、γ－GTP **肺活量**、**1秒率** 尿糖、尿蛋白 胸部X線
運動機能検査	筋力（握力）、筋持久力（上体起こし）、柔軟性（立位体前屈）、平衡性（閉眼（又は開眼）片足立ち）、敏捷性（全身反応時間）、全身持久力（最大酸素摂取量）
指導	運動指導、保健指導、栄養指導、心理相談（メンタルヘルスケア）

健康測定の項目は、大きく分けると、生活状況調査、医学的検査、運動機能検査の3つである。

■健康指導の種類、内容、実施者

項 目	内 容	担当者
運動指導	・運動プログラムの作成及び運動実践を行うための指導(個人の生活状況、趣味、希望等を配慮する) ・運動実践の指導援助（個人の健康状態に合った適切な運動を、職場生活を通して定着させ、健康的な生活習慣を確立することができるよう配慮する)	運動指導担当者
保健指導	・勤務形態や生活習慣に配慮した健康的な生活指導、教育（睡眠、喫煙、飲酒、口腔保健等)	産業保健指導担当者
メンタルヘルスケア	・メンタルヘルスケアの実施 ・ストレスに対する気づきの援助 ・リラクゼーションの援助	心理相談担当者
栄養指導	・食習慣、食行動の評価とその改善の指導	産業栄養指導担当者

出題パターン

Q1 健康測定は、疾病の早期発見を目的として行われる。

Q2 健康測定の結果に基づき、食生活上問題が認められた労働者に対して、必要な栄養指導を行う。

Q3 健康測定の結果に基づき、個々の労働者に対して運動実践の指導を行う産業保健指導担当者を配置する。

A1＝× 健康測定の目的は、全労働者を対象にして、健康づくり（健康保持、増進）に取り組む姿勢を作ることであり、健康指導を行うことにある。

A2＝○ 具体的な健康指導として、運動指導、メンタルヘルスケア、栄養指導、保健指導などが行われる。

A3＝× 運動実践指導を行うのは運動指導担当者である。産業保健指導担当者は、保健指導を行う。

メンタルヘルスケア ここを押さえる

●メンタルヘルスケアとは

メンタルヘルスケアとは、労働者の心の健康の保持増進のための措置のことであり、安衛法が事業者に継続的・計画的に実施するよう要請している（努力義務）。

●基本的な考え方

メンタルヘルスケアにおいて重要なことは、その原因となるストレスに労働者自身が気づき、これに対処すること（セルフケア）の必要性を認識することである。

●4つのケア

心の健康づくり計画の実施にあたっては、次の4つのメンタルヘルスケアが継続的かつ計画的に行われるよう、教育研修・情報提供を行うとともに、4つのケアを効果的に推進し、職場環境等の改善、メンタルヘルス不調への対応、職場復帰のための支援等が円滑に行われるようにする必要がある。

（1）セルフケア

心の健康づくりを推進するためには、労働者自身がストレスに気づき、これに対処するための知識、方法を身につけ、それを実施することが重要である。

（2）ラインによるケア

管理監督者は、部下である労働者の状況を日常的に把握しており、また、個々の職場における具体的なストレス要因を把握し、その改善を図ることができる立場にあることから、職場環境等の把握と改善、労働者からの相談対応などを行うことが必要である。

（3）事業場内産業保健スタッフ等によるケア

事業場内の産業医、臨床心理士などの産業保健スタッフ等は、心の健康づくり計画の実施にあたり中心的な役割を果たすことが期待され、メンタルヘルスケアの実施に関する企画立案、個人の健康情報の取扱い、事業場外資源とのネットワークの形成やその窓口となることなどの役割がある。

（4）事業場外資源によるケア

メンタルヘルスケアを行う上では、事業場が抱える問題や求めるサービスに応じて、メンタルヘルスケアに関し専門的な知識を有する各種の事業場外資源の支援を活用することが有効である。

特に小規模事業場においては、必要に応じて地域産業保健推進センター等の事業場外資源を活用することが望まれる。

●衛生委員会等における調査審議

心の健康問題へ適切に対処するためには、産業医等の助言を求めることも必要である。このためにも、労使、産業医、衛生管理者等で構成される衛生委員会等を活用することが効果的である。なお、衛生委員会等の設置義務のない小規模事業場においても、心の健康づくり計画の策定やその実施にあたっては、労働者の意見が反映されるようにすることが必要である。

①心の健康づくり計画の実施にあたっては、「セルフケア」「ラインによるケア」「事業場内産業保健スタッフ等によるケア」及び「事業場外資源によるケア」の４つの側面からメンタルヘルスケアに取り組む必要がある。

②メンタルヘルスケアは、継続的かつ計画的に行われるよう教育研修・情報提供を行うとともに、職場環境等の改善、メンタルヘルス不調への対応、職場復帰のための支援等が円滑に行われなければならない。

■職場復帰における支援

メンタルヘルス不調により休業した労働者の職場復帰支援として、次の事項がある。

①休業の開始から通常業務への復帰に至るまでの一連の標準的な流れを明らかにするとともに、それに対応する職場復帰支援の手順、内容及び関係者の役割等について定める職場復帰支援プログラムを策定すること。

②職場復帰支援プログラムの実施に関する体制や規程の整備を行い、労働者に周知を図ること。

③職場復帰支援プログラムの実施について、組織的かつ計画的に取り組むこと。

④労働者の個人情報の保護に十分留意しながら、事業場内産業保健スタッフ等を中心に、労働者、管理監督者、主治医との連携を図りつつ取り組むこと。

出題パターン

Q1 労働者自身がストレスや心の健康について理解し、自らのストレスの予防や対処を行うセルフケアは、それほど重要ではない。

Q2 メンタルヘルスケアに関する専門的な知識を有する事業場外の機関及び専門家を活用し支援を受ける事業場外資源によるケアは、効果的である。

Q3 メンタルヘルスケアの基本は、心の健康づくり対策の具体的な措置を検討する衛生委員会に不調の労働者を参加させ、その個別的問題を検討することである。

A1＝× 心の健康づくりを推進するためには、労働者自身がストレスや心の健康について理解し、自らのストレスの予防や対処を行うセルフケアが重要である。

A2＝○ メンタルヘルスケアを行う上では、メンタルヘルスケアに関し専門的な知識を有する各種の事業場外資源の支援を活用することが有効である。

A3＝× メンタルヘルスケアの基本は、セルフケア、ラインによるケアなど４つのケアを推進することにある。

腰痛予防対策 ここを押さえる

●腰痛の主な発生要因

腰痛は、職場における多元的な発生要因が作業様態や労働者に影響を与える。
厚生労働省の指針では、腰痛予防対策として労働衛生管理体制を整備し、以下の３管理及びリスク対策を総合的・継続的に取り組むこととしている。

◆主な発生要因

①動作要因（重量物の取扱い、介護・看護の抱上げ作業、長時間の拘束姿勢等）
②環境要因（車両運転等による腰部・全身への長時間振動、温度、床面状態等）
③個人的要因（年齢や性による差、作業台の不適合、既往症があること等）
④心理・社会的要因（過度な長時間労働、職場での対人ストレス、過重な疲労等）

●作業管理

身体的な負荷となる発生要因の排除や作業の自動化・省力化など作業標準を策定する。

①**人力のみで取り扱う重量物**の重量は、**満18歳以上の男子**の場合、体重の約40%以下となるように努める。
満18歳以上の女性の場合、男性の重量の約60%くらいまでとする（p.122の重量物就業制限も参照）。
②**作業台の高さ**は、肘の曲げ角度をおよそ90度とし、**緻密な作業では高め、力を要する作業では低め**が適切となる。
③長時間の立位作業では、座面の高い椅子等を配置、椅座位作業も考慮する。
④**腰部保護ベルト**は、一律ではなく、個人ごとに使用の適否を判断する。

●作業環境管理

作業環境や機器・設備等の人間工学的配慮が、腰痛の発生防止に重要である。

①**温度**：作業強度により体熱の発生量が異なる。座作業ではやや高め、重量物取扱い作業では低めに配慮する。
②**照明**：作業場所等の安全が確認できる適切な照度を保つ。
③作業姿勢は、椅子に深く腰を掛けて、背もたれで体幹を支え、履物の足裏全体が床に接するようにする。
④建設機械等の車両運転等では、座席等の振動ばく露の軽減に配慮する。

●健康管理

重量物取扱い・介護・看護等、腰部に著しい負担のかかる作業に常時従事する労働者には、以下の内容を実施する。

①**健康診断**：作業の配置前及びその後6か月以内ごとに１回、定期に実施する（診断項目についてはナビ参照）。
②**腰痛予防体操**：筋疲労回復、柔軟性・リラクゼーションを高めるために適宜実施。
③**労働衛生教育**：作業の配置前及びその後、必要に応じ実施する。

介護・看護作業等腰部に著しい負担のかかる作業に常時従事する労働者に対しては、当該作業に配置する際及びその後6か月以内ごとに1回、定期に、医師による腰痛の健康診断を実施する。

■重量物取扱い作業、介護・看護作業等に常時従事する特定業務従事者の健康診断項目

（厚生労働省「職場における腰痛予防対策指針」）

	診断項目	配置前の健康診断	定期健康診断
①	**既往歴**（腰痛に関する病歴及びその経過）及び**業務歴**の調査	○	○
②	**自覚症状**（腰痛、下肢痛、下肢筋力減退、知覚障害等）の有無の検査	○	○
③	**脊柱の検査**（姿勢異常、脊柱の変形、脊柱の可動性及び疼痛、腰背筋の緊張及び圧痛、脊椎棘突起の圧痛等）	○	①②の結果、医師が必要と認めた場合追加 ○
④	**神経学的検査**（神経伸展試験、深部腱反射、知覚検査、筋萎縮等の検査）	○	
⑤	**脊柱機能検査**（クラウス・ウェーバーテスト又はその変法〔腹筋力、背筋力等の機能のテスト〕）	○	×
⑥	**画像診断・運動機能テスト**	医師が必要と認めた場合に実施	医師が必要と認めた場合に実施

出題パターン

Q1 介護・看護作業等の腰部に著しい負担のかかる作業に常時従事する労働者に対して実施される健康診断の項目として自覚症状（腰痛、下肢痛、下肢筋力減退、知覚障害等）の有無の検査がある。

Q2 腰部に著しい負担のかかる作業に常時従事する労働者に対して実施される健康診断の項目として、上肢のエックス線検査（2方向撮影）がある。

Q3 満18歳以上の男子労働者が人力のみで取り扱う物の重量は、体重のおおむね50%以下となるようにする。

A1＝○ 自覚症状（腰痛、下肢痛、下肢筋力減退、知覚障害等）の有無の検査は、厚生労働省「職場における腰痛予防対策指針」に基づく健康診断の項目である。

A2＝× 上肢のエックス線検査（2方向撮影）は、厚生労働省「職場における腰痛予防対策指針」に基づく健康診断の項目に含まれていない（腰痛とは無関係の項目と考えられる）。

A3＝× 満18歳以上の男子の場合、体重の約40%以下となるように努める。

11 労働衛生管理統計 ここを押さえる

労働衛生管理統計は、事業場の労働衛生管理状態の結果を基に算出される。これにより当該事業場の労働衛生問題が明らかになり、目標設定と改善を推進していくことが可能となる。

●スクリーニング

・スクリーニング検査とは、選別試験ともいわれ、一定の集団を対象に、特定の疾病の疑いのある者を発見する検査である。

・健康診断の集団検診などが該当し、検査で疾病有りと判断された場合を陽性といい、疾病無しと判断された場合は陰性という。

・集団の中から正常者と有所見者を選び出すための判定値をスクリーニングレベルと呼ぶ。

・スクリーニング検査では、正常者のうち、**疾病あり**（陽性）**と判定された人数の割合**を「偽陽性率」といい、有所見者でありながら**疾病無し**（陰性）**と判定された人数の割合**を「偽陰性率」という。

●スクリーニングレベル

労働衛生管理におけるスクリーニングでは、「有所見者が正常者と判定されるケース」を避けるべきとされ、スクリーニングレベルが低く設定されている。

スクリーニングレベルを低く設定すると、統計データは有所見者の割合が増え、正常者を有所見者と判定する率（偽陽性率）が高くなり、有所見者判定の的中率が低くなる。

逆にスクリーニングレベルを高く設定すると、有所見者の割合が減り、有所見者を正常者と判定する率が高くなることから、病気が疑われる人を健康と判定する確率（偽陰性率）が高くなってしまう。

このような結果を避けるため、スクリーニングレベルは低く設定されている。

●健康管理統計

・有所見率：検査が行われた時点の有所見者の割合

・発生率：一定期間に有所見者が発生した割合

●疾病休業統計

疾病休業統計は、労働者の疾病による休業状態を調べるもので、休業扱いの者や子会社への出向者等を除く在籍労働者すべてが対象である。

①疾病休業日数率＝（疾病休業延日数／延所定労働日数）×100

②病休件数年千人率＝（疾病休業件数／在籍労働者数）×1,000

③病休強度率＝（疾病休業延日数／延実労働時間数）×1,000

④病休度数率＝（疾病休業件数／延実労働時間数）×1,000,000

⑤負傷休業日数率＝（負傷休業延日数／延所定労働日数）×100

※負傷後に続発した疾病については、負傷と疾病による休業に分ける。分けられない場合は疾病休業で処理する。疾病休業延日数には、年次有給休暇のうち疾病によることが明らかなものも含める。

①**スクリーニング検査では、正常者のうち、疾病あり（陽性）と判定された人数の割合を「偽陽性率」といい、有所見者でありながら疾病無し（陰性）と判定された人数の割合を「偽陰性率」という。**
②**労働衛生管理におけるスクリーニングレベルは低く設定されている。**
③**統計データは、有所見者の割合が増え（正常者を有所見者と判定する率（偽陽性率）が高くなり）、有所見者判定の的中率が低くなる。**

■統計

・**統計上使われる正規分布（ガウス分布）**　数値が左右対称に近い形で、中央の平均から左右にカーブを描く釣り鐘状の分布（ヒストグラム）となる。健康診断の管理データに活用する生体指標などがある。
・**正規分布上のデータのばらつき**　標準偏差（ばらつきの大きさの尺度）やデータの偏差を使った分散の値で**表される**が、この分散、標準偏差及び平均で分布状態を説明できる。
・**異なる集団の比較**　**平均値が等しく**ても分散が異なっていれば、異なった特徴を持った集団と評価できる。相関関係が認められても、因果関係がないこともある。
※**分散**：個々のデータと平均値の差を求め、値をそれぞれ2乗し、それらを合計したものをデータの個数で割ることで求める。

出題パターン

Q1 生体から得られたある指標が正規分布という型をとって分布する場合、そのバラツキの程度は、分散や標準偏差によって表される。

Q2 健康管理統計において、ある時点での検査における有所見者の割合を有所見率といい、一定期間に有所見が発生した者の割合を発生率という。

Q3 疾病休業日数率を表す次式中の（　）内に入れるAからCの語句又は数字の組合せとして、正しいものは（1）～（5）のうちどれか。

$$\text{疾病休業日数率} = \frac{A}{\text{在籍労働者の}B} \times C$$

	A	B	C
(1)	疾病休業延日数	延所定労働日数	100
(2)	疾病休業延日数	延所定労働日数	1,000
(3)	疾病休業件数	延所定労働日数	1,000
(4)	疾病休業延日数	延所定労働時間数	100
(5)	疾病休業件数	延所定労働時間数	1,000

A1＝○ 正規分布のバラツキの程度は、分散や標準偏差によって表される。

A2＝○ 有所見率は検査における有所見者の割合であり、発生率は一定期間に有所見が発生した者の割合である。

A3＝（1）疾病休業日数率は、疾病休業延日数を在籍労働者の延所定労働日数で割ったものである。

3章 12

労働衛生管理 ここを押さえる

●労働衛生管理の目的

労働衛生対策は、職業性疾病の発生を未然に防止するための管理であり、①作業環境管理、②作業管理、③健康管理がある。その目的は、作業者が有害因子により労働能力を失減させられることがないようにすることにある。

●労働衛生の３管理

①作業環境管理：作業環境中の有害物質（ガス・粉じん・有機溶剤等）の有害要因を除去・低減し、適正な作業環境を確保することである。有害物を取り扱う作業場では、作業環境測定の結果に基づいて必要な改善措置を実施、設備の改善や適切な整備（例として、局所排気装置・フード付近の気流の風速測定や建設工事作業での土石等の湿潤状態を保つための設備等）を行う。情報機器（VDT）作業では、照度や採光、騒音や換気等について措置を行うガイドラインがある。

②作業管理:作業に伴う有害なエネルギーや物質、身体的負荷等の影響の要因を除去、あるいは最小限に抑えることを目的としている。そのため作業手順・方法・密度・時間等を定め作業負荷の軽減、作業姿勢の適正化などを図る（有害業務では放射線業務従事者の被ばく線量の測定や管理区域の設定などがある）。また、保護具（防毒マスク・防じんマスク・保護手袋等）の適正な使用で作業者への影響を少なくする。情報機器（VDT）作業のガイドラインでは、作業時間や椅子等を含めた機器等の選定などがある。

③健康管理：健康診断や健康測定を通じて、労働者の健康状態を把握し、その結果に基づく適切な事後措置や保健指導（例として、産業医の意見を踏まえた配置転換や腰痛予防対策、情報機器（VDT）作業では、健康相談や職場体操等）を実施して労働者の健康の保持増進を図ることをいう。労務管理的な要素もある中で、健康指導を含めた生活全般にわたる幅広い内容である。

●労働衛生教育

３管理を効果的に進めるには、労働衛生管理体制の整備や労働衛生教育の実施が不可欠である。教育方法はOJT（職場内教育）を重視し、視聴覚教材の活用、マンツーマン指導を基本とする。

●労働衛生管理体制

労働衛生対策を円滑にかつ効果的に進めるためには、事業場における労働衛生管理体制を確立しなければならない。このため労働安全衛生法は、総括安全衛生管理者、衛生管理者、産業医等の選任及び衛生委員会の設置を事業者に義務づけている（ナビ参照）。

①労働衛生の3管理とは、**作業環境**管理、**作業**管理、**健康**管理である。
②作業管理の手順として作業分析、有害物対策、産業疲労対策があり、特に産業疲労対策部分の管理内容は、作業強度、作業密度、作業時間、等々広い範囲に及ぶ。

ナビゲーション

■労働衛生対策の体系

労働衛生対策の体系を図示すると次のようになる。

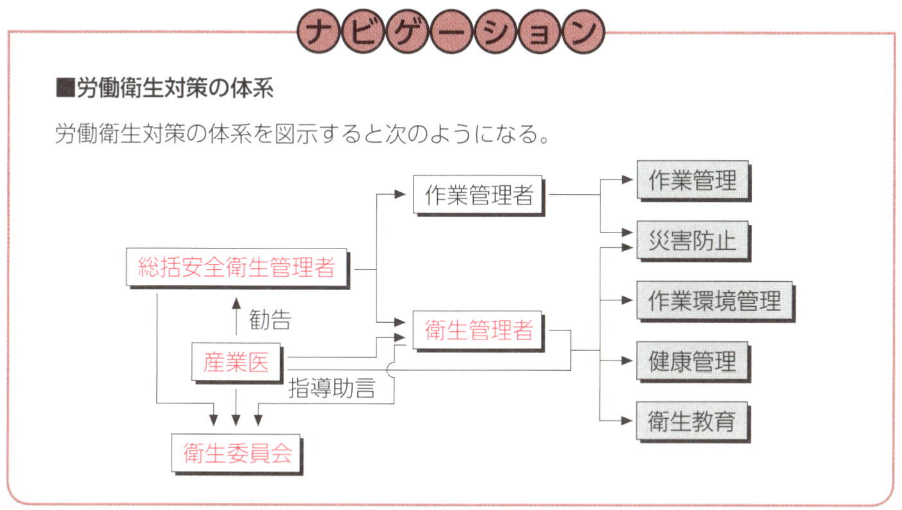

出題パターン

Q1 作業環境管理、作業管理、健康管理を効果的に進めるには、労働衛生管理体制の整備や労働衛生教育の実施が必要である。

Q2 健康管理では、身体の健康に関するもののほか、ストレス等に関連した心の健康の確保対策が必要とされている。

Q3 作業環境管理の最終目標は、健康診断によって発見された健康障害の原因を究明し、職場の作業環境を改善することにある。

Q4 作業管理の進め方としては、適切な作業を行うための手順や方法を定め、それを、訓練等を通じて現場の労働者に徹底させることが必要である。

A1＝○ 教育方法にはOJTを重視する。

A2＝○ 健康管理は、健康診断や健康測定による健康状態の把握、健康障害要因の排除、健康の増進を図ることが目的であり、生活指導や精神性のストレス等に対するケアを実施する。

A3＝× 作業環境管理の目的は、作業環境中の有害要因を除去、低減し、労働者に適正な作業環境を確保することにあり、健康障害を未然に防ぐ予防型の管理である。健康診断結果を背景にするような事後処理的、対症療法的管理であってはならない。

A4＝○ 作業管理の手順として、まず作業分析により、現場の実態と問題点を把握する。問題点に対する改善策や手順を検討し、これを労働者に周知、徹底するため訓練等を実施することが有効であり必要である。

騒音 ここを押さえる

●騒音性難聴

安衛法上の騒音による健康障害は、作業環境測定を行うべき作業場における騒音性難聴を対象にしている（65条）。騒音性難聴とは、一定レベル以上の騒音の下で長時間働くことにより起こる聴力障害をいう。

この障害は、騒音にばく露される期間が長いほど難聴が進行し、内耳の蝸牛にある音を神経に伝達する有毛細胞の変性と脱落を伴い、治りにくい。

騒音性難聴は、通常の会話音より高い音から始まるため、初期には気づかないことが多い。進行すると、会話音まで聴力が低下し、社会生活に支障をきたすようになる。騒音下では、著しい精神疲労が生じ、自律神経系や内分泌系にも影響を与え、ストレス反応を起こすこともある。

●音の大小（デシベル dB）

人の聴覚は、音の大小と音の高低を感知して分類する。

音の大小は「音の圧力」によって決まる。単位をデシベル（dB）で表す。デシベルは騒音の相対的な大きさを評価できるようにした測定値である。

常時85dB 以上の騒音にばく露される労働者に対しては、配置前や6か月以内ごとに1回、定期に聴力検査主体の健康診断を行う必要がある（「騒音障害防止のためのガイドライン」）。

次表は騒音レベルと人の感じ方のおよその関係を示す。

デシベル	感じ方（実例）
130dB	耳の疼痛感（ジェット機の爆音）
100dB	耳を覆いたくなる（ガード下の電車通過音）
80dB	よほどの声をはり上げないと話ができない（高架鉄道の車内）
60dB	うるさい感じ（ざわつく事務所内）
30dB	静かで落ちついた感じ（静かな夜中）

●等価騒音レベル（ヘルツ Hz）

音の高低は周波数（音が振動する回数）で決まり、単位をヘルツ（Hz）で表す。等価騒音レベルは、単位時間当たりの騒音レベルを平均化した評価値で、変動する騒音に対する人間の生理・心理的反応とよく対応する。Hz 値が高いほど高い音として感じる。

会話音域の周波数500～2,000Hz より高い騒音性難聴による聴力低下は、4,000Hz 近くから始まる。聴力低下を示すオージオグラム（聴力検査の結果表）の図では、特徴的に C^5dip（シーファイブディップ）と呼ぶ谷間形状の落ち込みがみられる。

●A特性〔dB（A）〕

音圧レベルが同一でも周波数によって人に聞こえる音の大きさは異なる。この補正のために1,000 Hz を基準に周波数ごとに騒音の補正値を用いる。これをA特性といい、その単位は dB（A）で表される。

①音の大小は、dB（デシベル）、高低は Hz（ヘルツ）で表す。
②騒音性難聴は、4,000Hz を中心とした高音域の聴力損失が最初に現れる。

■重要キーワード

キーワード	概　要
Hz（ヘルツ）	・音の高さを表す。１秒間に１回振動する周波数の単位。高い音は振動回数が多い。日常会話音域は500～2,000Hz。
dB（デシベル）	・音の大きさ（うるささ）を表す。騒音（音圧）レベルを表す単位。日常会話音域は50dB（A）前後。
騒音性難聴	・騒音下で長時間就業することで起こる騒音障害。 ・騒音により内耳にある蝸牛の有毛細胞が侵される。 ・騒音は自律神経系や内分泌系にも影響し、ストレス反応を生じる。 ・初期の聴力低下は、通常会話より高い4,000Hz から始まる。
C^5dip（シーファイブディップ）	・聴力検査の結果表であるオージオグラムが描く4,000Hz の音の聴力低下を表す谷間形状の落ち込みをいう。

出題パターン

Q1 騒音性難聴は、通常の会話音より低い音の聴力喪失から始まる。

Q2 騒音は、自律神経系や内分泌系へも影響を与え、いわゆるストレス反応を起こすことがある。

Q3 騒音性難聴は、騒音職場から静かな職場に変わると、ほどなく回復する。

Q4 騒音性難聴の初期に認められる4,000Hz 付近の音から始まる聴力低下の型を C^5dip という。

A1＝× 騒音性難聴は、4,000Hz レベルの、通常会話の周波数より高い音を中心とした聴力喪失から始まる。

A2＝○ 聴力低下要因として、強い音、高い音、ばく露時間が長いことが挙げられる。これらの要因は、交感神経の緊張を高め、ストレス反応を生じさせ、呼吸循環機能などに影響を及ぼすことがある。

A3＝× 騒音性難聴は治りが悪く、回復を望めないケースが多い。静かな職場に変わってもすぐには回復しない。

A4＝○ C^5dip とは、騒音性難聴の初期に示す4,000Hz 付近の聴力低下を検査の結果を示した図の形状（谷間形状の落ち込み）をいう。

がん ここを押さえる

●がんの発生

がんが発生する原因は、化学物質、放射線、ウイルス、ホルモン、遺伝的要素、自然発生等様々である。日本人に限定すると、胃がんは減少しており、肺、乳腺、大腸、前立腺等の臓器がんが増加傾向にある。この現象は食事の質が変化してきていることと、労働環境を含めた生活環境の変化に起因しているものと考えられる。米国立がんセンターのデータでは、がんの約４％は職業上のばく露に関連していると推定され、日本の状況も同様であろうと推測される。これらの職業的ばく露とされる労働環境に起因するものについては、適切な衛生管理により予防することが可能である。

●主な職業性発がん物質等

化学的発がん物質	主ながんのタイプ
アスベスト	肺がん、中皮腫
砒素	肺がん、皮膚がん
ベンゼン	白血病
煤煙及び鉱物油	皮膚がん
染毛剤及び芳香族アミン	膀胱がん
ホルムアルデヒド	鼻腔がん、鼻咽頭がん
ニッケル	肺がん、副鼻腔がん
塩化ビニル	肝血管肉腫
塗料、非砒素系農薬、ディーゼル排ガス、人造鉱物繊維	肺がん
ベンジジン、オルトートルイジン	膀胱がん
クロム塩酸	肺がん、上気道部がん
たばこ	頭頸部がん、肺がん、食道がん、膀胱がん
アルコール	食道がん、口腔咽頭がん
コールタール	皮膚がん
石綿	肺がん、胸膜中皮腫

上表に示した発がん物質のほか、ガス発生炉から発生する**タールの高温分留物質の吸入による肺がんや、電離放射線による**白血病なども、適切な労働衛生管理により、その多くを予防することが可能である。

①左ページ表の太字部分は、記憶しておきたい。
②発がん物質などが細胞の遺伝子を傷つけ、異常な遺伝子を持った細胞が発生する。この細胞が分裂、増殖し、組織内で固まりになったものが腫瘍（がん）である。

■がんの種類

	分　類	がんの発生する部位	特　徴
がん腫 消化管、呼吸器粘膜、肝臓などの臓器を作る上皮細胞に発生する	扁平上皮がん	皮膚、食道、喉頭、口腔、上顎、肺、膣、陰茎、陰嚢、外陰、子宮頸部	リンパ腺、血管経由で他の臓器に転移しやすい
	腺がん	胃、腸、肝臓、腎臓、胆嚢、前立腺、甲状腺、乳房、卵巣、子宮体部、肺	内臓に発生するがん
	未分化がん	すべての臓器に発生	扁平上皮がんか腺上皮がんか不明で、発生部位も特定できない
肉腫 上皮細胞以外の細胞に発生する	肉腫	骨、筋肉、線維細胞（神経細胞）など	胃や腸などの筋細胞に発生するがんや、一部の脳腫瘍も肉腫に含まれる
	悪性リンパ腫	リンパ節、脾臓、扁桃	血液の悪性腫瘍とも呼ばれる
	白血病	骨髄	
	多発性骨髄腫	骨髄	

出題パターン

Q1 石綿粉じんは、膀胱がんを起こすおそれがある。
Q2 ベンジジンなど染料中間体には、膀胱がんを起こすおそれのあるものがある。
Q3 ガス発生炉から発生するタールの高温分留物質は、吸入されて肺がんを起こすことがある。
Q4 電離放射線のように骨髄を侵すものは、白血病を起こすおそれがある。

A1＝× 石綿（アスベスト）粉じんの発がん性は、肺がんや中皮腫を発症させるのが特徴である。
A2＝○ ベンジジンは、β-ナフチルアミンなどとともに膀胱がんの原因になりやすい。
A3＝○ 発がん物質の一つである。
A4＝○ 電離放射線は、数年の潜伏期間を経て（晩発障害）、白内障や白血病などを発症させやすい。

有害　職業性疾病3

重金属・刺激性物質等 ここを押さえる

●重金属とは

比重が4～5以上の金属。人体には鉄、亜鉛、コバルト、銅、マンガンなどの重金属が微量ながら存在し、健康維持に不可欠な必須元素であるが、必須元素以外のカドミウム、水銀などの重金属は、極微量でも人体に多大な害を与える。

●重金属中毒の特徴

・排泄が遅く、特定組織に蓄積しやすい。
・同じ金属であっても無機、有機の化合物によって代謝や毒性が異なる。

●主な重金属中毒

重金属名	ばく露機会など	症　状
鉛	蓄電池の製造や陶磁器の絵付け作業など	造血組織の代謝障害、**神経障害**、**貧血**、橈(とう)骨神経麻痺による**下垂手**（末梢神経炎）、**腹痛**（**鉛疝(せん)痛**と呼ばれる）
有機水銀	メチル水銀は血液脳関門を通過しやすく、フェニール水銀は消化管からの吸収が特に速い	**中枢神経系**に沈着し、**小脳運動失調症**などを起こす。**手指**の震え、感情障害
カドミウム	標的臓器は**腎臓**であり尿細管上皮細胞に蓄積	**急性中毒では上気道炎、肺炎。慢性中毒では蛋白尿、肺気腫、腎障害、骨軟化症**
砒素	酵素反応を阻害、農薬や殺鼠剤の原料となるほか、半導体の製造にも使用	急性中毒では消化管出血、壊死、毛細血管障害 慢性中毒では皮膚への色素沈着、肝障害、**皮膚角化症**、**多発神経炎**、**鼻中隔穿孔**、肺がん、ボーエン病
金属熱	金属**ヒューム**（注）の**吸入**	吸入されたヒュームが肺組織の蛋白を変性させ、変性蛋白に対する**アレルギー反応により発熱**する、白血球の増加
マンガン	**大脳基底核**の淡蒼球、被殻、尾状核に変性	**筋のこわばり**、**震え**、**歩行困難**、**パーキンソニズム**、神経痛

（注）ヒューム：気体（金属蒸気など）が空気中で凝固し、固体の微粒子となって空気中に浮遊しているもの。粒径：0.1～1μm（マイクロメートル）。

①左ページ表内の太字部分は記憶する。
②左ページマンガンの標的臓器は脳であり、震えなどのパーキンソン病に似た神経症状が出る。

■刺激性物質による身体への影響

①接触により身体の表面に炎症を起こす（アンモニア、弗化水素、ハロゲン類、アルカリ性粉じん、ホスゲン、三塩化砒素、等）。

②吸入により呼吸循環機能に変化をもたらす（二酸化硫黄、酢酸、硫酸、ホルムアルデヒド、蟻酸、ハロゲン類、等）。

③吸収により全身倦怠感のほか、過度の被ばくで肺浮腫や出血、細胞壊死を招く（硫化水素、芳香族炭化水素類）。

④長時間被ばくにより、粘液分泌の増加、慢性気管支炎などが引き起こされる。

出題パターン

Q1 マンガン中毒では、指の骨の溶解や肝臓の血管肉腫が注目されている。

Q2 鉛中毒による症状には、貧血、末梢神経障害、腹部の疝痛などがある。

Q3 水銀中毒で顕著にみられる症状には、貧血や鼻中隔穿孔がある。

Q4 金属水銀の蒸気は、吸入されて肝がんを起こすことがある。

Q5 熱射病とは、高温環境下で発生する障害を総称した疾病で、金属熱はその一つである。

A1＝× マンガンの標的臓器は脳である。

A2＝○ 鉛による急性の中毒は少なく、鉛の粉じんやヒュームを長期間吸入することにより、中毒を起こす。貧血、末梢神経障害、腹部疝痛などがある。

A3＝× 水銀中毒の顕著な症状は、腹痛や手の震えである。鼻中隔穿孔がみられるのはクロムや砒素による障害である。

A4＝× 金属水銀による中毒は、脳中枢に影響し、感情面などの精神障害や、手指の震えを引き起こす。

A5＝× 金属熱は熱射病ではない。蛋白に対するアレルギー反応により発熱する。主に亜鉛や銅のヒュームが空気中で酸化されてできた酸化亜鉛などを吸い込んで、数時間後に悪寒、発熱、関節痛などの症状が現れるのが金属熱である。多少の疲労感は残るが、発熱後、数時間で解熱し回復する。

3章 16

有害　職業性疾病4

ガス中毒 ここを押さえる

●ガス中毒の危険

産業界で使われている化学薬品は何万種類もあり、労働環境においては、時には非常に危険な有害物質の中で作業が行われていることもある。高濃度のガスの吸入による急性中毒や、低濃度のガスを長期にわたり吸入する危険もある。また、微量でも著しく有害なものや、自覚症状のないうちに徐々に体をむしばむものなどもある。緊急時を始め、環境衛生管理や環境汚染の発生源対策の第一歩は、ガスなどの有害物質の特定と濃度の正確な情報を得ることである。

●主なガス中毒

ガス名	ばく露機会、病理等	症　状
一酸化炭素	ヘモグロビンと酸素との結びつきを妨げる窒息性ガス。酸素欠乏状態を起こす。中枢神経系に障害を生じ、神経細胞の変性及び脳浮腫をきたす	重症では、昏睡状態で顔色がピンク色になる 急性中毒では組織の酸素不足による**頭痛**、**嘔吐**、静脈血も鮮紅色を呈する 慢性中毒では運動能力の低下、知覚能力の低下、精神神経症状が起こる
シアン化水素 （青酸）	細胞**組織における**呼吸障害（酸素利用を阻害する）。皮膚**からも吸収される**	アーモンド様の口臭
二酸化窒素	大気中の窒素が高温部と接触して発生し、容易に水に溶けて亜硝酸となる。強酸化作用による脂質過酸化とフリーラジカル形成	酸による肺胞障害、遅発性肺水腫、ばく露から数時間ののちに呼吸困難を発症する。閉塞性細気管支炎
硫化水素	下水道でも自然発生する刺激性ガス。脳神経細胞障害。**強い腐乱臭**、**硫黄臭**を放つが嗅覚麻痺をきたすため、高濃度（500ppm 以上）でばく露されると気づかれない	意識消失、呼吸障害、過呼吸、**高濃度では**呼吸中枢**を破壊**して呼吸停止に至る
二酸化硫黄	容易に水に溶けて硫酸ミストとなり、**粘膜刺激**や歯牙腐食をきたす	気管支の反射的狭窄、肺胞を破壊して肺水腫を起こす。**慢性気管支炎**、口腔接触で歯牙酸蝕症

①刺激性物質に長い間ばく露していると、感覚が鈍ってくることはあっても、抵抗力が増すわけではない。感覚が鈍ると障害の自覚が薄れ、危険である。
②シアン化水素は、皮膚からも吸収される。

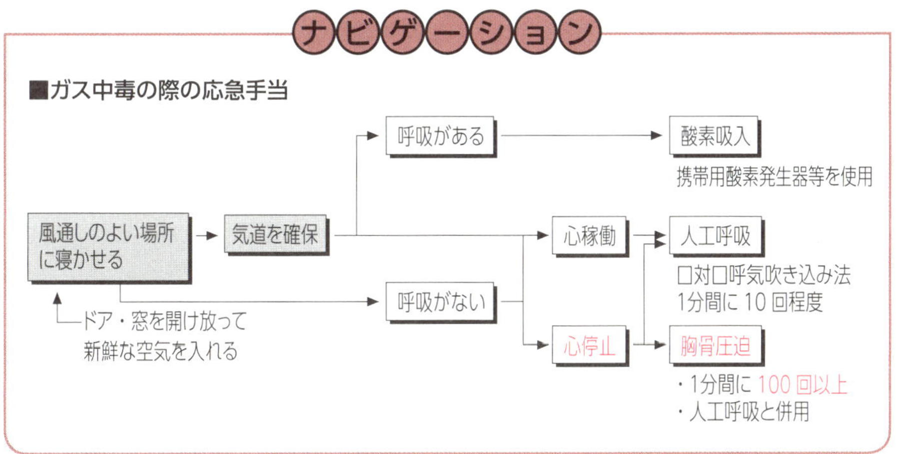

出題パターン

Q1 シアン化水素は、気道のみならず皮膚からも吸収され、細胞内の呼吸の障害を起こす。

Q2 一酸化炭素や硫化水素はそれ自体に有害性は無いが、空気中の酸素濃度を減少させ、酸素欠乏による障害を起こす。

Q3 硫化水素を吸入したり直接接触したりすると、組織を腐食させたり血液系統を侵すことがある。

A1＝○ 細胞内の呼吸障害は、シアン化水素（青酸）による特徴的な症状である。シアン化水素は皮膚からも吸収される。

A2＝× 一酸化炭素は、ヘモグロビンと結合して酸素欠乏を起こさせる窒息性ガスである。息切れ、頭痛、虚脱症などの症状がみられ、高濃度のばく露では生命の危険がある。硫化水素は、下水道や、硫黄鉱山、天然ガスなどの採掘現場などで発生する有害な刺激性ガスである。脳神経細胞が障害を受け、意識消失、呼吸障害が起こる。

A3＝× 硫化水素では、脳神経細胞が障害を受け、意識消失、呼吸障害が起こる。

3章 17

有害　職業性疾病5

有機溶剤 ここを押さえる

●有機溶剤とは

有機溶剤は、脂溶性（他の物質を溶解する性質）がある有機化合物質の総称で、常温で液体である。有害性が高く有機溶剤中毒予防規則の適用を受ける。

有機溶剤は、毒性の強い順に第1種～第3種に区分管理され、この区分に応じて次の色分け表示がされる。

第1種（赤）1,2－ジクロロエチレン、二硫化炭素及び特別有機溶剤

第2種（黄）アセトン、クレゾールなど

第3種（青）ガソリン、石油ナフサなど

※特別有機溶剤：有機溶剤中、発ガン性が高く、特定化学物質として管理され、作業記録の作成、健診結果等の記録の長期保存（30年）、が必要である。クロロホルム等10種がその適用を受ける。

●共通する性質

共通する有害性は、皮膚、粘膜への刺激と中枢神経の麻酔作用である。

①脂溶性、揮発性、引火性。

②溶液の付着や高濃度蒸気に触れると皮膚、粘膜などへの刺激と炎症が起きる。

③それぞれ沸点に違いがあり、沸点の低い有機溶剤ほど蒸発速度が速く、気中濃度を高くする。

④皮膚や呼吸器から吸収されやすく、脂肪の多い脳などに入りやすく脳中枢に麻酔作用などの影響を与えやすい。

⑤低濃度慢性ばく露では頭痛、頭重、疲労感、倦怠感、めまい、イライラ感、吐き気、食欲不振などの自覚症状とともに末梢神経炎、肝機能障害、白血球減少のような特異な他覚症状が出現する。

●主な有機溶剤

有機溶剤	ばく露機会、病理等	症　状
トルエン	シンナーや塗料の材料。中枢神経毒性があり、体内で代謝されると馬尿酸となる	中枢神経に抑制作用がある。頭痛、めまい、吐き気等。高濃度長期吸入ばく露では中枢神経系の機能障害、脳の萎縮、腎障害などが生じる
酢酸メチル	水に溶けやすく、合成樹脂製造に用いる	神経系の障害、視野狭窄、視力低下
二硫化炭素	再生繊維の製造や殺虫剤の原料	網膜細動脈瘤を伴う脳血管障害、精神障害、肝障害
ノルマルヘキサン	慢性毒性では末梢神経を侵す	多発性神経炎、肝機能障害

※シンナー：塗装や接着剤等の希釈液で、トルエンやキシレンなどが主成分。急性中毒ではめまい、意識障害、慢性中毒では造血機能低下、中枢神経系の変性がある。

①有機溶剤に共通する有害性は、皮膚、粘膜への刺激、皮膚や呼吸器から吸収されやすく、脂肪の多い脳に入りやすい。中枢神経の麻酔作用がある。
②ベンゼン、トリクロロエチレンは、発がん性があるため、法規では、特定化学物質に分類されている。

■有機溶剤の特性等

キーワード	特性等の概要
物理的性質 （揮発性・脂溶性・引火性等）	・常温では液体であるが、一般的に揮発性が高く、蒸気となって作業者の肺などの呼吸器を通じて、体内に吸収されやすい。 ・引火性があり、蒸気は空気より重い。 ・油脂に溶ける性質もあることから、皮膚からも吸収される。脂肪の多い脳などに入りやすく、中枢神経障害を起こす。 ・アセトン、メタノールなどで、水溶性と脂溶性をともに有する（両親媒性あり）ものもある。
生物学的モニタリング	・有機溶剤の特殊健康診断において、有害物質のばく露状況を尿中代謝物（トルエンは馬尿酸、キシレンはメチル馬尿酸、ノルマルヘキサンは2,5－ヘキサンジオンなど）の生体試料から測定する。有機溶剤の生物学的半減期は、鉛の場合における尿中デルタアミノレブリン酸の場合に比べ短い。よって、有機溶剤の健康診断では採尿・採血時期は厳重チェックが必要。

出題パターン

Q1 有機溶剤に共通する有害性として、皮膚・粘膜の刺激と中枢神経の麻酔作用がある。
Q2 刺激性物質に長い間ばく露していると、その物質に対する抵抗力が増大し、障害が起こりにくくなる。
Q3 多くの有機溶剤は、呼吸器のほか皮膚からも吸収される。
Q4 トルエンの生物学的モリタリング指標としての尿中代謝物は馬尿酸である。

A1＝○ 皮膚や呼吸器などから吸収されやすく脳神経に麻酔作用などの影響を与える。
A2＝× 刺激性物質に長い間ばく露していると、感覚が鈍ってくることはあっても、抵抗力が増すわけではない。感覚が鈍ると障害の自覚が薄れ、危険である。
A3＝○ 有機溶剤は、呼吸を通じて肺から吸収されるほか皮膚からも吸収される。
A4＝○ なお、トルエンは揮発性が高く、主に蒸気として肺から吸収される。

電離放射線 ここを押さえる

●電離放射線

電離放射線は、電磁波と粒子線に分けられる。電磁波にはエックス線、ガンマ線、粒子線には、アルファ線、ベーター線、中性子線、電子線などがある。

電磁波は、空間の電場と磁場の変化により形成される波である。いわゆる光や電波は電磁波の一種である。この波が1秒間に振動する数を周波数といい、その単位をHz（ヘルツ）で表す。電磁波が空間を伝わる速度は一定で、周波数が高いほど、1つの波の長さは短くなり、この波の長さを波長という。

●電離放射線による人体への影響

①電離放射線被ばくによる健康への影響は、身体的影響と遺伝的影響に区分される。

②放射線被ばくで、症状が現れるまでの時間により、急性障害（30日以内に障害が現れるもの）と晩発障害（数か月、数十年にわたる潜伏期間を経て出現するもの）に分けられる。

●確定的影響と確率的影響

人体への影響度合いにより、放射線量の被ばくのメカニズムを考慮して、「確定的影響」と「確率的影響」に区分する。

［確定的影響］

一定量以上の電離放射線を受けると**必ず影響が現れる**ものをいう。障害の発生と被ばく線量との間には「しきい値」が存在し、しきい値の一定量以上で被ばく線量に見舞われないと発生しない。

被ばく後は、臓器や組織細胞が多数死滅したり変形する。骨髄や中枢神経等の障害以外で、造血器障害（白血球減少等）、消化器障害（胃腸管、粘膜障害）、生殖器障害（不妊等）、皮膚障害（脱毛等）等多くの急性障害がみられる。晩発障害の白内障も確定的影響に含まれる。

［確率的影響］

一定量の電離放射線を受けたとしても、必ずしも影響が現れるわけではない。

しきい値がないとされ、被ばく線量に比例して受ける**放射線量が多いほどリスクが増加**すると考えられる。発がんや遺伝的影響等の障害がある。

※**しきい値**：反応や変化が起こる境目・境界線。生体に影響がみられる最低の放射能レベル。

●非電離放射線の健康障害

紫外線、可視光線、赤外線など電離放射線とは区別していう。波長は最短の紫外線から順に以下のようになる。

（短）紫外線－可視光線－赤外線－マイクロ波（長）

非電離放射線の人体への影響の主なものとしては、**紫外線**（**電光性眼炎**、皮膚がん）、赤外線（皮膚火傷）、**マイクロ波**（**組織壊死**）などの症状がある。

※**レーザー光線**：金属加工等で使用される人工光線で、単一波長で強い指向性があり、眼に入ると網膜を損傷する。

①電離放射線障害の人体への影響には、**身体的影響**と**遺伝的影響**がある。
②放射線障害の影響度合いにより、しきい値の一定以上で出現する造血器等急性障害の「**確定的影響**」と、しきい値がない発がんや遺伝的影響等の「**確率的影響**」に分けられる。

■放射線障害の人体への影響

影響区分	出現区分	主な症状	被ばく量区分
身体的影響	急性障害	造血器障害（白血球減少等）	確定的影響（しきい値以上）
		急性放射線障害（消化器等）	
		生殖器障害（不妊）	
		皮膚障害（脱毛・皮膚紅斑）	
	晩発障害	白内障・緑内障	
		白血病・がん	確率的影響（しきい値なし）
遺伝的影響		寿命短縮	
		突然変異・染色体異常	

出題パターン

Q1 電離放射線の被ばくによる影響には、身体的影響と遺伝的影響がある。
Q2 電離放射線の被ばくによる身体的影響のうち、白内障は晩発障害に分類される。
Q3 電離放射線の被ばくによる発がんによる遺伝的影響は、確定的影響に分類される。
Q4 電離放射線の被ばく後、数週間程度までに現れる造血器系障害は、急性障害に分類される。
Q5 造血器、生殖器、腸粘膜、皮膚などに頻繁に細胞分裂している組織・臓器は、電離放射線の影響を受けやすい。

A1＝○ 電離放射線の被ばく影響には、身体的影響と遺伝的影響の2つがある。
A2＝○ 白内障は、晩発障害である。
A3＝× 電離放射線の健康障害には、しきい値以上の値で発生する確定的影響と、しきい値以下でも発生する確率的影響があり、発がんと遺伝的障害は、確率的影響に属する。
A4＝○ 造血器系の臓器・組織（骨髄やリンパ組織等）は、急性障害に区分される。
A5＝○ 生殖腺、皮膚などのように、細胞分裂や増殖が盛んな組織や臓器ほど放射線に対する影響を受けやすく、放射線に対する感受性も大きい。

職業性疾病　その他 ここを押さえる

●凍傷

長時間寒冷にさらされて起こる局所性の寒冷障害。組織の凍結は－4～－10℃以下で発生するが、循環障害は氷点下でなくても発生する。凍結により血液中の水分が失われ血栓ができる。これによる血行障害が大きなダメージになる。凍傷にかかりやすいのは手、足、鼻、耳である。凍傷にかかった部位を温めると、ヒリヒリする痛みを感じ、震え、不明瞭言語、記憶喪失を生じることがある。

●低体温症

体内の熱産生が間に合わないほど外気温が下がると体温が下がり始め、体温が27℃以下になると仮死状態となり、20℃を下回ると凍死に至る。

●凍瘡

しもやけのこと。日常生活内での軽度の寒冷（0℃以上）と湿度により発生する皮膚障害。

●熱中症

(p.184参照)

●減圧症（ベンズ）

潜水業務における減圧症は、浮上による減圧に伴い、過飽和状態の血液中の窒素が気泡化して起こる。痛みやしびれ、皮膚の痒み、呼吸障害などが出る。

●振動障害

①全身振動障害：交通、工場、建設などの振動が原因になり、睡眠障害や不快感から、胃腸障害、内臓下垂、脊柱の異常などが起こる。

②局所振動障害：チェーンソー、削岩機、エアハンマーなどの振動器具からの振動を長時間受けることが原因で、手指血管のけいれん発作が起こり、発作的に手指が白くなり、しびれ感、知覚の鈍麻や不快感を伴う。この症状は特に寒冷になると強くなる。このような現象を職業性レイノー現象（注）と呼び、進行すると末梢神経障害や骨関節障害をきたす。

（注）レイノー現象（白指発作、白ロウ病）：手足の血行が悪くなって、皮膚の色が蒼白又は紫色（チアノーゼ）になり、痛み、冷感、しびれ感を自覚する。

●木材粉じんによるアレルギーなど

木材の含有成分により、アレルギー症状などの障害を起こす可能性があるものが約80種知られている。

皮膚炎を起こすウルシ類のほか、スギ、ヒノキ類、マメ科の木材などには、皮膚炎や喘息、気管支炎などの呼吸器障害を起こさせる成分を含有しているものも多い。

これらの加工の際に出る粉じんにばく露され、アレルギー症状等が発現する。加工時には防じんマスク、手袋等により、防護策を取らなければいけない。

減圧症は、潜降中には発生しない。減圧速度が速すぎるために起こるほか、血中窒素濃度が下がりきらないうちに、1気圧より低い環境（航空機搭乗など）に置かれることにより発生する。

■粉じん（ヒュームを含む）による健康障害

- **じん肺**は、粉じん吸入により発生する肺の**線維増殖性病変**（間質性肺炎、けい肺等）で、進行すると**病変は治らず**、さらに進行する。**肺結核**、**気管支炎**や肺がん、悪性中皮腫など合併しやすい。
- **じん肺の原因物質**は、土ぼこりや金属・鉱物粉じんなどで、主なものに**石綿**、**遊離けい酸**、セメント、石炭、酸化鉄、アルミニウム等の他、**炭素**を含む粉じんでも起こる。
- **けい肺**は、何年間も鉱物性粉じんの**遊離けい酸**（シリカ：石英）を吸入した鉱山労働者や鋳物工等に発症リスクが高く、慢性的な**線維増殖性病変**から、**呼吸困難**などの症状が出現する。
- 金属ヒュームのばく露には、建設業・造船業などの**酸化鉄ヒューム**による**溶接工肺**、金箔製造業のアルミニウム研磨粉じん吸入による**アルミニウム肺**などがある。

出題パターン

Q1 凍傷とは、0℃以下の寒冷による組織の凍結壊死をいう。

Q2 潜水業務における減圧症は、浮上中より潜降中に発生しやすい。

Q3 じん肺は、粉じんを吸入することによって肺に生じた炎症性病変を主体とする疾病で、けい肺、間質性肺炎などがある。

Q4 振動障害の特徴的な症状の一つであるレイノー現象（白指発作）は、冬季に発生しやすい。

A1＝○ 厳密には－4℃以下から組織の凍結が起こり始めるが、一般的には、0℃以下の寒冷により、体細胞組織が凍結壊死を起こした症状が凍傷である。

A2＝× 減圧症（ベンズ）は、過飽和状態の血中の窒素が周囲圧の減少により、気泡化するために起こる。すなわち浮上速度が速すぎるなど、減圧速度が速すぎるために起こるのであり、潜降中には発生しない。浮上途中を含め、エグジット（水面から上がる）から1時間以内に発症するケースが多い。

A3＝× 炎症性病変ではなく線維増殖性病変である。

A4＝○ レイノー現象（白指発作、白ロウ病）は、手指の間歇的な蒼白が起きる。寒冷によって、しびれ、疼痛が増大する。削岩機やチェーンソーを使用する労働者にみられ、症状が進行すると回復は難しくなる。

3章 20

骨折・脱臼 ここを押さえる

●骨折の救急処置

骨折のときは、ほとんどの場合、損傷箇所の激しい痛みがあるほか、腫れて形が変わったり、骨折端が触れることもある。

①傷があるときは、まず傷の手当をし、必要があれば止血する。骨が出ているときは、そのまま固定する。傷口を洗ったり、骨を戻したりしない。

②極力、骨折部分を安静にし、付近の関節も動かさないようにする。

③骨折部分を上下の関節が動かないように副子（ふくし）（あて木）で固定する。

④副子が使えないような部位であれば、枕、砂袋、三角巾などで固定する。

⑤患部を冷やしつつ、かつ患部を高く保つ。

⑥身体全体は保温し、急いで病院に搬送する。

●副子を当てる際の注意

・丈夫で上下の関節にまたがる十分な長さがあること。

・当てようとする四肢の一番幅の狭いところより少し広めのものがよい。

・ボール紙、新聞紙、週刊誌、板、つえ、傘なども利用できる。

・副子は直接当てず、手ぬぐいや布等の柔らかい物の上から当てるようにし、血行障害を起こさないように注意する。

●症状の種類

①単純骨折：皮膚下で骨が折れ、又はヒビが入った程度で皮膚損傷がないもの。

②複雑骨折：開放性骨折ともいい、皮膚や皮下組織が損傷し、骨の折端が外に出ているもの。骨が多数の骨片に破砕されただけでは、複雑骨折とはいわない。

③不完全骨折：単純骨折の一つで、骨は折れておらず、ヒビが入った程度の状態のもの。

④完全骨折：完全に折れているもの。骨折端どうしが擦れ合うあつれき音や変形などが認められる。

・脊髄損傷が疑われる場合は、損傷部位の脊柱の動きを最小限にする。手足のしびれや麻痺などがみられたら、脊柱が動かないように硬い板の上に寝かせ、しっかり固定して搬送する。

●脱臼

関節を構成する骨同士がはずれた状態。肩関節が最も多い。時間が経つと戻りにくいことや、軟骨に栄養がいかなくなって後遺症の原因になるため、できるだけ速やかに元に戻す必要がある。無理に戻そうとせず、できるだけ楽な格好で医療機関に搬送する。

①**単純骨折は、皮膚下で骨が折れ、又はヒビが入った程度で皮膚損傷がないものをいう。**
②**複雑骨折は、開放性骨折ともいい、皮膚や皮下組織が損傷し、骨の折端が外に出ている骨折である。骨が多数の骨片に破砕されただけでは、複雑骨折とはいわない。**
③**副子は、丈夫で上下の関節にまたがる十分な長さがあること。**

■副子の当て方

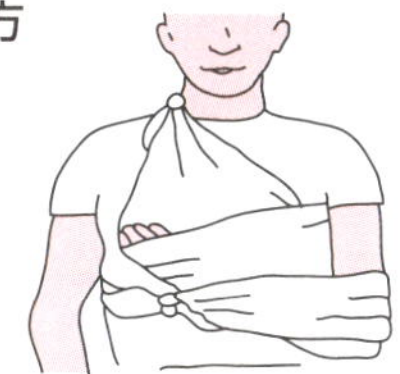
前腕の骨折

上腕の骨折

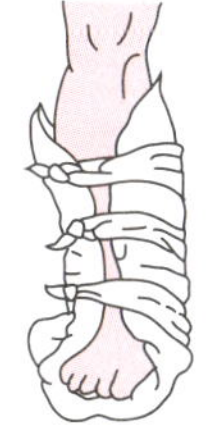
足の骨折

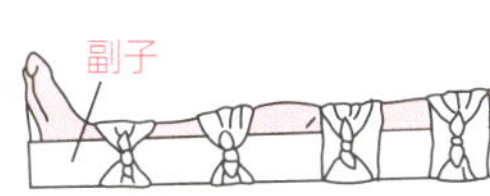

下腿の骨折

骨折部分を安静にし、付近の関節も固定する。

出題パターン

Q1 単純骨折では、損傷は皮膚まで及ばない。
Q2 複雑骨折とは、骨が多数の骨片に破砕された状態をいう。
Q3 不完全骨折とは、骨にヒビが入った状態をいう。
Q4 副子は、骨折した部位の両端にある２つの関節にまたがる長さのものを用いる。
Q5 創傷や出血があるときは、まず、その手当をしてから副子で固定する。

A1＝○ 単純骨折は、皮膚下で骨が折れ、又はヒビが入った程度で皮膚損傷がないものをいう。
A2＝× 複雑骨折は開放性骨折ともいい、皮膚や皮下組織が損傷し、骨の折端が外に出ている骨折である。骨が多数の骨片に破砕されただけでは、複雑骨折とはいわない。
A3＝○ 不完全骨折とは、単純骨折の一つで、骨は折れておらず、ヒビが入った程度の状態をいう。折れた場合を完全骨折という。
A4＝○ 設問文のとおり、上下の関節にまたがって固定する。
A5＝○ 出血があるときは、まず、止血処置を行い、副子で固定する。

3章 21

救急処置2

出血・止血 ここを押さえる

●出血の致死量

成人男子の血液量は体重の約８%、体重65kgの人で約5,000ccである。このうち20%が失われると、ショック状態（顔面蒼白、手足の冷感、冷汗）となり、30%が失われると生命の危険がある。

●出血の種類

①**動脈性出血**：鮮紅色の血液が、脈拍に一致して勢いよく噴出する。大きな血管では、瞬間的に多量の血液を失い失血死のおそれがある。緊急に応急手当を必要とする。

②**静脈性出血**：暗赤色の血液が持続して流出する。細い静脈からの出血は圧迫止血で容易に止血できる。

③**毛細血管性出血**：赤色の血がにじみ出る。出血量は少なく、普通は自然に止まる。

●止血法

止血の手当を行うときは、感染防止のため血液に直接触れないように注意し、ビニール・ゴム手袋を利用。なければ、ビニールの買い物袋などを利用する方法もある。

①**直接圧迫法**：外出血に対する止血法の基本である。きれいなガーゼやハンカチを傷口に当て、手で強く圧迫する。

②**間接圧迫法**：出血部位より心臓に近い部位の止血点（動脈）を手や指で圧迫する。

③**止血帯法**：切断などの場合と直接圧迫法で止血ができない場合、最終的な手段として止血帯法がある。動脈性出血でも、直接圧迫法や間接圧迫法で止血できる場合があるため、四肢の大きな動脈出血などの場合に行う。止血帯法は、幅３cm以上の止血帯で、傷口から５～10cmほど心臓寄りのところで締める。止血帯をかけた上は覆わずに、止血時間を書いておく。30分に１回は止血帯をゆるめ、血流の再開を図る。出血が続いていれば再び止血する。応急時の止血帯には三角巾、手ぬぐい、ネクタイなどを利用する。

●内出血

内出血は、応急対策では止血できない。四肢以外の頭部、胸部、腹部の内出血は極めて危険であり、緊急処置を必要とする。胸、腹部の内出血は、一般に出血量が多く、外出血に気をとられることなく、顔色や意識の状態に注意することが必要である。内出血が疑われる場合は、水を与えないこと、患部を冷やすことと安静が必要である。

●手当・処置の種類

①**応急手当**：救急隊員や医師、看護師などの医療従事者が到着するまでに、家族や友人、通行人などが行う手当。

②**救命手当**：一般市民の行う救急の手当のうち、心肺蘇生法と止血法のこと。

③**応急処置**：日本医師会等によると、救急救命士以外の救急隊員が行う救急の処置。

④**救急処置**：医師や看護師、救急救命士が緊急時に行う処置。

①止血法の基本は**直接圧迫法**であり、ほかに**間接圧迫法**、**止血帯法**がある。
②内出血は、**応急対策では止血できない**。四肢以外の**頭部**、**胸部**、**腹部**の内出血は**極めて危険**であり、緊急処置を必要とする。

ナビゲーション

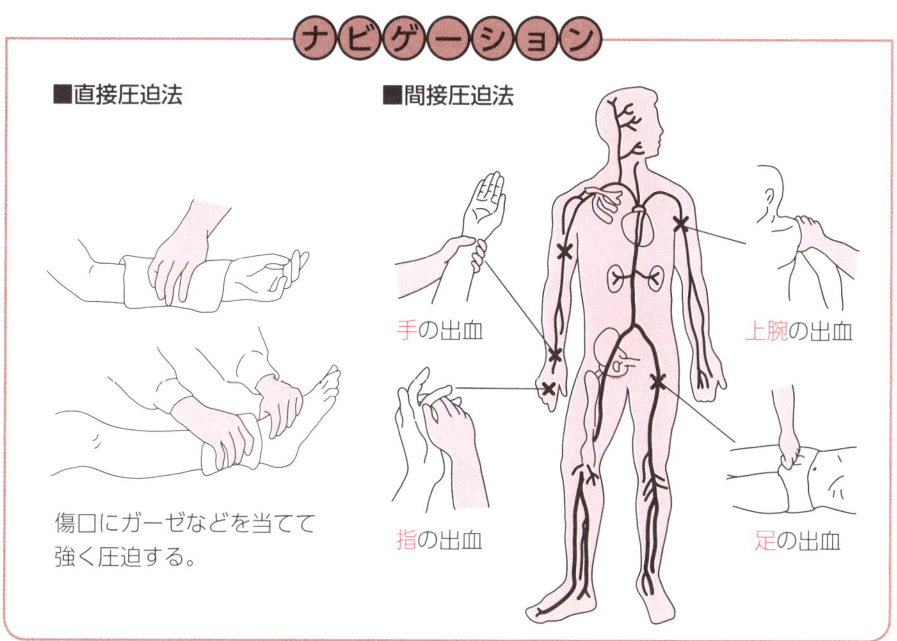

出題パターン

Q1 直接圧迫法は、出血部を直接圧迫する方法であって、最も簡単であり、極めて効果的である。

Q2 間接圧迫法は、出血部より心臓に近い部位の動脈を圧迫する方法である。

Q3 動脈からの出血の場合には、できるだけ止血帯によることが望ましい。

Q4 出血が体内か体外かで内出血と外出血とに分けられるが、応急対策で止血できるのは外出血である。

A1＝○ 直接圧迫法の説明である。

A2＝○ 間接圧迫法の説明である。

A3＝× 止血帯法は、四肢などが切断されて太い動脈が切れたときなどに実施する。通常、動脈出血の止血は直接圧迫法で行い、直接圧迫法で止血できないときは止血帯法を行う。

A4＝○ 内出血は、応急対策では止血できない。四肢以外の頭部、胸部、腹部の内出血は極めて危険である。とりあえずは水を与えないこと、患部を冷やすことと安静が大切であるが、医師の指示で速やかに病院に搬送する必要がある。

3章 22

救急処置3

一次救命処置 ここを押さえる

注）新型コロナウイルス感染症流行下では、心停止傷病者は感染の疑いがあるものとして対応する。以下は平時の解説である。

●心停止でない場合の対応

市民救助者が呼吸の有無を確認するときには、傷病者の胸と腹部の動きを見て判断する。確認には10秒以上かけない。

傷病者に正常な呼吸があっても反応がない場合、気道確保を行い、救急隊の到着を待つ。この間、傷病者の呼吸状態を継続観察する（呼吸が認められなくなった場合は、「心停止の場合の対応」の項へ）。

気道確保は、顎先を持ち上げ、頭を後ろに反らす頭部後屈顎先挙上法で行う。自発呼吸のある傷病者の回復体位については、「JRC 蘇生ガイドライン2015」では、ファーストエイドプロバイダーの訓練を受けた者が行うものとし、市民救助者からは省略された。

●心停止の場合の対応

（1）胸骨圧迫のみ行う心肺蘇生

傷病者に反応がなく、呼吸がないか死戦期呼吸（しゃくりあげるような不規則な呼吸）が認められる場合、あるいはその判断に自信がもてない場合は心停止と判断する。脈拍の確認は市民救助者に必要はない。

すべての救助者は、（傷病者の胸の横にひざまずき）直ちに胸骨圧迫から心肺蘇生（CPR：CardioPulmonary Resuscitation）を開始する。

訓練を受けていない市民救助者でも、傷病者が成人の場合、気道を確保し、直ちに、胸骨圧迫のみ行う。この場合、開始前に傷病者の鼻と口にハンカチやタオル等かぶせるようにする。

胸骨圧迫の部位は、胸骨の下半分とする。深さは胸が約5cm沈むように、6cmを超えない圧迫をする（小児の場合は胸の厚さの約1／3）。1分間当たり100～120回のテンポで圧迫する。圧迫解除時には完全に胸を元の位置に戻す。

救助者が複数いる場合、1～2分ごとを目安に胸骨圧迫の役割を交代する。

（2）人工呼吸を併用する心肺蘇生

傷病者が子供の場合、救助者が人工呼吸の訓練を受けており、それを行う技術と意思がある場合は、胸骨圧迫と人工呼吸を30：2の比で行う。2回の換気に伴う胸骨圧迫の中断は10秒未満、約1秒かけて送気する。1回換気量の目安は、傷病者の胸の上がりが確認できる程度とする。

口対口人工呼吸による感染の危険性は極めて低いが、可能であれば感染防護具の使用を考慮する。人工呼吸を行う場合も、気道確保は必要である。

成人の場合は、人工呼吸の技術や意思があっても、胸骨圧迫を続けるようにする。

● AED（自動体外式除細動器）到着後

AEDによる解析が開始されたら、音声メッセージに従い電気ショックを行う。電気ショック後は直ちに胸骨圧迫を再開し、救急隊に引き継ぐまで、又は傷病者に普段どおりの呼吸等が認められるまで続ける。

①救助者が行う心肺蘇生法は**胸骨圧迫30回**と**人工呼吸２回**の組み合わせを継続する。

②**普段どおりの呼吸がある**と認められたら、**顎先**を**持ち上げ**、**頭**を**後ろ**に**反ら**して**気道**を確保し呼吸を維持する。

ナビゲーション

■一次救命処置の処理手順（市民用）

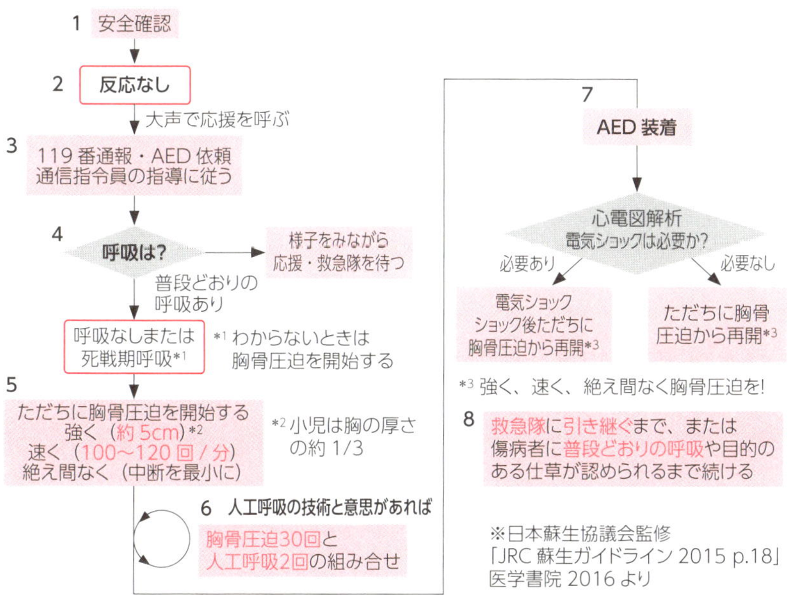

1 安全確認
↓
2 反応なし
↓ 大声で応援を呼ぶ
3 119番通報・AED依頼
通信指令員の指導に従う
↓
4 呼吸は？ → 様子をみながら応援・救急隊を待つ（普段どおりの呼吸あり）
↓
呼吸なしまたは死戦期呼吸*1
↓
5 ただちに胸骨圧迫を開始する
強く（約5cm）*2
速く（100～120回／分）
絶え間なく（中断を最小に）

6 人工呼吸の技術と意思があれば
胸骨圧迫30回と人工呼吸2回の組み合せ

7 AED装着
↓
心電図解析
電気ショックは必要か？
必要あり → 電気ショック
ショック後ただちに胸骨圧迫から再開*3
必要なし → ただちに胸骨圧迫から再開*3

8 救急隊に引き継ぐまで、または傷病者に普段どおりの呼吸や目的のある仕草が認められるまで続ける

*1 わからないときは胸骨圧迫を開始する

*2 小児は胸の厚さの約1/3

*3 強く、速く、絶え間なく胸骨圧迫を!

※日本蘇生協議会監修「JRC蘇生ガイドライン2015 p.18」医学書院2016より

出題パターン

Q1 人工呼吸の１回の吹き込み量は、多いほど良い。

Q2 胸骨圧迫は胸と腹部の動きを確認して、反応も呼吸もなければ開始する。

Q3 １人で人工呼吸と胸骨圧迫を実施する場合には、人工呼吸２回に胸骨圧迫30回を繰り返す。

A1＝× 人工呼吸で１回に吹き込む空気量は、1秒くらいかけて胸が軽く膨らむ程度とする。

A2＝○ 10秒以内に胸と腹部の動きを確認、その反応がなければ心停止とみなし、直ちに胸骨圧迫を行う。

A3＝○ 傷病者に体動が見られるか、救急隊が来るまで行う。

食中毒 ここを押さえる

●食中毒の３大原因

①**細菌性食中毒**：微生物が食品中に混入して起こるもの（全体の70％以上）。

②**化学性食中毒**：メタノール、砒素、シアン化合物など。

③**自然毒**：フグ（テトロドトキシン）、毒キノコ、トリカブト、一部の貝など。

●食中毒の原因になる主な微生物

①**細菌性食中毒**

・感染型：サルモネラ菌、腸炎ビブリオ、赤痢菌、コレラ菌、大腸菌、カンピロバクター、ウェルシュ菌等。

・毒素型：黄色ブドウ球菌、ボツリヌス菌、バシラス・セレウス等。腸管出血性大腸菌（O-157やO-111など）は、飲食物を介した経口感染で、ベロ毒素（赤痢菌と類似の毒素）を出し、出血性の下痢を引き起こす。

②**ウイルス性食中毒**：食中毒の年間患者数の約半分はノロウイルス（SRSV）によるもので、11月から２月の冬季に発生することが多い。潜伏期間は、１～２日間である。手指や食品を介して経口感染し腸の中で増殖、嘔吐や下痢などを起こす。

●主な細菌性食中毒

細菌名	菌の特徴	原因食品	症状［潜伏時間］	予　防
サルモネラ菌	感染型 ネズミ、ハエ、ゴキブリ、ペット類も汚染源 熱に弱く、低温、乾燥に強い	肉、卵類及びその加工品 調理器具等から汚染された食品	下痢、腹痛、発熱、頭痛、嘔気、嘔吐［6～72時間］	食肉類の生食を避け、十分加熱 冷蔵庫内での２次汚染を防ぐ 検便の実施 手指の洗浄消毒
腸炎ビブリオ（病原性好塩菌）	感染型 好塩性を有し塩分２～５％でよく発育し真水に弱い	海産性の生鮮魚介類（すし、刺身）及びその加工品 主に塩分のある２次的汚染食品	下痢、腹痛、嘔気、嘔吐、発熱［8～24時間］	漁獲から消費まで一貫低温管理 ２次汚染防止 加熱処理 魚介類は調理前によく水洗い
黄色ブドウ球菌（毒素：エンテロトキシン）	毒素型 人や動物の化膿巣や鼻咽喉等に広く分布 熱、乾燥に強い	弁当など穀類の加工品、菓子類	短時間に嘔気、嘔吐、下痢、腹痛［30分～６時間］	化膿巣のある者の調理取扱いを禁止 手指の洗浄消毒の励行
ボツリヌス菌（毒素：ボツリヌストキシン）	毒素型（神経毒） 菌は熱に強いが毒素は100℃１～２分の加熱で失活する 致死率が高い	びん詰、缶詰、真空包装食品など	脱力感、けん怠感、めまい、嘔気、嘔吐、便秘、重篤な場合は各種神経障害［8～36時間］	新鮮な材料、洗浄、加熱 製造中、保存中にバター臭がする物は廃棄

①サルモネラ菌による食中毒は感染型である。糞便により汚染された食肉、鶏卵等が原因となる。
②ブドウ球菌は熱、乾燥に強い毒素であり、これによる食中毒は、毒素型である。
③ボツリヌス菌による毒素は神経毒である。
④腸炎ビブリオは病原性好塩菌ともいわれる。

■原因別食中毒

食中毒の種類		感染経路・感染原因	原因菌等
細菌性食中毒	感染型	食品付着細菌が腸管内で増殖	腸炎ビブリオ、サルモネラ菌、病原性大腸菌、ウェルシュ菌、カンピロバクター
	毒素型	細菌が産生した毒素に汚染した食品	【食品内毒素型】黄色ブドウ球菌、ボツリヌス菌 【生体内毒素型】O-157、セレウス菌
ウイルス性食中毒		ウイルスが寄生した食品	ノロウイルス
自然毒食中毒	動物性	毒素を持った動物	フグ、毒化した貝類
	植物性	毒素を持った植物	毒キノコ、ジャガイモの芽、トリカブト
化学性食中毒		有毒化学物質が混入した食品	砒素、農薬、有害性金属

出題パターン

Q1 O-157は、感染型の腸管出血性大腸菌でベロ毒素を出す。

Q2 ノロウイルスは、発生時季は夏に多く、潜伏期間は1～2日間である。

Q3 ボツリヌス菌は毒素型で缶詰などの酸素の無い食品中で毒性の強い神経毒を産生する。致死率が高い。

Q4 腸炎ビブリオ菌による食中毒は毒素型である。

A1＝× O-157は、毒素型の腸管出血性大腸菌で腸の中で増殖する。

A2＝× ノロウイルスは、手指、食品などを介し感染する。冬季に集団食中毒として発生することが多い。潜伏期間は1～2日間である。

A3＝○ ボツリヌス菌は毒素型で汚染された食品によって感染する。

A4＝× 腸炎ビブリオは、代表的な感染型で、増殖した細菌そのものが食中毒の原因となり、毒素は産生しない。

3章 24

救急処置5

熱中症 ここを押さえる

熱中症は暑さの中でスポーツや労働をしているときに**熱けいれん、熱虚脱、熱射病**等を生じる障害の総称であり、生体各個の適応範囲を超えた高い温熱要素環境のほか、湿度や気流等により発症する。

●具体的症状

・**熱けいれん**：大量の汗をかくことで脱水を起こす。しかし水だけを補給していると、血液中の塩分濃度が低下し熱けいれんを起こす。（重症度Ⅰ）

・**熱虚脱**：持続的な**高温下で、気流が少なく、高湿度環境**で強度の身体活動を伴うと、**脳や心臓への**還流血液量**が**低下し、めまい、頭痛、失神、血圧低下、脈拍数増大、皮膚の青白などの症状が現れる。（重症度Ⅰ）

・**熱失神**：熱により皮膚血管の拡張が起こることによって血圧が低下し、脳に行く血液が減少し、めまいから失神となる。顔面が蒼白になり、脈拍は速くて弱い状態になる。（重症度Ⅰ）

・**熱疲労**：スポーツや労働の大量発汗により、水分**の補給不足**になり、循環血液量**が**減少し、各臓器に血液を十分に送ることができなくなる。血圧低下、脈拍数増大、皮膚の青白、皮膚温低下、発汗、頭痛、めまい、吐き気、全身のだるさ、脱力感、倦怠感、疲労感などの症状をきたす。（重症度Ⅱ）

・**熱射病**：**深部体温の上昇**（40℃を超える）により、**中枢機能が異常**になり、意識障害や呼吸困難を起こす。（重症度Ⅲ）

●熱中症の予防

①暑いときは無理な運動や労働を避ける。
②急な暑さに要注意。
③適度な水分、塩分の補給、応急対策には薄めたスポーツドリンクを冷やして用意しておくとよい。
④暑いときには軽装にする。
⑤疲労や睡眠不足、発熱時などの体調が悪いときには、無理をしない。

●熱中症の応急処置

涼しい場所に移して治療をすることが基本で、軽症の熱けいれん等では、スポーツドリンクや食塩水を飲用させることが有効である。熱射病は、体表の冷却により早急に体温を下げる処置を行う。首、脇の下、足の付け根の直接冷却が有効である。また、応急処置にとどまらず救急搬送が必要な場合もある。

● WBGT 指数

高温職場の許容基準、スポーツ時の熱中症予防の指標として使用されている。

温熱環境を総合的に評価する指標がWBGTである。WBGTが高いほど危険率も高くなり、無理なスポーツ競技や重労働を続けてはならない。**乾球温度、自然換気状態での湿球温度、黒球温度**から算出する（p.138参照）。

①発汗により大量の塩分が失われたところに、水分だけを補給すると、血中の塩分濃度が低下して熱けいれんが起きる。
②熱虚脱が起きたときは、涼しい所に移し、頭部を低くした姿勢をとらせる。
③熱射病の応急処置は、体表の冷却により早急に体温を下げる処置を行う。首、脇の下、足の付け根の直接冷却が有効である。

■熱中症予防のための目安　　(単位；℃)

WBGT	湿球温度	乾球温度	注意レベル	応急手当等
31～	27～	35～	運動は原則中止	特別の場合以外は運動を中止する。特に子どもの場合には中止すべき。
28～	24～	31～	厳重警戒 (激しい運動は中止)	熱中症の危険性が高いので、激しい運動や持久走など体温が上昇しやすい運動は避ける。10分～20分おきに休憩をとり水分・塩分を補給する。暑さに弱い人※は運動を軽減または中止。
25～	21～	28～	警　戒 (積極的に休憩)	熱中症の危険が増すので、積極的に休憩をとり適宜、水分・塩分を補給する。激しい運動では、30分おきくらいに休憩をとる。
21～	18～	24～	注　意 (積極的に水分補給)	熱中症による死亡事故が発生する可能性がある。熱中症の兆候に注意するとともに、運動の合間に積極的に水分・塩分を補給する。
～21	～18	～24	ほぼ安全 (適宜水分補給)	通常は熱中症の危険は小さいが、適宜水分・塩分の補給は必要である。市民マラソンなどではこの条件でも熱中症が発生するので注意。

※暑さに弱い人：体力の弱い人、肥満の人や暑さに慣れていない人など。
出典：日本スポーツ協会「スポーツ活動中の熱中症予防ガイドブック」2019を一部改変。
◎熱中症警戒アラート：令和2年7月から一部地域で試行され、令和3年夏から実施が予定されている。

出題パターン

Q1 熱けいれんでは、涼しい所で安静にさせ、食塩と水をとらせるとよい。
Q2 熱虚脱では、めまい、血圧低下、失神などがみられる。
Q3 WBGT の値が基準値未満の場合は、熱中症の発生リスクが高まる。

A1＝○ 発汗により大量の塩分が失われたところに水分だけを補給すると、血中の塩分濃度が低下して熱けいれんが起きる。高温下の労働などでみられ、筋肉のけいれんが生じるが、体温の上昇はない。救急処置として塩分と水を与える。
A2＝○ 熱虚脱は、熱を身体の外へ逃がそうとして皮膚の血管が拡がるため、血液がそこに溜まり脳への血流量が少なくなる。このため、めまい、血圧低下、失神などが起きる。
A3＝× WBGT 基準値未満であるから、熱中症の発生リスクは低い。

熱傷(やけど) ここを押さえる

労働災害の熱傷で多いのは、化学薬品、高圧電流、放射線などが原因のものである。

熱傷の対処には「まず冷やす」こと。さらに重度の場合、冷やすことに時間をかけず、できるだけ早く医師の処置を受けることである。

●熱傷（深さ）の分類と症状

熱傷の深さ（皮膚の状態）により、症状が3段階に分けられる（ナビ参照）。

[Ⅰ度]　表皮のみで、皮膚がひりひりして赤くなる。

[Ⅱ度]　真皮まで達し、水疱（水ぶくれ）ができる。真皮の浅い部分でできる赤い水疱と深い部分まで白くなるものがある。

[Ⅲ度]　皮膚の全層に達するもので、炭化又は壊死して白色になる。感覚がなくなり痛みを感じない。後遺症が残る場合もある。

●重症度の分類

熱傷の程度は、熱傷の深さとⅡ度・Ⅲ度の体表面積の広さから判断される。

[軽　症]　特殊な範囲を含まない、Ⅱ度15%未満、又はⅢ度2%未満の範囲。

[中等症]　特殊部位（顔・手・生殖器等）を含まない、Ⅱ度15～30%、又はⅢ度2～10%。

[重　症]　Ⅱ度30%以上、又はⅢ度10%以上。特殊部位のやけど、気道熱傷、化学薬品や電気によるものがある。

※気道熱傷：火災や爆発事故で高温の煙・水蒸気などを吸入して起こる呼吸器系障害。

◆熱傷の広さ

やけどの面積を概算する方法に、傷病者の手のひら大を体表面積の1%として調べる手掌法、頭部・上肢を9%として計算する9の法則などがある。

●対処の主要ポイント

傷病者の症状は、やけどの部分が「赤い（Ⅰ度）」のか、「水疱の状態（Ⅱ度）」か、「白色化（Ⅲ度）」かで状態を判断する。

（1）Ⅰ度の場合

・冷水で15分以上、痛みがなくなるまでまず冷やす。

・着衣からの熱傷の場合は、衣類は脱がさず衣類ごと冷やす。

・熱傷範囲が広い場合、又は子供や高齢者は低体温症のおそれがあるため冷やし過ぎに注意する。

（2）Ⅱ度の場合

・水疱を破らず冷やす。熱傷部分には軟膏など薬品は塗ってはならない。

（3）Ⅲ度の場合

・広範囲の場合はシーツ等で、狭い範囲の場合はガーゼやタオル等で包む。

（4）化学薬品等の場合

・衣服や靴などを早く取り除く。体についた薬品を冷水等で20分以上洗い流す。

①傷病者の症状は、やけどの部分が「赤い（Ⅰ度）」のか、「水疱の状態（Ⅱ度）」か、「白色化（Ⅲ度）」かで状態を判断する。
②着衣からの熱傷の場合は、衣類は脱がさず衣類ごと冷やす。熱傷範囲が広い場合、又は子供や高齢者は低体温症のおそれがあるため冷やし過ぎに注意する。
③熱傷がⅡ度の場合、水疱を破らず冷やす。熱傷部分には軟膏など薬品は塗ってはならない。

■熱傷深度による分類と症状

熱傷深度	症状	治療期間
Ⅰ度（表皮）	発赤、紅斑、疼痛	3～4日
Ⅱ度（真皮浅部）	水疱、灼熱感、知覚鈍麻	1～2週間
Ⅱ度（真皮深部）	水疱、灼熱感、知覚鈍麻	4～5週間
Ⅲ度（全層）	血管・神経破壊、蒼白、炭化	1か月以上

※**低温熱傷**：カイロや湯たんぽ等の低温熱源で長時間の直接接触により発生する熱傷

出題パターン

Q1 熱傷は、Ⅰ～Ⅲ度に分類され、Ⅰ度は水疱ができる程度のもので、強い痛みと灼熱感を伴う。

Q2 化学薬品がかかった場合は、直ちに中和剤により中和した後、水で洗浄する。

Q3 高温のアスファルトやタールが皮膚に付着した場合は、水をかけて冷やしたりせず、早急に皮膚から取り除く。

A1＝× 熱傷深度はⅠ～Ⅲ度に分類される。水疱ができる熱傷はⅡ度である。

A2＝× 化学薬品がかかった場合でも、まず水などで十分に冷やすことが必要である。

A3＝× 高温のアスファルトやタールが皮膚に付着した場合、熱傷の救急処置として大切なことは、水などでできるだけ早く十分に冷やすことである。

有害　作業環境測定

呼吸用保護具 ここを押さえる

●呼吸用保護具の種類

(1) 呼吸用保護具にはマスク類を中心に6種類（p.97参照）が規定されている。

(2) 呼吸用保護具は、構造上「ろ過式」と「給気式」の2つに区分される。「ろ過式」は、酸素欠乏危険場所（酸素濃度18％未満）においては使用してはならないが、「給気式」は使用可能である。

(3)「ろ過式」呼吸用保護具は、登録型式検定機関の行う型式検定に合格し、合格標章のあるものを使用しなければならない。

●呼吸用保護具の使用

(1) 次の業務や作業場においては、健康障害の立場からそれぞれに適合した呼吸用保護具の使用が義務づけられている。①有機溶剤業務、②鉛業務、③四アルキル鉛業務、④特定化学物質を製造・取り扱う作業場、⑤石綿等を製造・取り扱う作業場、⑥坑内作業、鉱物裁断・研磨・吹付を行う作業場、⑦放射線漏洩等による汚染区域、⑧放射線除染等業務

(2) 防じんマスク

・防じんマスクは、粒子物質をフィルターを通過させ除去する仕組みである。

・通気抵抗は、防毒マスクに比べて小さい。

・使い捨て式防じんマスクは、付着した粉じんが再飛散しないように袋詰等して破棄する。

(3) 電動ファン付き呼吸用保護具

・空気中に浮遊する粉じん等の粒子物質をフィルターを通し除去し、清浄化した空気を電動ファンで給気する。

(4) 防毒マスク

・防毒マスクは、空気中の有害ガス・蒸気を吸収缶により除去する保護具。

・吸収缶は対象ガスの種類により色別標記がされている（ナビ参照）。

・吸収缶の破過（はか）時間は、比較的短く高濃度ガスに対しては短時間で失効しやすいので、吸収缶の交換は早目に行う。

・有毒ガスと粉じん等とが混在する場合は、防じん機能を有する防毒マスク（白線入吸収缶表示）を使用する。

・ガスの種類、濃度が不明の場合は送気マスクか自給式呼吸器を使用する。

(5) 送気マスク

・清浄空気をパイプやホースで給気する。ホースマスクは大気を、エアラインマスクは圧縮空気を空気源とする。

(6) 自給式呼吸器

・空気源をボンベに詰めた空気呼吸器と高圧酸素容器から酸素を送る酸素呼吸器がある。

①ろ過式の呼吸用保護具は、酸素欠乏危険場所（酸素濃度18％未満）では使用してはならない。
②防毒ガスの吸収缶は、対応可能なガスごとに色別された適切なものを使用する。
③高濃度の汚染の作業場等では防毒マスクは使用不適である。
④型式検定合格標章のある防じんマスクであれば、ヒュームのような微細な粒子には有効である。

■防毒マスク　吸収缶の種類と色別

吸収缶の区分	色	吸収缶の区分	色
ハロゲンガス用	灰／黒	アンモニア用	緑
酸性ガス用	灰	亜硫酸ガス用	黄赤（オレンジ）
有機ガス用	黒	シアン化水素用	青
一酸化炭素用	赤	硫化水素用	黄
一酸化炭素用／有機ガス用	赤／黒	臭化メチル用	茶

本表の他、ホルムアルデヒド、エチレンオキシド、メタノール、リン化水素用の場合の吸収缶の色別は共通してオリーブ色である。
※　防じん機能を有する防毒マスクにあっては、吸収缶のろ過材がある部分に白線を入れる。

出題パターン

Q1 防じんマスクは酸素濃度が18％未満の場所では、使用してはならない。
Q2 防毒マスクの吸収缶で一酸化炭素用は黒色で、有機ガス用は赤色である。
Q3 複数の有毒ガスが混在する場合は、そのうちで最も毒性の強いガス用防毒マスクを使用する。
Q4 高濃度の有毒ガスが存在する場合は、電動ファン付き呼吸用保護具を使用する。

A1＝○ 防じんマスクは、酸素濃度18％未満の酸素欠乏危険場所では使用してはならない。
A2＝× 一酸化炭素用は赤色、有機ガス用は黒色である。
A3＝× 複数の有毒ガスが混在する場合は、防毒マスクは使用してはならない。その場合は、送気マスクか自給式呼吸器を使用する。
A4＝× 高濃度の有毒ガスの場合は送気マスクか自給式呼吸器を使用する。電動ファン付き呼吸用保護具は、粒子状物質（粉じん）用の保護具である。

3章 27

有害　保護具

防音保護具・防熱衣等 ここを押さえる

●防音保護具の必要性

騒音は、人体に生理的、心理的影響を与えるばかりか、回復の見込めない騒音性の難聴を引き起こす。特に85dB以上の環境では環境改善の設備や防音保護具の着用が必要である。

●防音保護具が必要な作業

グラインダー作業、プレス作業、鋼材の溶断作業、薬液噴霧作業、チェーンソーによる木材切断作業、削岩機などの動力工具取扱作業など。

●防音保護具の種類

防音保護具の種類は、JISにより規定され耳栓と耳覆い（イヤーマフ）に分けられる。製品により遮音値がそれぞれ違うので、作業の性質や、騒音の周波数、大きさなどの性状に合わせ、選択される。また、非常に強烈な騒音に対しては両者の併用も有効である。

正しく着用すれば、フォーム形の耳栓でも110dB以上の騒音を遮音できる。

・平均遮音値：周波数125～8,000Hzの音域での遮音値を平均したもの。

●防音保護具の選定

例えば、現在120dBを85dBに低下させるには35dB遮音すればよく、35dB以上の遮音性能を持つ防音保護具が必要となる。

●保護クリーム

作業中に、有害な物質が直接皮膚に付着しないようにするため、保護クリームを使用する。作業に就く前に塗布し、作業終了後は完全に洗い落とすようにする。

●保護眼鏡

研磨、研削、粉砕、化学薬品取扱いの作業等では、飛散する粒子、薬品の飛沫などによる眼の障害を防ぐ目的で、保護眼鏡を使用する。保護眼鏡を選ぶときは、以下のこと等に注意する。

①JIS規格適合品であること
②軽量で長時間使用しても疲れないもの
③視界が広く保護範囲が広いもの

●遮光用保護具

溶接作業の場合は、アーク点火時及び周辺作業者からの直接光などにばく露することを防止するため、遮光眼鏡を常時使用するほか、アーク点火時には、顔、首部まで保護できる保護服を併用する。

●防熱衣

暑熱が著しい作業場では、アルミナイズドクロス製の防熱衣を着用する。防熱衣の材質に石綿や厚手の刺し子が用いられていたこともあったが、現在ではほとんど使用されていない。

●防熱面

防熱面は、顔を保護するもので、メッシュの金網製のもの、アルミナイズドクロス製で眼のところに遮光プレートを取り付けたもの等がある。

①防音保護具には、耳栓と耳覆い（イヤーマフ）がある。
②耳栓と耳覆いのどちらを選ぶかは、作業の性質や騒音の性状で決まるが、非常に強烈な騒音に対しては両者の併用が有効である。

■騒音の種類

音の大きさの目安	デシベル(dB)	音の大きさの目安	デシベル(dB)
飛行機のエンジンのそば。耳の疼痛感	130	電車の中、街の雑踏。よほどの声をはりあげないと、話ができない	80
ハンマー打ち船台作業	120	意識的に声を大きくして話す	70
熱鋸、ガスタービン削岩機など	110	うるさい感じだが、普通に会話できる	60
ボイラー工場、耳を覆いたくなる	100	ざわざわと、いつでも音が耳について落ち着かない	50
電車のそば。目前の人と話ができない	90	静かであるが、音からの解放感がない	40
85dB 以上の騒音には防音保護具の着用が必要	85	しーんとした感じ	20

出題パターン

Q1 防音保護具として耳栓と耳覆いのどちらを選ぶかは、作業の性質や騒音の性状で決めるが、非常に強烈な騒音に対しては両者の併用も有効である。

Q2 防熱衣としては、アルミナイズドクロス製のものが多く使用されている。

A1＝○ 非常に強烈な騒音には併用は有効となる。

A2＝○ 設問文のとおりである。かつては石綿製や、厚手の刺し子が使われていた。

3章 28

有害　その他1

汚染物質 ここを押さえる

●汚染物質の浄化方法（土壌、地下水等）

①**揚水曝気法**：汚染地下水を汲み上げ、空気を吹き込んで曝気（液中に酸素を供給）することによりTCE（トリクロロエチレン）やPCE（テトラクロロエチレン）を除去する方法。

②**真空抽出法**：揮発性の高い汚染物質の浄化に有効。汚染現場に井戸を掘り、揮発した汚染物質を真空ポンプなどで吸引し、回収したガスを活性炭などに吸着させる方法。現在最もポピュラーな土壌汚染浄化法。

③**活性炭による吸着**：排ガス、排水からの回収に最もよく使用されている方法。ただし、吸着した活性炭の適切な再生、廃棄処理が必要（加熱又は焼却時のダイオキシン類発生に留意）。

④**紫外線処理**：紫外線を照射し、そのエネルギーによりC－Cl（炭素－塩素）結合が開裂し、塩素ラジカルを生成させ、その後の連鎖反応により分解させる。

⑤**低温加熱処理**：掘削した土壌を汚染物質の沸点以上に加熱し、揮発分離して浄化する方法。回収した汚染物質は活性炭により吸着させる。浄化した土壌は元の場所に埋め戻すことができる。

⑥**エアースパーシング**：最近盛んに用いられている。地下水中に空気を吹き込み、汚染物質を気泡中に揮散させ、土壌ガスとともに抽出除去する方法。また、地下の溶存酸素を増やすため、生物分解を促進させる効果もある。

⑦**ガラス固化**：汚染土壌に電極を差し込み、電流を流すことでジュール熱を発生させ、この熱により土壌を溶融させる。土壌は一般にケイ素を含むため、溶解土壌を冷却すると黒曜石に似たガラス固化体が得られる。

⑧**触媒処理**：酸化物や白金族金属担持酸化物を触媒として、化学反応（酸化・還元反応）により分解除去する。

⑨**バイオレメディエーション**：TCEなどを分解できる微生物を使い処理する方法。

⑩**触媒シリカゲル**：焼却炉の排ガス浄化や、排水処理装置（有機溶剤、染料等）、下水道の硫化水素除去、研究所などの特殊廃棄薬品の無害化、環境ホルモン類の分解なども行われている。

●化学物質の体内への蓄積

化学物質を一定量継続的に吸収していくと、体内に蓄積される物質の濃度は徐々に上昇していく。しかし、ある時点で吸収量と排泄量が等しくなり、それ以上吸収し続けても体内の濃度は上昇しない状態になる。この平衡状態に達するまでの期間は、カドミウムのように何十年と長いものから通常の有機溶剤のように数時間という短いものまで様々である。

①空気中の粒子状物質には、ミスト、ダスト、ヒュームがある。
②ヒュームは、非常に小さな球状の物質で、粒径が1マイクロメートル（μm）以下である。

■空気中汚染物質

分　類		状態	性　状	物質例
ガス		気体	25℃、1気圧（常温、常圧）で気体のもの	塩素、硫化水素、アンモニア、一酸化炭素、塩化ビニル、二硫化硫黄
蒸気			常温、常圧で液体又は固体の物質が、揮発又は昇華し、気体となっているもの	塩化ビフェニル、ベンゾトリクロリド、アルキル鉛、硫酸ジメチル、アセトン
粒子状物質	ミスト	液体	液体の破砕によって生じた微細な粒子が空気中に浮遊しているもの。粒径：5～150μm	硝酸、硫酸、塩化ビフェニル、無水クロム酸（水溶液）
	粉じん（ダスト）	固体	固体に研磨、切削、粉砕などの機械的な作用が加わって生じた固体の微粒子が空気中に浮遊しているもの。粒径：0.5～150μm	アスベスト、二酸化マンガン、ジクロルベンジジン、アクリルアミド、オルト-トリジン
	ヒューム		気体（金属蒸気など）が空気中で凝固し、固体の微粒子となって空気中に浮遊しているもの。粒径：0.1～1μm	酸化亜鉛、酸化カドミウム、酸化ベリリウム

出題パターン

Q　無水クロム酸（水溶液）は通常、蒸気の状態で存在する。

A＝×　無水クロム酸（水溶液）は、通常、常温、常圧で液体として存在する。

3章 29

その他2

脳血管障害・虚血性心疾患 ここを押さえる

負傷によるもの以外の「脳血管障害及び虚血性心疾患等」は、従来、生活上の動脈硬化等による血管病変などの進行で発症するものとされてきた。

しかし近年は、労働者の業務の過重負荷、長期間にわたる疲労の蓄積が、その発症に有力な原因があると判断されるようになった。

●脳血管障害

脳血管障害は、脳の血管の病変が原因で以下に分けられる。

(1) 出血性病変：脳の血管が破れる

・脳出血：脳実質内に出血する。

・くも膜下出血：脳表面のくも膜下腔(くう)に出血する、急激で激しい頭痛が特徴。

(2) 虚血性病変：脳の血管が詰まる

・脳梗塞

①脳血栓症：コレステロールが溜まり、脳血管自体の動脈硬化を起こす病変。症状の現れ方が比較的ゆるやかなため、大きな発作の前に治療できるケースが多い。

②脳塞栓症：不整脈で心臓や動脈壁の血栓などが剥がれ、血流で運ばれ脳血管を閉塞、血流を止める。発作は突然起きる。

脳梗塞や脳出血では、頭痛、吐き気、手足のしびれ、麻痺、言語障害、視覚障害などの症状が認められる。

(3) その他（高血圧性脳症等）

脳血管障害は、高血圧、不整脈、糖尿病（高血糖）、脂質異常症など危険因子を減らす日常生活の改善が必要である。

※脳卒中：脳血管発作により何らかの脳障害を起こしたもの。脳血管障害の総称である。

●虚血性心疾患

虚血性心疾患は、冠動脈による心筋への血液が、酸素供給不足や酸欠（虚血）状態になることで起こり、以下に大別される。疾患発症の危険因子としては、高血圧、喫煙、脂質異常症などがある。

検査には、運動負荷心電図検査等が用いられる。

(1) 狭心症：心筋の一部分に可逆的（元に戻る）虚血が起こる。

発作が続く時間は数分程度で、長くても15分以内に治まることが多い。

(2) 心筋梗塞：不可逆的（元に戻らない）な心筋壊死が起こる。

突然激しい胸の痛みが起こり、「締め付けられるような痛み」などが長時間続く。

(3) その他（心停止・解離性大動脈瘤）

※統計：日本人の死因別内訳では男女とも、がん（悪性新生物）に次いで、心疾患によるものが2位、脳血管疾患によるものが4位となっている（令和元年人口動態統計）。

①**脳血管障害は 脳出血、くも膜下出血、脳梗塞等に、虚血性心疾患等は狭心症、心筋梗塞等に分けられる。**
②**脳血栓症は、コレステロールが溜まり、脳血管自体の動脈硬化を起こす病変である。**
③**脳塞栓症は、不整脈で心臓や動脈壁の血栓などが剥がれ、血流で運ばれ脳血管を閉塞するものである。**

■主な脳・心臓疾患

	疾病名	症状の原因	具体的な症状
脳血管障害	脳出血	脳血管に高い血圧がかかり、血管壁がもろくなって破れ脳の中に出血する	頭痛や麻痺、しびれ、ろれつが回らない、言語障害などがある
	くも膜下出血	脳表面の動脈が破れ、くも膜下腔に出血する	突然、急激で激しい頭痛が起こる。意識がなくなる、片麻痺などが起こる
	脳梗塞	脳の血管の詰まりや血流低下で脳組織の虚血等により脳組織が壊死する	左右の半身に麻痺が起きる、言語障害や意識がはっきりしなくなる
虚血性心疾患	狭心症	心臓の冠動脈が狭くなり、血液不足から心筋が酸素不足に陥り生ずる胸の痛み	症状はいくつかに分けられるが、胸の痛みの時間は数分程度である
	心筋梗塞	血管の動脈硬化や狭窄等で心臓が酸欠（虚血）状態となり胸痛などを起こし、血管を血栓が塞いで心筋が壊死する	胸の重苦しい痛みなどが長く続き、動悸・呼吸困難・顔面蒼白などの症状から突然死することもある

※急性心不全（急性心臓死、心臓麻痺等）は、脳血管障害及び虚血性心疾患に限らず他の疾病による場合もあるが疾患名ではない。

出題パターン

Q1 出血性の脳血管障害は、脳表面のくも膜下腔（くう）に出血するくも膜下出血、脳実質内に出血する脳出血などに分類される。

Q2 虚血性の脳血管障害である脳梗塞は、脳血管自体の動脈硬化性病変による脳塞栓症と、心臓や動脈壁の血栓が剥がれて脳血管を閉塞する脳血栓症に分類される。

Q3 虚血性心疾患は、冠動脈による心筋への血液の供給が不足したり途絶えることにより起こる心筋障害である。

A1＝○ 出血性の脳血管障害は、脳表面のくも膜下腔に出血するくも膜下出血や脳実質内に出血する脳出血などに分類される。

A2＝× 設問文の内容は「脳塞栓症」と「脳血栓症」が逆である。

A3＝○ 虚血性心疾患とは、心臓の筋肉（心筋）に血液を送る冠動脈が狭くなったり、塞がったりして心筋が酸素不足に陥る状態をいう。

得点アップのための確認事項

作業環境測定

管理濃度：作業環境測定結果を評価する指標（下表のP。労働者の有害物質へのばく露限界を示すものではない）

A測定：**単位作業場所**における有害物質の**気中濃度の平均的な分布**を測定

B測定：**発生源**に近接した作業位置の**最高濃度**を測定

		B測定		
		B測定値＜P	P≦B測定値≦P×1.5	P×1.5＜B測定値
A測定	第一評価値＜P	第一管理区分	第二管理区分	第三管理区分
	第二評価値≦P≦第一評価値	第二管理区分	第二管理区分	第三管理区分
	第二評価値＞P	第三管理区分	第三管理区分	第三管理区分

①**A測定における第一評価値**
　単位作業場所において、測定点の気中有害物質濃度の実測値を基に描いた分布図の高い濃度側から５％に相当する濃度の測定値

②**A測定における第二評価値**
　作業場の気中有害物質濃度の算術的平均濃度の推定値

・第一管理区分　管理濃度未満であり、作業環境管理は適切と判断される状態。
・第二管理区分　管理濃度を超えないが、今後も点検・改善の努力が必要とされる状態。
・第三管理区分　管理濃度を超える、B測定値が管理濃度の1.5倍で作業環境管理は適切でない、という危険な状態。点検・改善を実施する必要がある。

■労働衛生で出題された健康診断項目

関係法令で出題される「健康診断」とは別枠で、診断項目の内容について労働衛生の分野で出題されている。以下は主要な項目である。

①**尿酸**：プリン体と呼ばれる物質の代謝物で、血液中の尿酸値が高くなる高尿酸血症は、関節の痛風発作などの原因となるほか、動脈硬化とも関連する。

②**血清トリグリセライド（中性脂肪）**：食後に値が上昇する脂質だが、検査は空腹時に行う。**高数値が持続すると動脈硬化**の危険因子となり、肝硬変や脂肪肝の原因となる。

③**LDLコレステロール**：**悪玉**コレステロールと呼ばれ、動脈硬化を促進、虚血性心疾患、脳血管障害などを引き起こす。これに対して、**HDLコレステロール**は**善玉**コレステロールといわれ、動脈硬化の予防となる。

④**尿素窒素（BUN）**：腎臓から排泄される蛋白質の老廃物で、腎臓の働きが低下すると**尿中に排泄されず**、血液中の値が高くなり、腎不全等が疑われる。

⑤**γ-GTP**：肝細胞に含まれる酵素で、肝細胞が障害を受けると血液中に流れ出し、特にアルコールの摂取で高値を示す特徴がある。肝臓障害の指標となる。

⑥**AST（GOT）**：肝臓・心臓・筋肉等に含まれる酵素で、数値が**高い**場合、肝臓疾患・筋ジストロフィー・**心筋梗塞**などが疑われる。

⑦**ALT（GPT）**：肝臓に多く含まれる酵素で、ASTと共に数値の高い場合は、**急性肝炎**、**肝硬変**などの肝疾患を診断する上で重要となる。

第4章

労働生理

の

必修27項目

視覚（眼）ここを押さえる

●感覚器系の生理

身体内外の変化を感覚器（眼、鼻、耳、口、皮膚など）の受容器で捉え、感覚神経、脊髄、脳幹、小脳を経て大脳皮質の感覚中枢に伝えられ感覚が起こる。

●視覚

角膜、瞳孔、水晶体、硝子体を通過した光の刺激を網膜の視細胞（錐状体（すいじょう）、杆状体（かんじょう））で感受し、視神経を経て大脳皮質の視覚中枢に達し、視覚が起こる。

●眼球の構造

眼球は丸い球体で、その壁は3層の膜（外膜、中膜、内膜）からなり、硝子体（透明なゼリー状組織）が内部を満たしている。

①外膜

・角膜：眼球前面中央の透明な円形部分。角膜には血管がなく、その栄養は房水に負う。

・強膜：角膜以外の外膜部分であり、丈夫で不透明、眼球の形を保ち、内部を保護している。

②中膜

・脈絡膜：強膜の内面に付着し血管に富み眼球の栄養をつかさどる。

・毛様体：水晶体の厚さを変える毛様体筋がある。

・虹（こう）　彩（さい）：光の量を調節するカメラの絞りに相当する。虹彩に囲まれた孔が瞳孔。

③内膜

・網　膜：カメラのフィルム部分に相当する。網膜の視細胞（錐状体、杆状体）が光刺激を感受する。

・杆状体：網膜の周辺部に多く、弱い光と明暗を感じる。色は感じない。

・錐状体：黄斑のある網膜の中心部に多く、明るい光と色を感じる。

・水晶体：虹彩のすぐ後方、毛様小帯に支えられた両凸レンズである。毛様体筋によりその厚みを調節することで、焦点距離を調節し、網膜に像を結ばせる。

●像の結び方のちがい

・近　視…眼軸が長く（角膜から網膜までが長い）網膜の前方で像を結ぶ。

・遠　視…眼軸が短く（角膜から網膜までが短い）網膜の後方で像を結ぶ。

・乱　視…角膜の不正形のため、網膜に正しく像を結ばない。

・老　眼…水晶体の弾性が減少し網膜の後方で像を結ぶ。

●明順応と暗順応

・明順応：暗い所から急に明るい所に出るとまぶしく感じるが、徐々に見えるようになる。これは、杆状体から時間の経過で錐状体が働くためである。

・暗順応：暗い所に入ると、徐々に見えるようになる。これは杆状体の刺激の感受が暗さに間に合わないためである。

◆眼精疲労：眼球の表面の角膜や結膜が乾燥する病気で、症状が慢性化した状態をいう。パソコン作業などを続けることで、眼痛・眼のかすみなどの症状や、頭痛・肩こり・吐き気などが起こる。ドライアイや白内障等による場合もある。

①網膜の視細胞である**錐状体**は**色**を感じ、**杆状体**は**明暗**を感じる。
②カメラにたとえると、角膜＝**フィルター**、水晶体＝**レンズ**、虹彩＝**絞り**、網膜＝**フィルム**、まぶた（眼瞼）＝レンズキャップ、脈絡膜・強膜＝暗箱、に相当する。

ナビゲーション

■眼球の縦断面図

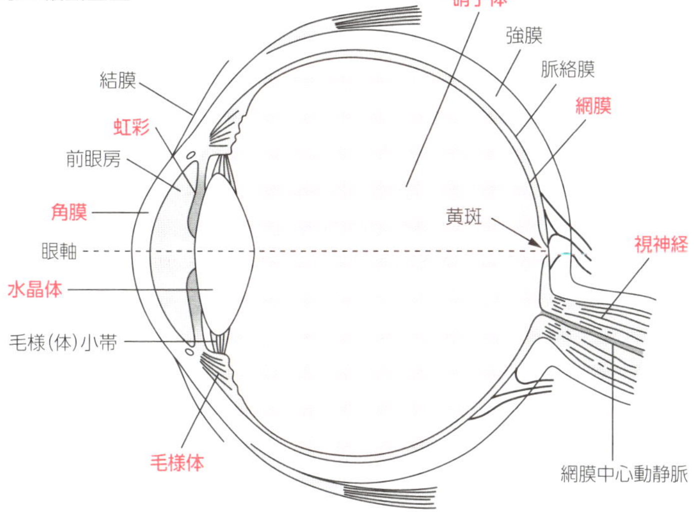

※結膜：まぶたの内面と強膜をつなぐ前面を覆い、その運動をつかさどる透明な膜。

出題パターン

Q1 眼球をカメラにたとえると、虹彩は絞り、水晶体はレンズ、網膜はフィルムに相当する。

Q2 網膜には色を感じる杆状体と明暗を感じる錐状体の２種類の視細胞がある。

Q3 眼球の長軸が短すぎるために、平行光線が網膜の後方で像を結ぶものを遠視眼という。

A1＝○ 虹彩は光の量を調節するなど、眼球はカメラの働きに相当する。

A2＝× 網膜の錐状体は色を感じ、杆状体は明暗を感じる。

A3＝○ 遠視は眼軸が正常より短い（角膜から網膜までが短い）か、水晶体が薄すぎるために網膜の後方で像を結ぶ。

聴覚・平衡感覚 ここを押さえる

●耳の構造

外耳、中耳、内耳からなる。外耳と中耳は聴覚だけに関与し、平衡感覚には関係しない。平衡感覚に関与するのは内耳である。

①**外耳**：耳介と外耳道からなり、外界から音波を受ける。その底は鼓膜である。

②**中耳**：音波を内耳へ伝達する装置がある（鼓膜、鼓室、耳小骨）。

・**鼓膜**…100分の１ミリ程度の薄い円形の膜で外耳道と鼓室の仕切りになっており、中央部は鼓室側に向かってへこんでいる。外耳道からの音波により振動する。

・**鼓室**…側頭骨に囲まれた、鼓膜の内側の耳小骨がある小部屋。咽頭への耳管がつながっている。

・**耳小骨**…それぞれ米粒大のツチ骨、キヌタ骨、アブミ骨の三つがあり、小さな関節でつながっている。ツチ骨は一端が鼓膜につながっており、鼓膜の振動をキヌタ骨、アブミ骨に伝える。アブミ骨は鼓室の内側の孔にはまり込み、内耳の前庭につながる。耳小骨で鼓膜振動の圧力が18～20倍に増幅される。

③**内耳**：鼓室のさらに内側部分。リンパ液に満たされ一体になっている蝸牛管（かぎゅう）、前庭、三半規管がある。

・**蝸牛管**…アブミ骨からの振動（音）が前庭から蝸牛管に伝わり、蝸牛神経核を経て側頭葉上部の聴覚中枢に達し、聴覚が起こる。

・**前庭**…頭の傾きを感受する。

・**三半規管**…身体の回転運動力や加速度を感受する。

●その他の耳に関する機能等

・ヒトが感じる音波は20～２万 Hz（ヘルツ）である。最もよく感じるのは1,000～4,000Hz、ヒトの会話は500～2,000Hz 程度である。

・振動数が少ないほど低音と感じ、振動数が多いほど高音と感じる。

・聴覚の障害には、内耳あるいは聴覚神経系、中枢神経系に障害がある感音性障害と鼓膜や耳小骨などに障害がある伝音性障害とがある。伝音性障害の場合は補聴器で音を増幅すれば聞こえるようになるケースが多く、骨伝導による音声の伝達方法も研究されている。また、騒音の激しい場所での音声の伝達にも骨伝導が有効であり、この方法を使った電話機なども開発されている。

●脳で音の選別

話し相手の声など必要な音だけを聞こうとして、周りの雑音を無意識のうちに聞かないようにするなど、脳は耳で聞いた音を必要な音と、いらない音とに分けて理解している。何かに集中しているときに周りの雑音が全く聞こえない、あるいは気にならない状態というのは、耳では音を拾っていても脳がそれらをいらない音として排除しているからである。

①内耳の**前庭**と**三半規管**は、頭の**傾き**や身体の**回転**を感受し、身体の位置判断と**平衡感覚**をつかさどる重要な器官である。

②聴覚の経路：

音波→外耳道→鼓膜→耳小骨→前庭→蝸牛→蝸牛神経→聴覚中枢

（外耳：音波→外耳道、中耳：鼓膜→耳小骨、内耳：前庭→蝸牛→蝸牛神経）

③音波の振動数が少ないほど**低音**と感じ、振動数が多いほど**高音**と感じる。

ナビゲーション

■耳の構造図

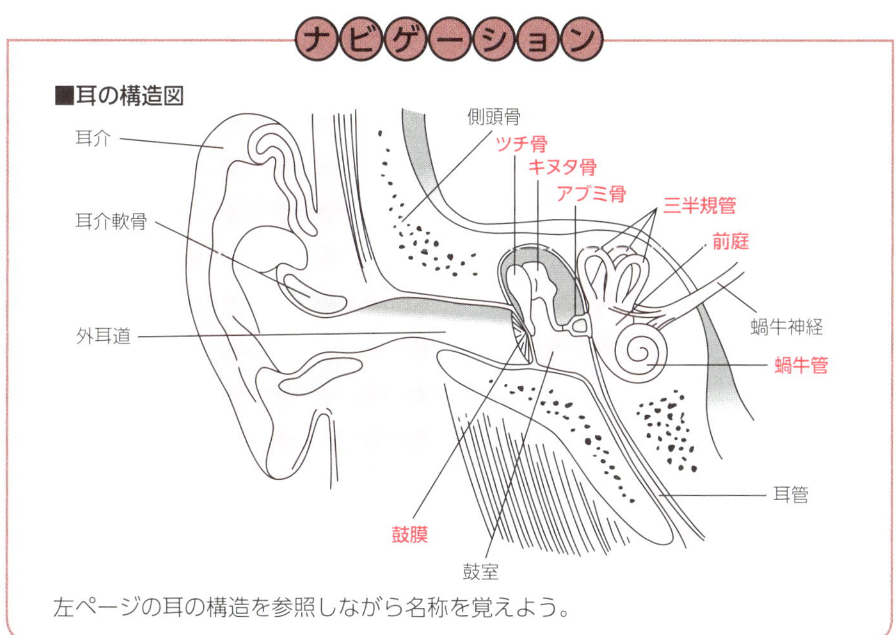

左ページの耳の構造を参照しながら名称を覚えよう。

出題パターン

Q1 中耳は、身体の位置判断と平衡保持の感覚をつかさどる重要な器官である。

Q2 聴覚は、振動数の少ない音を高く感じる。

Q3 鼓膜は、中耳と内耳の中間にある。

A1＝× 平衡感覚の受容器は中耳ではなく、内耳の前庭と三半規管である。

A2＝× 高音ほど振動数が多く、高い音である。

A3＝× 鼓膜は外耳道と鼓室の仕切りになっており、外耳に面し中耳にある。ナビゲーションの図を参照。

4章 3

感覚3

嗅覚・味覚 ここを押さえる

●嗅覚

・嗅覚は匂いに対する感覚であり、多くの人は数千種類の匂いをかぎ分けることができる。

・嗅覚は、鼻腔上部で感受され、嗅神経が篩骨(しこつ)の篩板（小孔）を通って嗅球に入り、嗅索を経て大脳皮質の嗅覚中枢に伝達する。

・鼻腔内の嗅粘膜に人では約4,000万、犬では約10億の匂いを感じる嗅細胞がある。

・嗅細胞の先端からは10～30本の繊毛（100～150μm）が生えており、匂い物質に触れることによってその匂いに対する感覚が生じる。

・嗅覚は化学感覚に分類され、匂いの粒子が微量でも最初は感じるが、容易に疲労してその匂いに慣れ、同一の匂いに対しては感覚を失うようになる。

・嗅覚に対する感覚は個人差があり、高齢になるほど感覚が鈍くなる。

・嗅覚が敏感に働くのは、18～25℃ぐらいの気温といわれている。湿度が上昇すると一般的には嗅覚は敏感になるといえるものの、臭気物質によって異なる。

●味覚

・味覚は嗅覚と同様に化学物質による化学感覚であり、大きく４種類に分類できる（塩辛い、酸っぱい、甘い、苦い）。最近ではこれらにうまみを加えて５種類とすることもある。

・味覚は、舌のどこでも感じることで部位別の違いはないとされるが、味蕾(みらい)が密集している部分では、より敏感に味を感じるといわれる。

・味を感じる味蕾は味細胞(みさいぼう)の集まりで、舌には、舌乳頭といわれる糸状(しじょう)乳頭、茸状(じじょう)乳頭、葉状乳頭、有郭乳頭があるが、大部分はここに分布する。また、舌だけでなく軟口蓋(なんこうがい)（口奥の上あご部分）、口蓋垂(こうがいすい)（垂れ下がる円錐形の突起）、咽頭にもある。

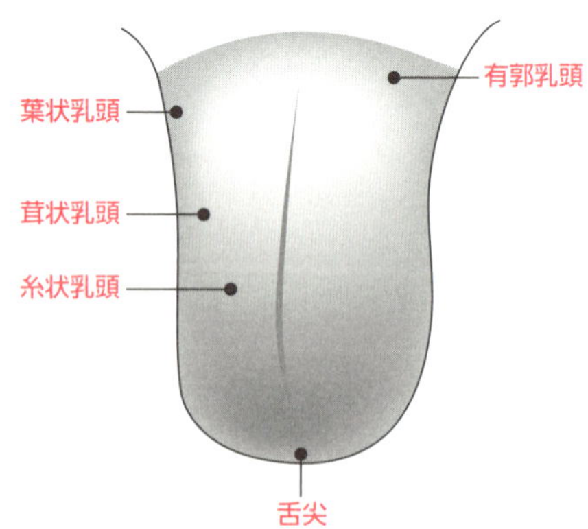

・一般的に苦さに対する感覚は敏感であるが、年をとるにつれてすべての味に対する感覚が鈍くなる。

①嗅覚は、同一の匂いに対しては、容易に**疲労**する。
②味覚・嗅覚には、個人差があるとともに、**加齢**により感覚が**鈍く**なる。

■篩板・嗅球の位置：篩板は、嗅神経が通る小孔である。

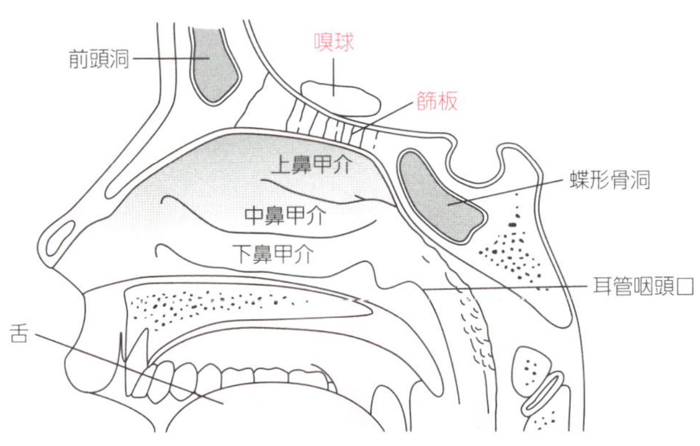

嗅覚は嗅細胞（嗅粘膜）→嗅神経→**嗅球**→嗅索→嗅覚中枢へと伝えられる。

出題パターン

Q1 嗅覚は、初めは微量でも臭気を感ずるが、容易に疲労してその臭気に慣れ、感覚を失うようになる。

Q2 嗅覚は、わずかな匂いでも感じるほど鋭敏で、同一の臭気に対して疲労しにくい。

Q3 味覚及び嗅覚は化学感覚に分類される。

A1＝○ 嗅覚は疲労しやすい。

A2＝× 嗅覚は鋭敏であるが、1種類の臭いに対し疲れやすく、じきに慣れて感じなくなってしまう。

A3＝○ ともに個人差があり、加齢により感覚は鈍くなる。

4章 4

皮膚感覚 ここを押さえる

●皮膚の構造

表皮と真皮からなり、知覚神経が分布し、外界の状況を感知する主要な感覚器官である。

①**表皮**：重層扁平上皮でできている上皮組織で、上皮組織を形成する上皮細胞は十数層にも重なり、表面の細胞は角化している。

②**真皮**：血管、神経に富んだ結合組織である。

●皮膚感覚

皮膚や粘膜に分布する知覚神経の終末で感受され、その刺激が脊髄、脳幹を経て大脳皮質の体知覚中枢に達し、感覚が起こる。

●皮膚感覚の種類

①**痛覚**、②**冷覚**、③**温覚**、④**圧覚**、⑤**触覚**がある。

・**圧覚**は、軽い圧力と強い圧力を感じる2種類の圧覚点があり、軽い圧力への反応は、でっぱりや凹みを感じるなど、触覚と同じような働きもする。また、手のひらに何かをのせたときは皮膚がどれくらいへこむかによって重さを感知している。

・水温約16～40℃では冷覚や温覚が活発に働き、15℃以下や41℃以上では痛覚が働く。危険から体を守る防衛反応の一つと考えられる。

・**痛覚**は、刺激が強すぎると反射的にその刺激物を避けようとする。「痛い！」と思った瞬間に手を引っ込めたりするのは、体を守ろうとする防衛反応が働くためである。

●皮膚感覚点

表皮、真皮の知覚神経終末が刺激を感受する部位を感覚点という。

・皮膚面には1 cm^2当たり、痛覚点100～200個、触覚点20～25個、冷覚点6～23個、温覚点0～3個がある。

・すなわち、痛覚点は皮膚に広く分布し、他の感覚点に比べ密度も高い。

・また温冷覚に関しては、一般に冷覚の方が温覚よりも鋭敏で、温覚は徐々に起こるが、冷覚は急速に現れる。

・触覚点は毛根の周辺にたくさんあり、皮膚に比べて毛の方がより敏感に反応する（毛髪に触覚点があるわけではない）。

●二点閾値（いきち）

皮膚の近い2点（例えば5㎜間隔）を先端が尖ったもので触れると、2点に感じる部分と1点にしか感じない部分がある。2点と感じる最小距離を二点閾値といい、体の場所によって2点と感じる距離が違う。口唇、顔、指先等は二点閾値が小さい場所である。

●ウェーバーの法則

刺激の強さを変化させたときに、違いが認識できる変化の割合は、強さを変化させても一定である（例えば100gのおもりを持った人が5gの重さの変化を感知できる場合、1,000gのおもりを持つと50gの重さの変化を感知できる）。

①痛覚点は皮膚に広く分布し、他の感覚点に比べ密度も高い。
②冷覚の方が温覚よりも鋭敏で、温覚は徐々に起こるが、冷覚は急速に現れる。

ナビゲーション

■皮膚の構造図

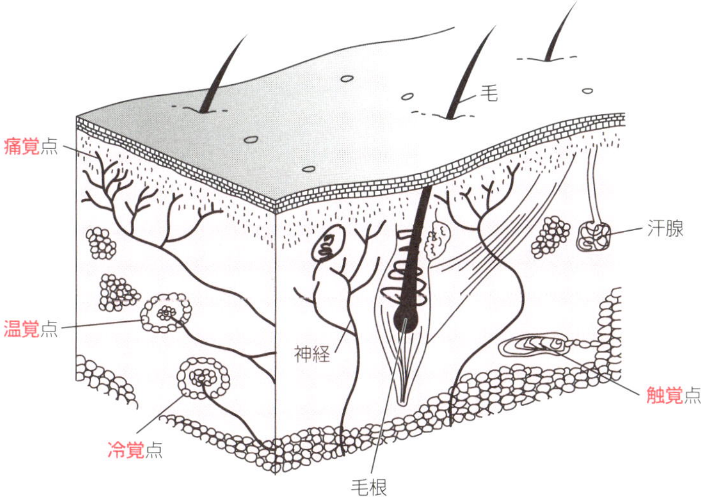

毛
痛覚点
汗腺
温覚点
神経
触覚点
冷覚点
毛根

皮膚の部位により感覚点の分布は異なる。

出題パターン

Q1 温度感覚は、一般に冷覚の方が温覚よりも鋭敏で、温覚は徐々に起こるが、冷覚は急速に現れる。

Q2 皮膚の感覚器官のうち痛覚点は皮膚に広く分布し、他の感覚点に比べ密度が大である。

Q3 皮膚の感覚点では、温覚点が最も密度が大である。

A1＝○ 皮膚感覚の冷覚は温覚より鋭敏である。感覚点の密度の違いであり、1cm^{2}の皮膚面に、冷覚点は6～23個、温覚点は0～3個ある。

A2＝○ 1cm^{2}の皮膚面には、痛覚点100～200個、冷覚点6～23個、温覚点0～3個がある。痛覚点は皮膚に広く分布し、他の感覚点に比べ密度も高い。

A3＝× 温覚点は1cm^{2}に0～3個しかなく、痛覚点の100～200個、冷覚点の6～23個に比べ密度が低い。

4章 5

尿

腎臓 ここを押さえる

●排泄
代謝により生じた分解産物や、体内の有害物、不要物質などを体外に捨てること。

●主な排泄器官と排泄作用、排泄物
①皮膚：発汗により、水分、塩類を排泄
②肺：呼気により、炭酸ガス、水分を排泄
③腎臓：排尿により、水分、尿素、尿酸、アンモニアなどを排泄
④肝臓：胆汁により、胆汁色素、胆汁酸塩を排泄
⑤大腸：排便により、水分、鉄、カルシウムを排泄
⑥唾液腺：唾液により、水銀、鉛、ヨウ素を排出

●腎臓の位置・機能
・重さ約130g程度のそら豆状で、背中側のベルト位置の少し上あたり、脊柱の両側に一対ある。
・腎臓の表層部分を皮質（腎小体が主成分）といい、深部を髄質（尿細管やその合流した管が主体）という。
・尿の生成、体液量の調節、血中の有害な代謝産物や毒物の排泄、体液の浸透圧とイオン組成の調節、血液 pH の調節をしている。

●腎臓の構造
腎臓は尿を作る装置（腎小体）とこれを運び出す管（尿細管）からなる。
・腎小体は細い動脈の塊である糸球体と、これを包む袋状の糸球体囊（ボウマン囊）からなる。
・尿成分は糸球体の血管からにじみ出し、糸球体囊の中に溜まり、尿細管を流れて腎盂へ向かう。
・尿細管の壁の上皮細胞は、水分の99%や塩類、ブドウ糖、アミノ酸などの再利用できる物質を再吸収し、尿細管を取り巻く毛細血管の中へ戻す。これにより血液の水分の調節も行われている。

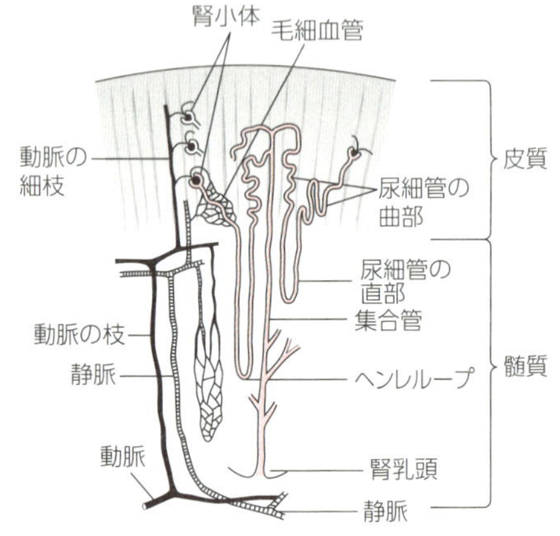

〔腎臓の部分断面図〕

●尿
①尿の成分は95%の水分と、5%の固形成分（窒素性老廃物、電解質、毒素）からなる。
②尿の比重は1.015～1.030であるが、**水分摂取量が多い**と1.010程度まで小さくなる。
③尿の量は1日1～1.5L、pHは5～7で弱酸性である。
・排尿中枢：仙髄にあるが上位排尿中枢は中脳の脳幹部にある。
・尿意：個人差が大きいが、膀胱内に尿が300～400ml 溜まり、膀胱内圧が20cmH_2O を超えると尿意を感じる。

●腎臓の病気
腎臓病は多くの場合、尿素の排出に影響を与えて尿素窒素値を増加させる。尿蛋白の増加は慢性腎炎、糸球体が障害を受けるネフローゼ症候群、膀胱や尿道などの病気が疑われる。

①尿蛋白が陽性のときは、腎臓、膀胱又は尿道の病気などが疑われ、慢性腎炎やネフローゼ症候群などの場合、病態が重いほど尿中蛋白質が増加する。
②血糖値が正常であっても、体質的に腎臓から糖がもれて尿糖が陽性となる場合を腎性糖尿という。

ナビゲーション

■尿の生成過程

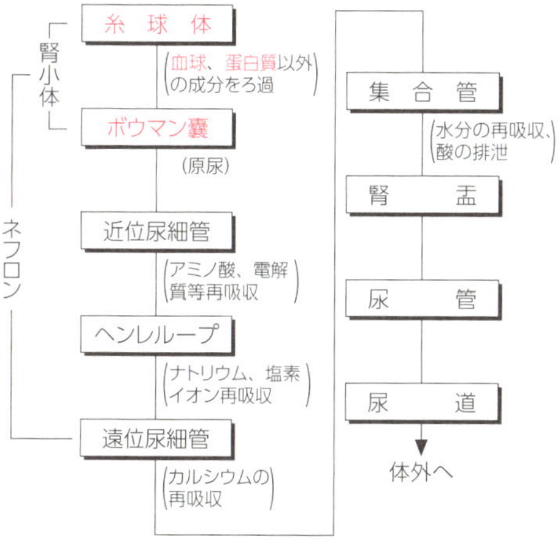

糸球体
（血球、蛋白質以外の成分をろ過）
ボウマン嚢
（原尿）
（糸球体・ボウマン嚢＝腎小体）
近位尿細管
（アミノ酸、電解質等再吸収）
ヘンレループ
（ナトリウム、塩素イオン再吸収）
遠位尿細管
（カルシウムの再吸収）
（腎小体〜遠位尿細管＝ネフロン）
集合管
（水分の再吸収、酸の排泄）
腎盂
尿管
尿道
体外へ

■腎臓の図

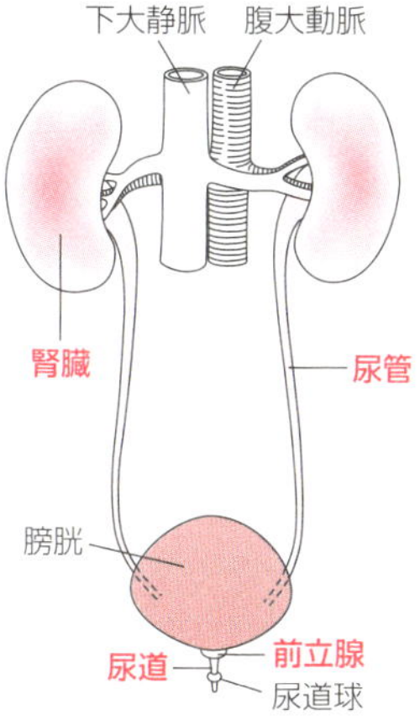

下大静脈
腹大動脈
腎臓
尿管
膀胱
尿道
前立腺
尿道球

腎臓は、約130g。こぶし大程度の大きさで一対ある。

出題パターン

Q1 尿の比重は、水分摂取量が多いと小さくなる。
Q2 尿は通常、アルカリ性である。
Q3 慢性腎炎やネフローゼ症候群は、病態が重いほど尿中蛋白質が増加する。
Q4 血糖値が正常であっても、体質的に腎臓から糖がもれて尿糖が陽性となる場合を腎性糖尿という。
Q5 腎臓の機能が低下すると血液中の尿素窒素は増加する。
Q6 尿蛋白が陽性のときは、腎臓、膀胱又は尿道の病気などが疑われる。

A1＝○ 尿の比重は1.015〜1.030で、水分摂取量が多いと小さくなる。
A2＝× 通常、尿は弱酸性である。
A3＝○ 尿中蛋白の増加には、膀胱、尿道などの病気も疑われる。
A4＝○ 記述のとおり、腎性糖尿の説明として正しい。
A5＝○ 腎臓病の多くの例である。
A6＝○ 慢性腎炎、ネフローゼ症候群が疑われることもある。

内分泌 ここを押さえる

●内分泌

内分泌腺から分泌されるホルモンが血液に入り、循環して他の臓器の働きや成長などに特定の影響を及ぼす。内分泌腺は、導管を有しない腺細胞の集団でホルモンの生成を行う。

●主要ホルモンとその働き

（1）副腎髄質から分泌

①アドレナリン　肝臓のグリコーゲン分解を促進、血圧・血糖値の上昇、心拍数増加など引き起こす、交感神経作用と同じ生理作用を持つ（別名エピネフリン）。

②ノルアドレナリン　強いストレスや痛みを感じたとき、交感神経を刺激して心拍数増加や血圧上昇など引き起こす。

③ドーパミン　運動機能やホルモン分泌を調節する。快感・やる気などの感情にも関わる。分泌過剰は幻覚などの発症につながり、不足すると抑うつ状態など起こす。

> ◆カテコールアミン：上記①②③を合わせた神経伝達物質の総称。過剰な分泌は高血圧や過度の発汗・動悸など、不足すると脱力感・意欲低下や抑うつ状態につながる。

（2）副腎皮質から分泌

①コルチゾール　糖質コルチコイドとも呼ばれる。血糖量を増加させ、抗炎症作用や免疫抑制効果がある。

②アルドステロン　鉱質コルチコイドとも呼ばれる。体液中の塩類（ナトリウムとカリウム）バランスに関与する。

（3）膵臓から分泌

①インスリン　ランゲルハンス島のB（β）細胞から分泌されるペプチドホルモン。グリコーゲンの合成を促進して血糖値を低下させる。血糖値の恒常性維持に重要なホルモンである。

②グルカゴン　ランゲルハンス島のA（α）細胞から分泌されるペプチドホルモン。インスリンとは逆に血糖値の低下で糖が必要なとき、肝細胞に作用してグリコーゲンを分解、血糖値を上昇させる。

（4）その他の分泌

①メラトニン　松果体から分泌され、体内時計に働きかけて睡眠と覚醒を切り替え、自然な眠りを誘う作用がある。加齢により調節作用が弱まる。

②パラソルモン　副甲状腺（上皮小体）から分泌され、血液中のカルシウムバランスを調節（濃度を上昇）する。

■内分泌の図

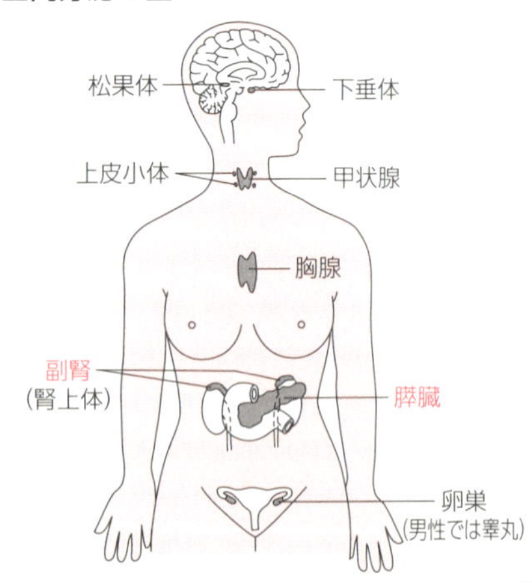

内分泌腺は腺細胞の集団で導管を有さず、血液とリンパ系に分泌する。

①アドレナリンは交感神経作用と同じ生理作用を持ち、肝臓のグリコーゲンの分解を促進、血中の糖分濃度を上昇、心拍出量を増加させ、送血量の増加の働きをする。また、血管を収縮させ、血圧を亢進させる。
②アドレナリンは副腎髄質から分泌され、筋肉系をはじめ、呼吸系、循環系などの活動を促進する方向に働く。
③筋労作時には、エネルギー源として筋肉中や肝臓のグリコーゲンが使われる。この消耗を補うためにアドレナリンの分泌が増加し、血中ブドウ糖の濃度を高める。
④膵臓から分泌されるインスリンは、グリコーゲン合成を促進させ、血糖値を低下させる。

■主要ホルモンの分泌と機能

ホルモンの名称	内分泌器官	機能概要
メラトニン	脳の松果体	睡眠、サーカディアンリズム調整
オキシトシン	下垂体後葉	心の癒しホルモン
サイロキシン	甲状腺	体熱産生促進
パラソルモン	副甲状腺（上皮小体）	血中カルシウム濃度を増加
インスリン	膵臓	血糖量の減少
グルカゴン		血糖量の増加
コルチゾール	副腎皮質	血糖量の増加、過度ストレスに反応
アルドステロン		体液中塩類バランス調整
アドレナリン	副腎髄質	交感神経作用と同じ、筋活動を円滑遂行
ノルアドレナリン		血圧上昇、血管収縮
ドーパミン		運動機能、ホルモン分泌を調整
ガストリン	胃（前庭部）	胃酸分泌の促進作用

出題パターン

Q1 ストレスに伴う心身の反応は、ノルアドレナリン、アドレナリンなどのカテコールアミンや副腎皮質ホルモンが多く関与している。
Q2 メラトニンは副甲状腺から分泌され、体内のカルシウムのバランスを調整する。
Q3 アドレナリンは成長を促進するホルモンである。

A1＝○ ストレス反応には副腎皮質ホルモンやカテコールアミンが関与する。
A2＝× メラトニンは松果体から分泌されて睡眠に関与する。
A3＝× アドレナリンは、副腎髄質のホルモンの一種で成長ホルモンではない。筋活動を円滑遂行する。

4章 7

呼吸 ここを押さえる

●呼吸の機能

呼吸とは酸素を体内組織に取り入れ、炭酸ガスを体外に排出すること（ガス交換）である。呼吸運動は、主として肋間筋と横隔膜の協調運動により行われる。

気道から取り込まれた空気は肺胞で、酸素を血液中に与え、炭酸ガスを血液中からとる。このガス交換を外呼吸（肺呼吸）という。

血液中に溶け込んだ酸素は、血管から組織に、逆に組織から出た炭酸ガスは、血管内の血液に溶け込む。この組織内部で行われるガス交換を内呼吸（組織呼吸）という。血液中の酸素と炭酸ガスの運搬役は、赤血球中のヘモグロビンである。

呼吸中枢は延髄の網様体にあり、ここからの刺激により呼吸に関与する筋肉が支配されている。

●呼吸中枢

延髄の網様体にあり、ここからの刺激により呼吸に関与する筋肉が支配されている。

呼吸中枢は主として、動脈血の二酸化炭素分圧によって調節されている。

血液中に**二酸化炭素**が増加してくると、呼吸中枢は刺激されて**呼吸**は深くなり、**1回換気量**は多くなる。**呼吸数**が増加するので、肺でのガス交換の量が多くなる。

※1回換気量：安静時1回の呼吸で肺に出入りする空気量（約500ml）。

●呼吸数

成人で1分間に16～20回（平均18回）であり、若年ほど多い。年齢、気温、運動、体温、精神状態などにより変わる。

●肺活量

最大吸気後の最大呼気量（年齢、性別、体格などで異なる）。

※肺活量の多い人は肺でのガス交換面積が広く、肺活量が少ない人に比べて、単位時間当たりのガス交換量が多くなるので、激しい肉体労働に有利であるといえる。

●吸気と呼気のガス成分

	O_2	CO_2	N_2
吸気	21%	0.04%	78%
呼気	16%	4.00%	78%

※**吸気**：胸郭内容積が増し、内圧が低くなるにつれ、鼻腔や気道を経て肺内へ流れ込む空気。

普段の呼吸では呼気中から５％の酸素が使われ、約４％の炭酸ガスが排出されている。

●睡眠時無呼吸症候群（SAS：Sleep Apnea Syndrome）

一晩（７時間）の睡眠中に10秒以上の無呼吸が30回以上又は、睡眠１時間当たりの無呼吸数や低呼吸数が５回以上起こる状態。酸素不足による睡眠不足が起こる。

①肉体労働によって呼吸が激しくなるのは、主に血中のCO_2分圧が高くなるからである。
②酸素と炭酸ガスの運搬役は赤血球の中のヘモグロビンである。

ナビゲーション

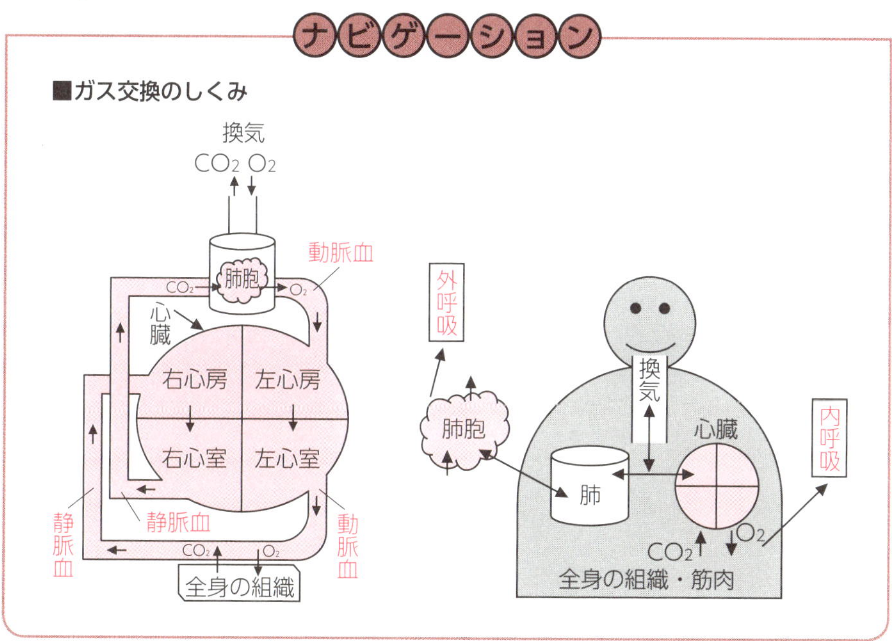

出題パターン

Q1 呼吸中枢がその興奮性を維持するためには、常に一定量以上の二酸化炭素（炭酸ガス）が血液中に含まれていることが必要である。

Q2 呼吸中枢は、血液中の酸素によって刺激され、このため呼吸運動が激しくなる。

Q3 肉体労働をすると呼吸が激しくなるのは、筋肉中に吸収された吸気中の窒素の作用により、呼吸中枢が刺激されるためである。

Q4 肺活量が多い人は、一般に激しい肉体労働をするのに有利である。

A1＝○ 呼吸中枢を刺激するのは、主に血中の二酸化炭素である。

A2＝× 酸素ではなく二酸化炭素の刺激による。

A3＝× 窒素ではなく二酸化炭素の刺激による。

A4＝○ 肺活量の多い人は肺でのガス交換面積が広く、肺活量が少ない人に比べて、単位時間当たりのガス交換量が多くなるので、激しい肉体労働に有利であるといえる。

呼吸器 ここを押さえる

●呼吸器

鼻腔、咽頭（いんとう）、喉頭（こうとう）、気管、気管支、肺からなる。

- **鼻腔**：鼻腔への入り口を外鼻腔という。鼻腔は鼻中隔によって左右2つに分けられている。
- **副鼻腔**：鼻腔に続く骨の中にできた空洞である。
- **咽頭**：鼻腔の奥から喉頭の後方。
- **喉頭**：発声器があり咽頭と気管の間。
- **気管**：頸部から胸部の中央まで長さ約10cm。
- **気管支**：細かく枝分かれした末端が肺胞である。

●気道

鼻から肺に至る空気の通路全体のこと。

①**上気道**：鼻腔、咽頭
②**下気道**：喉頭、気管、気管支

●気道の生理作用

①呼吸気の通路
②吸気への加温、加湿
③異物の除去
④有毒ガスの吸入を避ける
⑤嗅覚作用（鼻腔の奥にある嗅上皮による）
⑥発声（声帯の振動によって起こる）

●呼吸運動

主として肋間筋と横隔膜の協調運動で、肺の拡張、収縮を行う。

細胞に必要なエネルギーを生み出すための酸素（O_2）は、吸気により肺から取り込む。また、エネルギーを生み出す過程でできる二酸化炭素（CO_2）は、呼気により肺から排出する。この酸素を取り込み、二酸化炭素を排出する呼吸がガス交換である。

吸気と**呼気**に関わる各部位の動きは以下のようになる。

◆吸気・呼気の各部位の動き

吸気	（呼吸運動部位）	呼気
収縮	肋間筋・横隔膜	弛緩
拡張	胸郭	収縮
低下	胸膜腔の内圧	上昇
吸入	肺（空気）	排出

※胸郭で呼吸運動をすることを**胸式呼吸**、横隔膜は**腹式呼吸**という。

●呼吸中枢

吸息中枢、呼息中枢とも延髄の網様体にある。

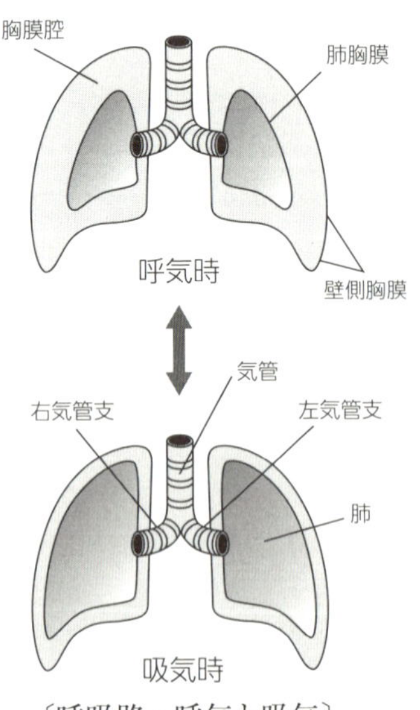

〔呼吸路・呼気と吸気〕

①呼吸運動は主として肋間筋と横隔膜の協調で行われ、肺自体には運動能力はない。
②呼吸中枢は延髄の網様体にある。

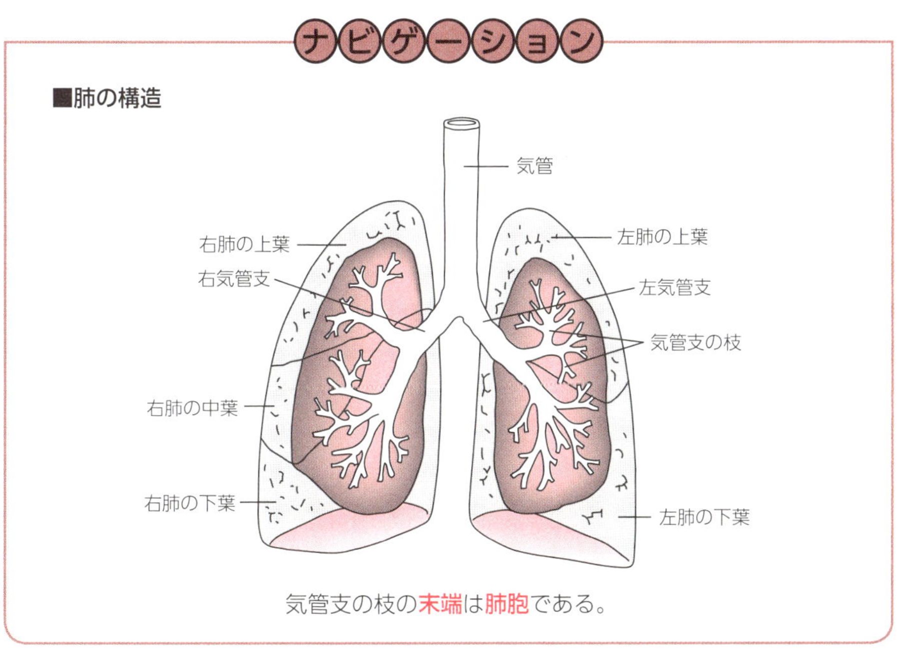

気管支の枝の末端は肺胞である。

出題パターン

Q1 呼吸運動は、主として肋間筋と横隔膜の協調運動によって胸郭内容積を周期的に増減し、それに伴って肺を伸縮させることにより行われる。

Q2 呼吸に関する筋肉は、延髄にある呼吸中枢によって支配されている。

Q3 呼吸運動は、肺自体が能動的に収縮、弛緩を繰り返すことにより行われる。

A1＝○ 胸郭や横隔膜を動かすことによって肺の拡張、収縮を行う。この運動を呼吸運動といい、吸気運動と呼気運動に分かれる。

A2＝○ 吸息中枢、呼息中枢とも延髄の網様体にある。

A3＝× 呼吸運動は主として肋間筋と横隔膜の協調で行われ、肺自体には運動能力はない。

神経（1）ここを押さえる

●神経系統

神経系は、中枢神経系と末梢神経系に大別される。中枢神経系は脳と脊髄からなり、末梢神経系は、体性神経と自律神経からなる。

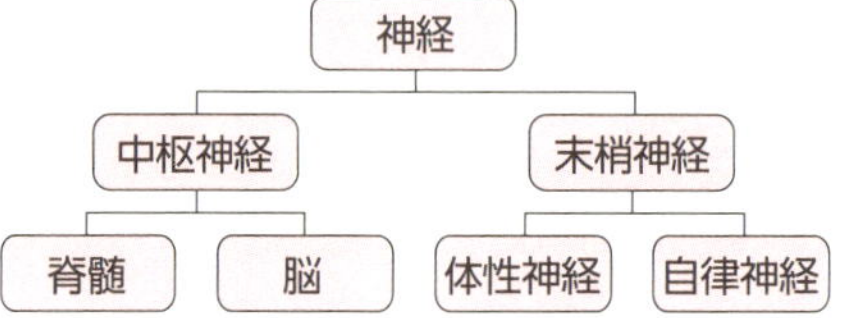

●脊髄

脊柱管に入っている細長い器官で、椎骨で保護されている。内部はH字の形をした灰白質と、周囲を包む白質からなる。

- 灰白質の左右の前部（前角）は運動神経細胞、後部（後角）は知覚神経細胞からなる。
- 白質は、情報を脳へ運ぶ経路と脳の刺激の結果を筋肉に運ぶ神経線維の束からなり、神経細胞体はない。

①**脳・脊髄からの情報➡**運動神経（遠心性神経）➡前角➡前根➡骨格筋に。

②**皮膚・筋からの刺激➡**知覚神経（求心性神経）➡後根➡後角➡脳に。

※**神経**：筋肉に比べると疲労しにくいが、酸素の供給が乏しいと速やかに疲労する。

●脳

脳は頭蓋内にある中枢神経で、最も高等な神経機能を営む。各部分のうち最も大きく発達しているのが**終脳**である。

- **終脳**は深い溝で左右二つに分かれており、これを左右の**大脳半球**という。
- 中軸部分をなす間脳、中脳、脳橋、延髄を脳幹と呼ぶ。
- 大脳半球では、神経機能の種類により営む皮質の部位が違う。脳梗塞や怪我などで障害を受けると、その部分が担っていた機能が働かなくなる。

例1）**聴覚性言語中枢に障害**：言葉を音として聴くことはできても、その意味を理解できなくなる。

例2）**運動性言語中枢に障害**：声は出せてもまとまった言葉として話せなくなる。

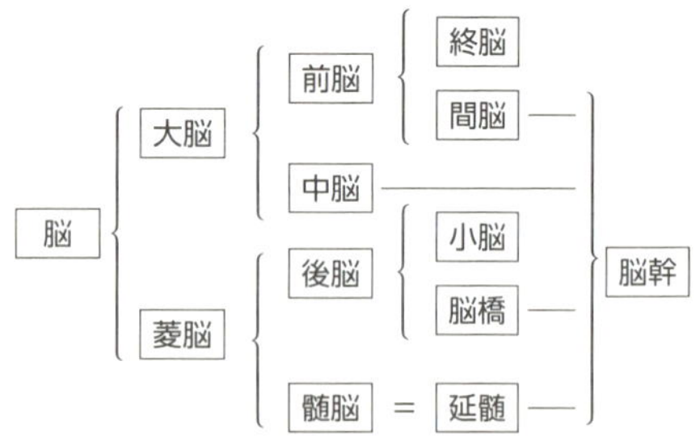

●神経の用語・名称

①**ニューロン**：神経系の構成単位となる神経細胞であり、核を持つ細胞体と突起（樹状突起と軸索）からなる。

②**シナプス**：神経線維の末端が分岐したニューロンや感覚器の細胞との接合部。ニューロンから他の細胞に神経興奮を伝達する場所。シナプスの興奮伝達物質にはアセチルコリン、ノルアドレナリン、ドーパミン、セロトニン、などがある。

興奮の伝達速度は、神経線維（有髄神経線維）が太いほど速い。

①神経系は、中枢神経系と末梢神経系に大別される。
②中枢神経系は脳と脊髄からなり、末梢神経系は、体性神経と自律神経からなる。
③灰白質は神経細胞からなり、白質は神経線維からなる。
④脳の表層の灰白質を皮質（大脳皮質）と呼び、内部の白質部分を髄質と呼ぶ。脊髄では白質が外に、灰白質が内にある。

■脳の中核部分の働き

小脳	延髄と橋の背方にある	骨格筋の緊張を適度に保ち、筋の収縮を調節する。侵されると運動失調が起こる
延髄	脳の最下端で脊髄に続く	呼吸、血液循環、嚥下、発声、唾液、涙などの生命保持に重要な中枢である
中脳	橋の前に続く短い部分	姿勢や眼球の運動、瞳孔縮小などに関する中枢がある
間脳	中脳のさらに前上方	視床と視床下部に分けられる
・視床	視覚、聴覚、体性感覚の神経線維の中継点	嗅覚以外の身体の末梢からの知覚を大脳皮質に伝える
・視床下部	自律神経系の調整中枢	生命維持機能に関して重要な体温調節、血圧、睡眠、消化、水分調節、性機能などを調節する
橋	延髄の上方の続き	延髄と中脳や大脳、中脳や大脳と小脳とを連絡する神経線維の通路

出題パターン

Q1 神経系は、中枢神経系と末梢神経系に大別され、中枢神経系は脳と脊髄からなる。
Q2 末梢神経系は、体性神経と自律神経からなる。
Q3 神経は、筋肉に比べると疲労しにくいが、酸素の供給が乏しいと速やかに疲労する。
Q4 灰白質は神経細胞が多数集合した部分であり、白質は神経線維の多い部分である。
Q5 脊髄では、運動神経は後角から後根を通じて送り出され、知覚神経は前根を通じて前角に入る。

A1、A2＝○　設問文のとおり、中枢神経系と末梢神経系に関する説明である。
A3＝○ 酸欠状態になると神経は速やかにその機能を失う。中枢神経が酸欠状態になると集中力が欠けてきたり、意識が散漫になるなどの症状が出始め、重篤な場合は神経細胞が機能回復の望めない状態に陥ったり、致命的な事態にもなる。
A4＝○ 脊髄を横断面でみると、H字形で灰色の灰白質と、周囲の白い白質とからなり、灰白質は主として神経細胞からなり、白質は主に神経線維からなる。
A5＝× 前後が逆である。知覚神経が後根を通じて後角に入り、運動神経は前角から前根を通じて送り出される。ベル・マジャンディーの法則という。

神経（2）ここを押さえる

●末梢神経

脳と脊髄以外の神経系全体をいい、体性神経と自律神経からなる。

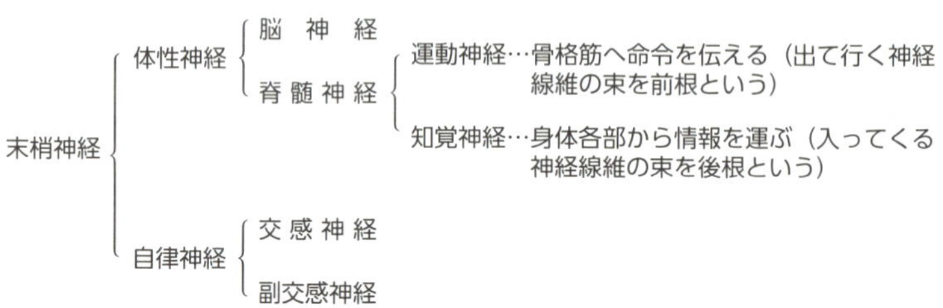

①体性神経：脳神経と脊髄神経とに区別される。脳と脊髄から直接出て、身体各部に至る。

②自律神経：交感神経と副交感神経であり、内臓や血管などの不随意に働く器官の調節をする。一般に昼間は交感神経が緊張し、夜間には副交感神経が緊張する（サーカディアン（概日）リズム）。

●自律神経の作用

交感神経の作用	器官名	副交感神経の作用
脈拍を速める	心　臓	脈拍を遅くする
高める	血　圧	下げる
高める	血糖量	下げる
消化管などでは収縮、筋では拡張、皮膚では拡張収縮の双方向	血　管	拡張
促進	呼　吸	抑制
ぜん動を抑制する	消化管	ぜん動を促進する
拡大	瞳　孔	縮小

●交感神経と副交感神経

心臓の働きを促進するのは交感神経、抑制するのは副交感神経だが、腸のぜん動運動の場合は、促進するのが副交感神経であり抑制するのが交感神経である。自律神経の働きをコントロールしている中枢は脳の視床下部であるが、ここは同時にホルモン分泌の中枢でもあり、自律神経のバランスが崩れるとホルモン分泌にも影響が現れる。のぼせ、ほてりなどの更年期にみられる症状などが典型である。

①末梢神経とは、脳と脊髄以外の神経系全体をいい、体性神経と自律神経からなる。
②自律神経系は、不随意筋に分布する。

■12対の脳神経と機能

脳神経	出入位置	機　能
嗅神経	終脳に入る	嗅細胞と脳とを連絡し、嗅覚を伝導する。
視神経	間脳に入る	眼球から間脳に入り、網膜で受けた光の刺激を脳に伝える。左右の視神経は脳に入る前に互いに交叉している。
動眼神経	中脳から出る	眼球を動かすいくつかの筋に入る運動神経。
滑車神経	中脳から出る	眼球を動かす筋の一つに入る運動神経。
三叉神経	橋に出入りする	知覚神経線維と運動神経線維の両方を含み、脳から出て間もなく３本に分かれるので三叉という。顔や口腔などの知覚と咀嚼筋の運動に関与する。
外転神経	橋から出る	眼球を動かす筋の一つに入る。
顔面神経	橋から出る	顔の表情を支配する運動神経。味覚、涙腺、唾液腺の分泌を調節する神経も含む。
内耳神経	橋に入る	前庭神経と蝸牛神経。三半規管と前庭、蝸牛とに分布する知覚神経。平衡感覚、聴覚を伝える。
舌咽神経	延髄から出入りする	舌根部と咽頭に分布し、その知覚のほかに咽喉壁の運動や唾液の分泌にも関与する。
迷走神経	延髄から出入りする	頭、頸、胸、腹部に広く分布し、知覚、運動、分泌の３種の神経線維からなる。咽頭から大腸の途中までの消化管や肝臓、膵臓、心臓、肺、気管、気管支などの諸器官に分布し、その働きを調節する。
副神経	延髄から出る	胸鎖乳突筋と僧帽筋に分布する運動神経。
舌下神経	延髄から出る	舌の動きに関与する運動神経。

出題パターン

Q1 自律神経系は、随意筋に分布して、生命維持に必要ないろいろな作用を無意識的、反射的に調節する。

Q2 一般に昼間は交感神経が緊張し、夜間には副交感神経が緊張する。

A1＝× 自律神経系は、不随意筋に分布しており、随意筋ではない。

A2＝○ 交感神経と副交感神経が、促進方向に働くか抑制方向に働くかは、器官により異なる。

蛋白質の分解・吸収・代謝 ここを押さえる

●蛋白質の働き

蛋白質は、筋肉・内臓・骨・髪など身体を作る有機化合物の重要な構成物質である。

酵素やホルモンなど生命維持に必要な機能を担う主成分であり、不足すると、身体の機能がうまく働かないということになる。

アミノ酸の小さな分子が結合したもので、「蛋白質の分解・消化」とは、その結合が分離してアミノ酸に分解されることである。

●蛋白質消化の過程

①**胃**➡ペプシン（消化酵素）の働きで、ペプトン（ポリペプチドが主成分）に分解される（以下、p.222も参照）。

②**十二指腸**➡膵液に含まれるトリプシン（分解酵素）などで、さらに小さなオリゴペプチド、ジペプチドなどに分解される。

③**小腸**➡腸の消化酵素・ジペプチダーゼの働きで、ジペプチドが最小のアミノ酸に分解される。

※**エンテロキナーゼ**：十二指腸にある加水分解酵素で促進作用があり、膵液の未成熟酵素トリプシノーゲンをトリプシンに代える。

●吸収から代謝の過程

①**小腸**➡小腸壁絨毛の毛細血管から吸収され、分解されたアミノ酸が肝臓に送られる。

②**肝臓**➡アミノ酸の**代謝**が行われる。

③肝臓では、アミノ酸の一部が蛋白質に再合成されたり、各細胞へアミノ酸のまま送られたりと、様々な蛋白質合成の材料として使われる。

④**余ったアミノ酸**は、肝臓でアンモニアとなり尿素へ変換され、**腎臓**に運ばれ尿として排泄される。

> **※栄養素の消化酵素：**
> **脂肪**分解酵素（膵リパーゼ）
> **炭水化物**分解酵素（アミラーゼ）
> **蛋白質**分解酵素（プロテアーゼ：ペプシン、トリプシンなど）

●代謝

代謝とは、生体内で生じる全ての化学変化とエネルギー変換のことである。

代謝の過程を物質の面からみた場合を物質代謝と呼び、異化と同化の2種類がある。

異化：アミノ酸・ブドウ糖・脂肪酸などを分解して、生命活動に必要なエネルギーを発生する過程のこと。

同化：異化により生じたエネルギーなどを用いて、細胞を構成する蛋白質など生体に必要な分子に合成すること。

※**糖新生**：飢餓時（絶食時）等、血中の**ブドウ糖量**が低下したとき、肝臓でアミノ酸等からブドウ糖を作り出し血液中に**供給する**仕組み。

①栄養素の消化酵素は、「脂肪分解酵素（膵リパーゼ）」、「炭水化物分解酵素（アミラーゼ）」、「蛋白質分解酵素（プロテアーゼ：ペプシン、トリプシンなど）」に分けられる。
②異化とは、アミノ酸・ブドウ糖・脂肪酸などを分解して、必要なエネルギーを発生する過程のことである。
③同化とは、異化により生じたエネルギーなどを用いて、細胞を構成する蛋白質など生体に必要な分子に合成することである。

■蛋白質の働きによる種類

体内には約10万種類の蛋白質があるといわれ、それぞれ独自の働きをしている。
①成長の促進・生命活動の調整や生体恒常性を維持するもの（ホルモン）
②体内で触媒や酵素になるもの
③体の「構造」を維持するもの
④体を動かすもの
⑤栄養や酸素を運ぶもの
⑥カルシウムと結合するもの
⑦免疫機能をつかさどり体を防御するもの
⑧光や匂い・味を感じるもの（レセプター）　などがある。

◆無機塩類とビタミン類　栄養素には三大栄養素以外に、体組織を調節する無機塩類（ミネラル：カルシウム、リン、鉄など）とビタミン類がある。これらは分解酵素を持たないため、腸から直接吸収され、肝臓に運ばれる。

出題パターン

Q1 蛋白質は、膵臓から分泌される消化酵素である膵リパーゼなどによりアミノ酸に分解され、小腸から吸収される。

Q2 血液循環に入ったアミノ酸は、体内の各組織において蛋白質に再合成される。

Q3 飢餓時には、肝臓などでアミノ酸などからブドウ糖を生成する糖新生が行われる。

A1＝× リパーゼは消化液（胃液、膵液）に含まれ、脂質の消化を行う消化酵素である。蛋白質は、胃と十二指腸でそれぞれ分解された後、小腸でトリプシンなどの酵素によってアミノ酸に分解され小腸から吸収される。

A2＝○ 体内では、蛋白質の分解、合成の新陳代謝が常に行われているが、アミノ酸は、生体内の各部位にふさわしい蛋白質として合成される。

A3＝○ 飢餓時には、肝臓などでアミノ酸等からブドウ糖を作り出して血液中に供給する糖新生が行われる。

炭水化物・脂肪 ここを押さえる

●炭水化物（糖）

炭水化物（糖）は３大栄養素の一つとして、脳や神経などのエネルギー源として利用される重要な栄養素である。

糖質は、炭素・水素・酸素で構成される有機化合物で、体内にはわずかしか存在しない。

●炭水化物の吸収と代謝

①炭水化物（糖）は、単糖類にまで分解されて小腸で吸収される。

②肝臓に運ばれた大部分が、エネルギーの利用や生理作用に関与するブドウ糖（グルコース）になる。

③多くは血液中に入って血糖となり、濃度はインシュリンなどのホルモンで一定に調整されている。

④エネルギー源として利用されない余分な糖は、グリコーゲンとして合成され、肝臓や筋肉に貯蔵されたり、脂肪となって皮下に貯蔵される。

⑤グルコースは、そのままではエネルギー源として利用できないので、さらに分解される。

その過程は、酸素が供給される（好気的）**代謝**ではATPの産生と、酸素が供給されず乳酸を生成する（嫌気的）**代謝**に分けられる。

※ATP（アデノシン三リン酸）：**生命活動のエネルギーとなる**ATPは、分解することで賄われる。炭水化物や脂質、蛋白質がエネルギーとして働くためには、ATPに内在する**リン酸化合物**が重要な役割を果たす。

●脂肪

脂肪の多くは、安定した中性脂肪（トリグリセリド）として摂取される。

①咀嚼されて胃に入った脂肪は、十二指腸において、肝臓で分泌される胆汁によって**乳化**され、**分解を促進**する。

※**乳化**：混ざり合わない物質が、ある物質を加えることで混ざるようになること。

②**脂肪分解**の大部分は、膵臓から分泌される膵リパーゼと胆汁の胆汁酸により行われる。

③**中性脂肪**はグリセリンに脂肪酸が結合したもので、膵リパーゼで**グリセロール**、脂肪酸に分解される。

④**グリセロール**は親水性があり、そのまま小腸（上皮細胞）から吸収される。**脂肪酸**は親水性が低く取り込みにくいため、胆汁に含まれる**胆汁酸**でさらに細かく乳化されてから吸収される。

⑤吸収されたグリセロール・脂肪酸は、さらに**蛋白質と結合**して、**リポ蛋白質**として、多くはリンパ管で吸収され、心臓の動脈から全身へ運ばれてエネルギーとして使われる（ナビ参照）。

①炭水化物（糖）は、肝臓に運ばれた大部分が、エネルギーの利用や生理作用に関与する**ブドウ糖**（**グルコース**）になる。
②エネルギー源として利用されない余分な糖は、**グリコーゲン**として合成され、**肝臓**や**筋肉**に貯蔵される。
③脂肪は十二指腸において、肝臓で分泌される**胆汁**によって乳化され、分解が促進される。
④脂肪分解の大部分は、膵臓から分泌される**膵リパーゼ**と胆汁の**胆汁酸**により行われる。

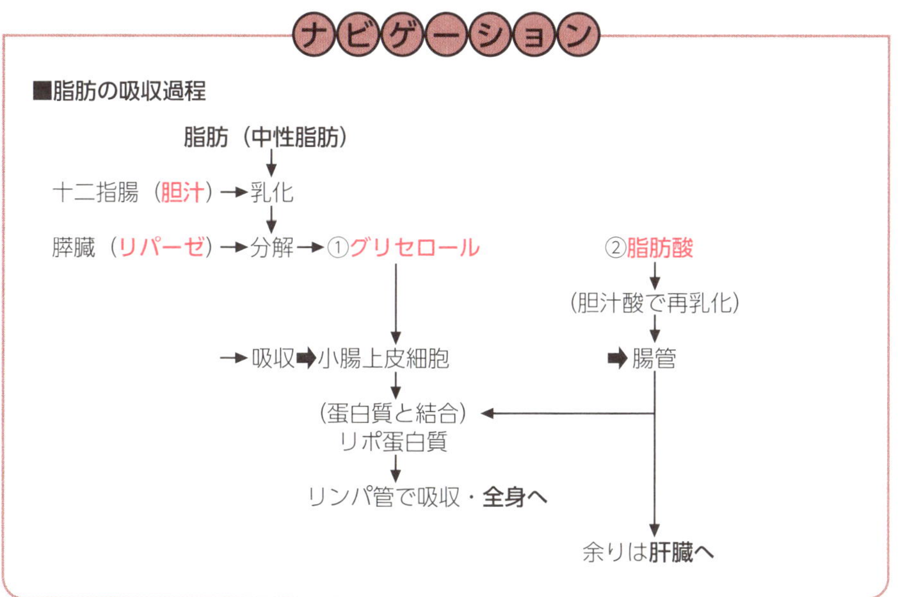

出題パターン

Q1 胆汁は、アルカリ性で、消化酵素は含まないが、食物中の脂肪を乳化させ、脂肪分解の働きを助ける。

Q2 脂肪は、膵(すい)臓から分泌される消化酵素である膵アミラーゼにより脂肪酸とグリセリンに分解され、小腸の絨(じゅう)毛から吸収される。

A1＝○ 胆汁は、消化酵素を含まない消化液だが、**肝臓**でつくられるアルカリ性の液体で、**脂肪を乳化**し消化吸収を助ける。

A2＝× 脂肪を脂肪酸とグリセリンに分解するのは、膵液に含まれている**膵リパーゼ**である。

主な消化器 ここを押さえる

●主な消化器・酵素等

消化の大部分は、小腸で加水分解され吸収される。胃から送られた半消化物は、膵液・腸液・胆汁の作用を受ける。
膵液の酵素は、蛋白質、脂肪やでん粉を吸収しやすい成分に分解、腸液の機能は消化をおし進め、胆汁は、脂肪と結合して脂肪の吸収を助けている（下表参照）。

臓　器		酵素等	消化される物	生成される物
口腔		咀嚼	——	——
	唾液	プチアリン（アミラーゼ）	でん粉（糖質）	デキストリン、麦芽糖（マルトース、二糖類）
胃	胃液 2～3 L／日	ペプシン	蛋白質	ペプトン
		リパーゼ	脂肪	脂肪酸、グリセリン
		胃酸（塩酸）（pH1.0～1.5）	カルシウム	水溶性にする
十二指腸	肝臓	胆汁を1L／日分泌 →胆嚢へ貯留	——	——
	胆嚢	胆汁	脂肪	乳化させる
	膵臓（膵液）	膵リパーゼ	脂肪	脂肪酸、グリセリン
		アミロプシン	糖質	——
		エンテロキナーゼ（トリプシノーゲン、トリプシン→小腸へ）	蛋白質、ポリペプチド、ペプトン	ポリペプチド
		アミラーゼ	でん粉	麦芽糖
小腸		トリプシン	蛋白質、ペプトン	アミノ酸
	腸液	エレプシン（ペプチダーゼの混合物）	ペプトン、ポリペプチド	アミノ酸
		ジペプチダーゼ	ジペプチド	アミノ酸
		マルターゼ	麦芽糖	ブドウ糖
		ラクターゼ	乳糖	ブドウ糖、ガラクトース
		スクラーゼ	ショ糖	ブドウ糖、果糖
		腸リパーゼ	脂肪	脂肪酸、グリセリン
大腸		微生物（腸内細菌）	食物繊維等	ビタミンB、Kなど、便

●小腸で吸収された栄養素の搬送

その多くは肝臓に貯蔵される。

①腸の毛細血管→門脈→**肝臓**→静脈→心臓→全身へ
（糖質、一部の脂肪酸、蛋白質、ミネラル、水溶性ビタミン、水）

②リンパ管→胸管→静脈→心臓→全身へ
（脂質、脂溶性ビタミン）

●腸内細菌

約500～1,000種類、約500兆～1,000兆個、総重量約1.5kg。役割、機能は各種臓器に匹敵する。

主な栄養素の変化

①糖質（でん粉）はアミラーゼにより麦芽糖に変化する。

②蛋白質はトリプシンによりアミノ酸に変化する。

③脂肪はリパーゼにより脂肪酸、グリセリンに変化する。

■消化器官の位置と名称の図

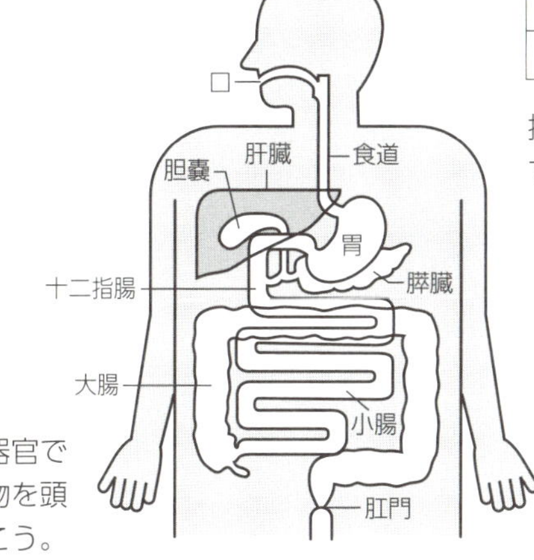

それぞれの器官で消化される物を頭に入れておこう。

■摂取した食物の吸収率

糖　質	99%
脂　質	75～85%
蛋白質	80～85%

摂取した糖質は、ほとんどすべてが吸収される。

出題パターン

Q1 ミネラル、ビタミン類は、酵素により、種々の物質に分解されて、腸壁から血液中に吸収される。

Q2 栄養分の吸収は、大部分が胃で行われる。

Q3 胆汁は胆嚢で生産される。

Q4 腸内細菌によって、ビタミンB_1、B_2、B_6、B_{12}、Kなどが産生される。

Q5 食物中の脂質は、十二指腸で胆汁と混合してコロイド状となり、酵素により脂肪酸とグリセリンに分解され、腸壁から吸収される。

A1＝× ミネラル、ビタミン類、水は、分解されずに、そのまま腸壁から血液中に吸収される。

A2＝× 栄養分の吸収は、大部分が小腸の絨毛で行われる。

A3＝× 胆汁は、肝臓の肝細胞から分泌され、胆嚢に貯留濃縮される。脂肪を乳化し、リパーゼの働きを助ける。

A4＝○ 腸内細菌が、ステロイドホルモンやビタミンB_1、B_2、B_6、B_{12}、K、葉酸、ビオチン、などの産生に関与している。

A5＝○ 脂質は胆汁によって乳化され、リパーゼにより、脂肪酸とグリセリンに分解されて腸壁から吸収される。

肝臓（1）ここを押さえる

●肝臓の機能

肝臓は右横隔膜の真下にある最も大きな臓器であり、体重の1/50程度、成人男性で約1.4kg、女性で約1.2kgある。

①**胆汁の分泌**：肝細胞でつくられた胆汁は、総胆管を経て十二指腸へ分泌される。その途中で胆管を経て一時胆嚢内に貯留され、ここでさらに濃縮されたものが、食事を摂った際に多量分泌される。胆汁には、脂肪を乳化させる働きがあり、脂肪の消化吸収に欠くことのできない役割を果たしている。代謝異常を起こすと脂肪を肝細胞の中に溜め込み脂肪肝になる。

②**グリコーゲンの貯蔵**：ブドウ糖などからグリコーゲンを生成して蓄え、必要に応じてブドウ糖に分解して、血糖として送り出す。

③**解毒**：腸管から吸収されたいろいろな有毒物質（細菌が分泌した毒素など）を分解、破壊してその毒性を消去させる。アルコールが体内に入って分解されるとアセトアルデヒドが生じ、これを解毒するのはアルコール分解酵素であるが、日本人は欧米人に比べ、この酵素を持たない人の割合が多い。この酵素がよく働く人が酒に強い人といわれる。

④**血球造成**：肝臓で古い赤血球が破壊され、分解されたヘモグロビンは胆汁の色素ビリルビンとなる。他方、鉄分は新しい赤血球を作るために肝臓内に蓄えられる。

⑤**尿素・尿酸の生成**：血中蛋白質の分解により作られるアンモニアを尿素、尿酸に合成して腎臓から排出させる。

⑥**蛋白質代謝**：アミノ酸として腸壁から吸収された蛋白質をアルブミンやフィブリノーゲン、プロトロンビン等の血漿蛋白質などに合成する。

⑦**細胞内に脂肪の予備を貯蔵**：脂肪酸の合成、分解なども行っている。

⑧**体温を維持**：体内で発生する熱量の多くは筋肉及び肝臓に負っている。肝臓が弱ってくると寒い暑いに対処する熱発生の調節がスムーズに行われなくなる。

⑨**ビタミン類の貯蔵、活性化、輸送、分解、合成**

⑩**免疫をつかさどる**：肝臓は生体防御にとって不可欠な臓器である。マクロファージによる防御のほか、樹状細胞とリンパ球が常に監視している。また、肝臓内の抗原に対する局所的防御だけではなく、血行性の抗原に対する全身性防御にあたる。

⑪**血液の貯蔵**：体循環の血液量を調節する。

⑫**ヘパリンの生成**：血管内血液凝固の防止。

肝臓は様々な機能を持っているが、主に代謝、胆汁の分泌、解毒が重要である。

ナビゲーション

■肝臓の図

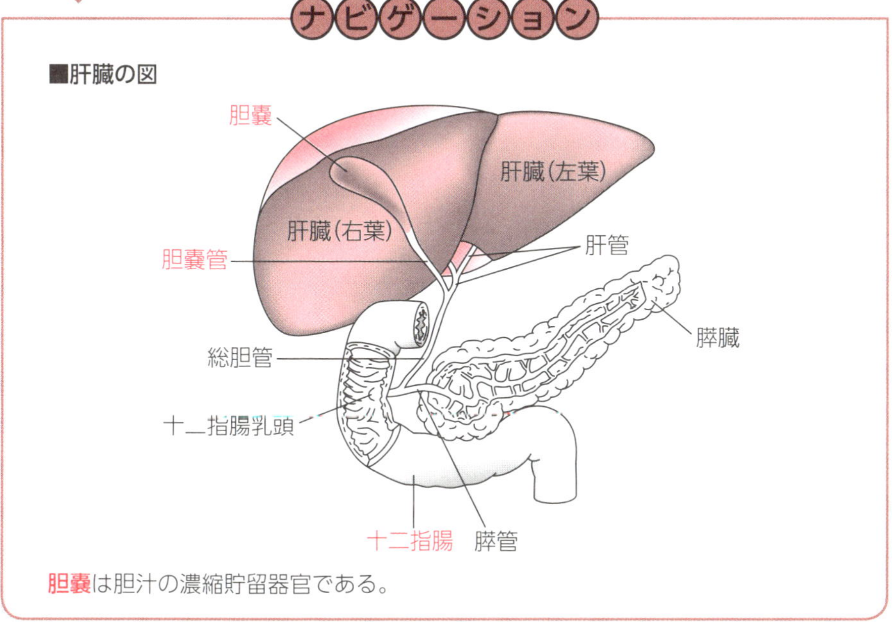

胆嚢は胆汁の濃縮貯留器官である。

出題パターン

Q1 肝臓は、血液凝固物質や血液凝固阻止物質を生成する。

Q2 肝臓は、アルブミンを生成する。また肝臓には、解毒作用がある。

Q3 肝臓は、門脈血に含まれるブドウ糖をグリコーゲンに変えて蓄え、血液中のブドウ糖が不足すると、グリコーゲンをブドウ糖に分解して血液中に送り出す。

Q4 肝臓は、脂肪を分解する酵素であるペプシンを分泌する。

Q5 肝細胞から分泌される胆汁は、消化酵素は含まないが、脂肪を乳化させる働きがある。

A1＝○ 肝臓は、血液凝固物質のフィブリノーゲンや、血液凝固阻止物質のヘパリンを生成する。

A2＝○ アルブミンの生成やアミノ酸の処理、解毒作用は、肝臓の代表的な機能である。

A3＝○ 肝臓はグリコーゲンの合成、蓄積とブドウ糖への分解を行う。

A4＝× ペプシンは蛋白質を分解する胃の消化酵素である。

A5＝○ 胆汁は脂肪の消化吸収に欠かせない。

肝臓（2）ここを押さえる

●血清トランスアミナーゼ（AST、ALT）

細胞内酵素であるAST（GOT）、ALT（GPT）が血中で増加した場合、肝臓障害、心筋梗塞、溶血などの診断の手がかりになる。

① AST：アスパラギン酸アミノトランスフェラーゼの略で、アミノ基転移酵素である。このASTの値が高いと、肝疾患（急性・慢性肝炎、脂肪肝など）や心疾患（特に心筋梗塞）などが疑われる。

② ALT：アラニンアミノトランスフェラーゼの略で、ASTと同じくアミノ酸を作り出す酵素である。ALTは特に肝細胞の変性、壊死に反応し、ALT値が高いと、急性・慢性肝炎、肝硬変などが疑われる。

●γ－GTP

AST、ALTと同じく蛋白質を分解する酵素の一つ。アルコールや薬剤などが肝細胞を破壊したときや、結石、がんなどで胆管が閉塞したときに、血中に出てくるもので、肝臓や胆道に病気があると他の酵素より早く異常値を示す。特に**アルコール性肝障害の指標**として有効である。正常値は成人で50単位以下。

●肝臓病

肝臓病になるとその肝細胞が次々に壊れていくが、かなり悪化するまで自覚症状は出にくい。このため肝臓は「沈黙の臓器」と呼ばれる。

①**肝臓病が進行した場合の自覚症状**：体がだるい、食欲がない、吐き気がする、尿の色が濃い、体が黄色になる、体が痒い、手のひらが赤い、腹が張る、足がむくむ、（男性）乳が張って痛い、かび臭い口臭がする、などである。

②**肝臓病の種類**：原因で分類すると、**ウイルス性**、薬剤性、**アルコール性**、自己免疫性、先天性などに分けられる。病名で分類すると、**肝炎**、**肝硬変**、**脂肪肝**などに分けられる。

③**急性肝炎**：慢性肝炎は通常6か月以上肝炎が続いている状態なのに対し、急性肝炎は突然肝炎が起こり、たくさんの肝細胞が破壊される。その主な原因は肝炎ウイルスであり、日本で多い肝炎はB型とC型である。

B型肝炎はB型肝炎ウイルス（HBV）の感染で、C型肝炎はC型肝炎ウイルス（HCV）の感染により起こる。C型肝炎は感染してから慢性肝炎、肝硬変、肝がんといった病気になりやすいのに比べ、B型肝炎は、こうした病気にならないことが多いが、感染力が強いとされる。

④**アルコール性肝障害**：一般的に、飲酒の量と飲酒期間に比例して肝臓病の症状が進行している。

① AST、ALT が血中で増加した場合、肝臓障害、心筋梗塞、溶血などの診断の手がかりになる。
② γ－GTP はアルコールや薬剤などが肝細胞を破壊したときや、結石、がんなどで胆管が閉塞したときに、血中に出てくる。肝臓や胆道に病気があると他の酵素より早く異常値を示す。

■肝炎ウイルスの種類

ウイルスの種類	感染経路	慢性化
Ａ型肝炎ウイルス	食物や飲料水から	なし
Ｂ型肝炎ウイルス	血液や体液	子供では高率、大人ではまれ
Ｃ型肝炎ウイルス	血液や体液	70％が慢性化
Ｄ型肝炎ウイルス	血液や体液	あり
Ｅ型肝炎ウイルス	食物や飲料水から	なし
Ｇ型肝炎ウイルス	血液や体液	あり
ＴＴ型肝炎ウイルス	血液や体液	あり

日本ではＢ型とＣ型肝炎ウイルスが多い。

出題パターン

Q1 肝疾患では、一般に血液中の AST、ALT は顕著な減少を示す。
Q2 γ－GTP はアルコール性肝障害の指標とされる。
Q3 γ－GTP は肝臓や胆道に病気があると他の酵素より早く異常値を示す。
Q4 肝臓病は自覚症状が出やすく、症状が悪化する前に発見されるケースが多い。

A1＝× トランスアミナーゼと呼ばれる AST、ALT は、蛋白質を再合成するのに必要な酵素であり、肝障害を受けると血液中に流れ、血清中の濃度が高くなる。

A2＝○ γ－GTP はアルコール多飲で上昇するので、アルコール性肝障害の指標とされる。

A3＝○ γ－GTP は結石、がんなどで胆管が閉塞したときにも上昇し、肝臓や胆道に病気があると他の酵素より早く異常値を示す。

A4＝× 肝臓は「沈黙の臓器」と呼ばれ、かなり悪化するまで自覚症状は出にくい。健康診断などの機会に偶然発見されるケースが７割を占めている。

心臓・循環 ここを押さえる

●心臓の仕組み

心筋の収縮と弛緩によるポンプ作用により、血液を静脈から吸引し動脈に送り出すことにより全身に循環させている。また、4つの心臓弁膜（三尖弁（さんせんべん）、肺動脈弁、僧帽弁、大動脈弁）と四肢の静脈にある弁膜が逆流を防いでいる。

①**心拍数**：年齢、運動状態、精神状態、発熱などで異なるが、一般的に成人の安静時の心拍数は60〜80回／分である。

②**脈拍**：比較的太い動脈が体表近くを通っている場所では、心臓の拍動が伝わった血管の拍動に触れられる。手首部分の橈骨（とうこつ）動脈のほか、鎖骨の中央部分、鼠径部、等でも触れられる。

③**拍出量**：安静時1回の拍出量は約60〜70ml であり、1分間におおよそ4〜5L の流量がある。運動時には1分間に15〜20L にもなる。

④**動脈・静脈**：流れる血液の性質に関係なく、心臓から出て行く血液が流れる血管が動脈であり、心臓に戻る血液が流れる血管が静脈である。肺動脈には静脈血が流れ、肺静脈には動脈血が流れる。

⑤**動脈血・静脈血**：肺でガス交換が行われ、酸素を多く含んだ新鮮な血液が動脈血であり、二酸化炭素と組織の老廃物を多く含んだ血液が静脈血である。

●血液の循環

①**体循環**（大循環）：血液が左心室から大動脈に入り、全身の組織、器官の毛細血管を経て静脈に入り、右心房に戻るまでをいう。

②**肺循環**（小循環）：血液が右心室から肺動脈を経て肺に入り、肺の毛細血管から肺静脈を経て左心房に戻るまでをいう。

●血圧

心筋が収縮して生じた圧力が血管内に伝わったものであり、大動脈の中で最も高く、動脈の末梢に近づくにつれ低くなる。毛細血管、静脈ではさらに低くなる。

心室が収縮したときの圧が最も高く、**最高血圧**といい、心室が弛緩して圧力が動脈に加えられないときの動脈内の圧力が**最低血圧**である。最高血圧と最低血圧の差を脈圧という。

・**血圧測定**：一般には上腕動脈の圧力を血圧計を用いて測定する。電子機器を使った手首や指先などで測定する市販の血圧計も多くみられるようになったが、これらは測定数値を上腕動脈での値に換算して表示するシステム。

●主な心臓病

心筋梗塞（心筋の酸素不足による発作性のショック状態）、狭心症、心筋症、弁膜症、不整脈、心内膜症、心不全（心機能低下により十分な血液を送り出せなくなった状態）。

①心臓から出て行くのが**動脈**（**大動脈**、**肺動脈**）。入ってくるのが**静脈**（**大静脈**、**肺静脈**）。

②肺動脈には**静脈血**が流れ、肺静脈には**動脈血**が流れる。

③左心室→**大動脈**→身体各部→**大静脈**→**右心房**→**右心室**→**肺動脈**→肺→**肺静脈**→左心房→**左心室**

動脈血（左心室～身体各部）　静脈血（身体各部～肺動脈）　動脈血（肺静脈～左心室）

ナビゲーション

■血液の循環

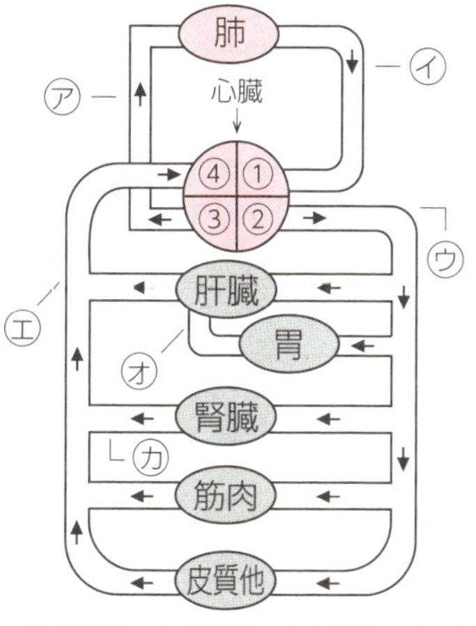

肺、心臓、④①③②、肝臓、胃、腎臓、筋肉、皮質他、ア、イ、ウ、エ、オ、カ

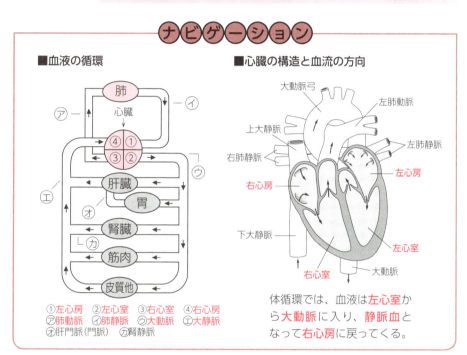

①左心房　②左心室　③右心室　④右心房
㋐肺動脈　㋑肺静脈　㋒大動脈　㋓大静脈
㋔肝門脈（門脈）　㋕腎静脈

■心臓の構造と血流の方向

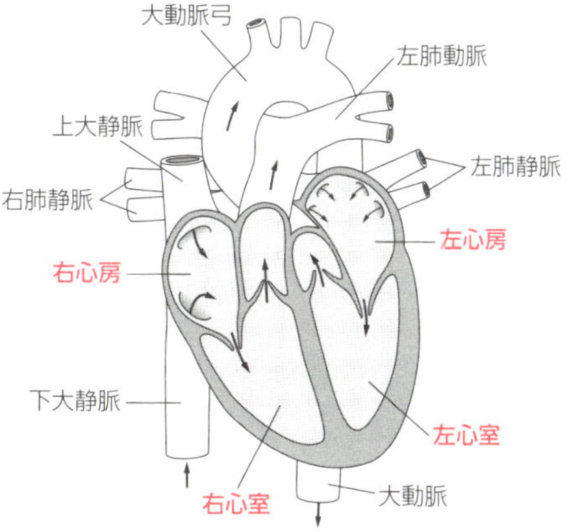

大動脈弓、左肺動脈、上大静脈、左肺静脈、右肺静脈、左心房、右心房、下大静脈、左心室、右心室、大動脈

体循環では、血液は**左心室**から**大動脈**に入り、**静脈血**となって**右心房**に戻ってくる。

出題パターン

Q1 心臓の血液拍出量は、普通1回に平均約60ml 程度である。

Q2 右心室に流れている血液は静脈血であり、左心室に流れている血液は動脈血である。

Q3 肺循環では、血液は右心房から肺静脈を経て肺の毛細血管に入り、肺動脈を経て左心房に戻る。

Q4 肺循環により左心房に戻ってきた血液は、左心室に押し出される。

A1＝○ 安静時1回の拍出量は約60～70ml（1分間に4～5L）である。

A2＝○ 肺動脈には静脈血が流れ、肺静脈には動脈血が流れる。すなわち肺動脈につながる右心室の血液は静脈血であり、肺静脈から左心房に流れ込むのは動脈血である。

A3＝× 右心室から肺動脈を経て肺に入り、肺の毛細血管から肺静脈を経て左心房に戻る。

A4＝○ 左心室→身体各部→右心房→右心室→肺→左心房→左心室の順である。

赤血球・白血球 ここを押さえる

●血液の量と組織

血液は体重の約８％（体重の1/13～1/10）で、体重60kgの男性で約５Ｌである。そのうち約45％が赤血球、白血球、血小板などの有形成分（血球）で、約55％が無形成分の血漿である。

●赤血球

①形状：無核の円盤状で両面の中央がへこんでいる。

②大きさ：生鮮状態で直径約8.5μm。

③数：男子500万個／mm^3、女子450万個／mm^3。血球の約96％。

④赤色骨髄で作られ、古くなると、肝臓、脾臓で壊される。寿命は約120日である。

⑤血液の pH の調節維持を行う。

⑥機能：酸素を組織に供給し、不要な二酸化炭素を肺で放出する。この役割を担うのがヘモグロビン（血色素）である。ヘモグロビンは鉄分を含む蛋白質であり、赤血球内で生産される。血液が赤く見えるのはヘモグロビンのためである。ヘモグロビンには身体中の約60％の鉄が含まれ、周囲の酸素濃度によって構造を変えてその鉄イオンに酸素を結合したり離したりする性質を持っている。ヘモグロビンは酸素と結合すると鮮紅色のオキシヘモグロビンとなり、酸素を解離すると暗赤色のデオキシヘモグロビンになる。このため動脈血は鮮紅色に、静脈血は暗赤色に見える。

⑦ヘマトクリット値：血液中の赤血球が占める容積である。成人の正常値は男子42～45％、女子40～42％であり、男女差がみられる。

●白血球

①形状：アメーバ様運動をし、有核である。

②大きさ：５～20μm。

③数：6,000～8,000個／mm^3（男女差なし）

④赤色骨髄、リンパ組織で作られ、古くなったものは脾臓、骨髄で壊される。寿命は３～４日である。

⑤機能：食作用（細菌、異物を貪食）、解毒作用（異種蛋白の処理）、ヘパリン生成（血管内血液凝固の防止）、ヒスタミン生成（免疫反応）、免疫作用（抗体産生）。

⑥白血球の種類：顆粒球と単球、リンパ球がある。リンパ球は細菌や外来異物に対する免疫機構として重要な役割を担っている。リンパ球には抗体を産生するＢ細胞と、標的を直接攻撃するＴ細胞がある。顆粒球は細胞内に多数の顆粒を含み、好中球、好酸球、好塩基球に分類される。単球（マクロファージ、大食細胞）は抗体で覆われた病原体の食作用と殺菌作用がある。

①ヘマトクリット値とは血液中の赤血球が占める容積である。
②赤血球の寿命は約120日、白血球は3～4日である。
③白血球のリンパ球には免疫機構の役割があり、抗体を産生するB細胞と、標的を直接攻撃するT細胞がある。

※なお、血液の凝集反応とは、赤血球にある凝集原と他人の血清中の凝集素が抗原抗体反応を起こし赤血球が寄り集まること。あわせて理解しておきたい。

出題パターン

Q1 血液の容積に対する血小板の相対的容積（%）をヘマトクリット値といい、その値は男女による差がない。

Q2 赤血球は、その中に含まれているヘモグロビンにより酸素を肺から各組織へ運搬する。

Q3 白血球のうちリンパ球は免疫反応に関与している。

Q4 人体の血液量は、体重の1/13～1/10を占めている。

Q5 赤血球は、核のない円盤状の細胞で、血液1mm^{3}中に450万～500万個程度含まれ、寿命は約120日である。

A1＝× ヘマトクリット値は、血液中の赤血球が占める容積である。成人の正常値は男子42～45%、女子40～42%であり、男女差がみられる。

A2＝○ 赤血球中のヘモグロビンが O_2、CO_2と結合してこれを運搬する。

A3＝○ 抗体を産生するB細胞と、標的を攻撃するT細胞がある。

A4＝○ 血液の量は、体重の約8%（体重の1/13～1/10）で、体重60kgの男性では約5Lである。

A5＝○ 男子で500万個、女子で450万個とされ、寿命は約120日である。

血漿・血小板・その他 ここを押さえる

●血漿（液体成分）

血液から血球を取り除いた淡黄色、コロイド状の液体で、血液全体の55%を占め、その91%は水分である。ここに蛋白質、糖質、脂質、電解質、無機質、酵素、ビタミン、ホルモンなどが溶解している。

①**生理作用**：浸透圧の維持、免疫抗体の産生、血液凝固、体液・体温調節、栄養素・老廃物・ホルモンの運搬、血圧の調節、pHの調節維持

②**リンパ**：血漿が毛細血管壁からにじみ出した液体を間質液（組織液）といい、この一部がリンパ毛細管に入りリンパ管を流れる液体をリンパという。

③**血漿蛋白質**：主に肝臓で合成される。

・**アルブミン**：浸透圧の維持、細胞への蛋白質供給

・**グロブリン**（α、β、γ）：免疫機能に関与し、γグロブリン（抗体）は免疫グロブリン（Ig）とも呼ばれる。

④**血清**：血漿からフィブリノーゲンを除いたもの。

⑤**血糖**：血中のブドウ糖であり、正常値80〜150mg／dl含まれる。

・**血糖上昇ホルモン**：成長ホルモン（下垂体前葉）、副腎皮質刺激ホルモン（副腎皮質）、アドレナリン（副腎髄質）、グルカゴン（ランゲルハンス島・α細胞）

・**血糖低下ホルモン**：インスリン（ランゲルハンス島・β細胞）、甲状腺刺激ホルモン（下垂体前葉）、甲状腺ホルモン（甲状腺）

●血液型

・血清中に抗Aと抗Bの凝集素があり、赤血球中にはこれを凝集させる凝集原A、Bがある。この性質により血液はA、B、AB、Oに分けられる。

・血液型を決定する抗原はABO式血液型以外にも、Rh式血液型などがある。

●血液の凝固・凝集反応

血液の凝集反応とは、赤血球にある凝集原と他人の血清中の凝集素が抗原抗体反応を起こし赤血球が寄り集まること。

赤血球のA型にはA抗原（凝集原A）、B型にはB抗原（凝集原B）があり、血清には赤血球と反応する抗体、A型にはB抗原と反応する抗B抗体（凝集素B）、B型にはA抗原と反応する抗A抗体（凝集素A）がある。

・<血液の凝固反応>フィブリノーゲン（線維素原）が不溶性のフィブリン（線維素）に変化し血液を凝固させる

●血小板

血管が破れて出血すると、そこに集結して血栓を作り、傷口をふさいで出血を止める。

・正常値：12万〜38万個／mm^3、2〜4μm、無核である。

・赤色骨髄で作られ、脾臓で壊される。

①血小板は、血管が破れて出血すると、そこに集結して血栓を作り、傷口をふさいで**出血を止める**。
②フィブリノーゲン（線維素原）は体外で酸素に触れ、不溶性の**フィブリン**（**線維素**）に変化し、**血液を凝固する**。

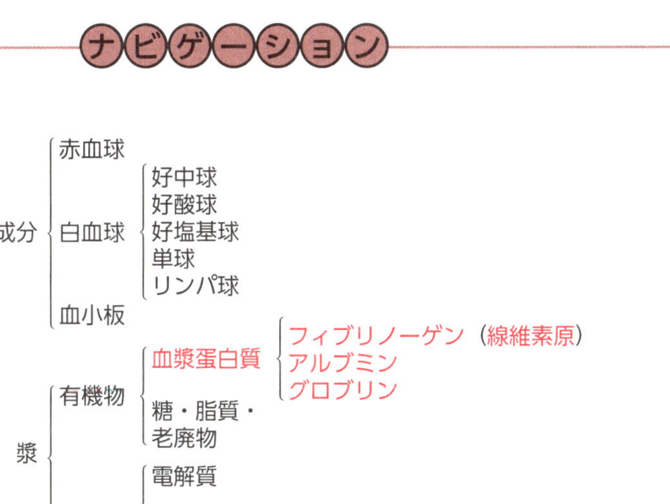

出題パターン

Q1 ABO式血液型は、白血球による血液型分類の1つで、A型血液の血清は抗A抗体をもつ。

Q2 血漿の中には、アルブミン、グロブリンなどの蛋白質が含まれている。

Q3 血液は、血漿と有形成分からなっており、血漿は淡黄色のコロイド性水溶液でその91%が水である。

Q4 血液の凝固は、血漿中のフィブリノーゲン（線維素原）が不溶性のフィブリン（線維素）に変化する現象である。

Q5 血糖値を上昇させるインスリンを分泌するのは、肝臓のランゲルハンス島である。

A1＝× 血液型の決定は赤血球で行われ、A型血液の血清は抗B抗体をもつ。

A2＝○ 血漿にはアルブミン54%、グロブリン38%が含まれる。

A3＝○ 血漿は血液の55%を占めている。

A4＝○ 血液凝固はフィブリノーゲンがフィブリンに変化する現象である。

A5＝× インスリンは血糖値を低下させる。ランゲルハンス島は膵臓にある。

筋肉 ここを押さえる

●筋の種類

筋組織は筋線維の集まりであり、収縮によって運動を行う。骨格筋、平滑筋、心筋の３種類に分けられる。そのうち骨格筋は約400個あり、体重の約50％である。それぞれの筋肉は、筋線維が何十万本と束になってできている。

- 筋
  - 横紋筋
    - 骨格筋 ＝ 随意筋
    - 心筋（不随意筋）
  - 平滑筋 ＝ 内臓筋（不随意筋）

①形態的分類：横紋筋（骨格筋、心筋）、平滑筋（内臓筋）

②機能的分類

・随意筋：自分の意志でコントロールできる筋肉。骨格筋がこれに当たり、脳脊髄神経支配を受ける。

・不随意筋：自分の意志ではコントロールできない筋肉。平滑筋、心筋がこれに当たり、自律神経支配を受ける。

③色の違いによる分類

・白筋（速筋）は速い収縮で疲労しやすく、ヒラメタイプの短距離型である。

・赤筋（遅筋）は持続的な弱い収縮で疲労しにくく、マグロタイプの長距離型である。

●収縮力（筋力）

筋肉の収縮力は、筋肉の太さに比例し、１回の収縮の中では収縮しようとする瞬間に一番大きい作業能力を現す。最大筋力は断面積１cm^2当たり約6.5kgで性差、年齢差はほとんどない。

●筋収縮の種類

①動的収縮

・等張性収縮：ダンベルを使った運動のように、一定の抵抗における筋の収縮で、伸張性収縮と短縮性収縮がある。動きのある運動になる。

・伸張性収縮：筋が緊張しつつもより筋が伸びてゆく状態。

・短縮性収縮：筋が短縮しながら力を発揮する状態。

・等速性収縮：関節の回転速度や作用を及ぼす部分の動く速さを規定し、そのとき発揮される力。

②静的収縮

・等尺性収縮：運動は起こらないが、筋を緊張させ姿勢を保つ。

●筋疲労

筋に反復刺激を与え続けると収縮力がだんだん減り、ついには収縮不能となる。これを筋疲労という。

●筋疲労の原因

①過度の刺激

②グリコーゲンの欠乏

③酸素の欠乏

④乳酸の蓄積

熱エネルギー源であるグリコーゲンは、筋肉の収縮時に酸素の供給が不十分だと、水と二酸化炭素にまで分解されず乳酸が生成される。

●熱エネルギー源

筋肉内、肝臓に蓄えられたグリコーゲンはCO_2とH_2Oに分解してできるが、筋線維の収縮は直接的にはアデノシン三リン酸（ATP）が二リン酸（ADP）に分解する際に生じるエネルギーによる。ATPが枯渇するとグリコーゲンが分解しATPの合成を行う。

①直立、姿勢保持のとき、**筋肉は等尺性収縮**をしている。伸びたり縮んだりせずに**同じ長さを保持**しているという意味である。
②心筋は骨格筋と同じ**横紋筋**であるが、**不随意筋**である。

ナビゲーション

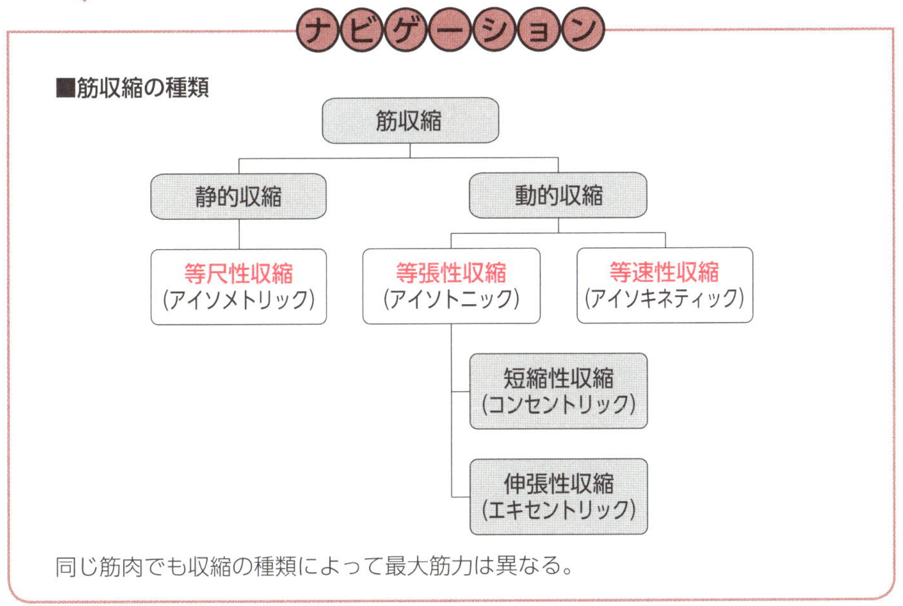

同じ筋肉でも収縮の種類によって最大筋力は異なる。

出題パターン

Q1 人が直立しているとき、姿勢保持の筋肉は、伸張性収縮を常に起こしている。

Q2 筋肉に疲労現象が起こるのは、筋肉中に乳酸が増加してグリコーゲンの分解が妨げられ、筋肉の収縮が弱くなっているからである。

Q3 筋肉中のグリコーゲンは、筋肉の収縮時に酸素の供給が不十分であると、水と二酸化炭素（炭酸ガス）にまで分解されず乳酸になる。

Q4 筋肉の縮む速さが適当なときに、仕事の効率が一番大きい。

Q5 筋肉は、収縮しようとする瞬間に一番大きい作業能力を現す。

A1＝× 直立、姿勢保持の場合、**筋肉は伸張性収縮ではなく**、**等尺性収縮**をしている。

A2＝○ 筋疲労の原因は、①過度の刺激、②**グリコーゲン**の欠乏、③**酸素**の欠乏、④**乳酸**の蓄積である。

A3＝○ 完全に分解されないと**乳酸**が生成される。

A4＝○ 縮む速さが適当なときに疲労しにくく、仕事の効率が一番大きい。

A5＝○ 筋肉の収縮力は太さに比例し、収縮しようとする瞬間に一番大きい力を出す。

体温 ここを押さえる

●体温と体熱産生

体温は、主に体内栄養素の酸化燃焼（異化）・分解などの化学反応で産生される身体内部の温度である。

代謝が活発な骨格筋運動や肝臓の代謝では産熱が多く、腎臓、脾臓等も熱の産生器官である。

温度が低い時は、皮膚の血管が収縮して、血流量を減少させ、皮膚温を下げる。

そこで、毛穴を閉じたり（鳥肌が立つ）などで熱の産生量を増やし、放熱を防ぐ。

正常体温は腋下で36.5℃、口腔温37℃、直腸温37.5℃程度で、42℃を超えると生体内の蛋白質が熱で凝固するため、生命維持が困難になる。

直腸温が35℃以下になることを低体温という。32℃以下になると産熱が十分行われなくなり、意識の混濁や脈が激しくなるなどの症状が現れる。20℃で心臓は停止する。

●ホメオスタシス（生体恒常性）

体温調節中枢は、間脳の視床下部にあり、体温を一定に保つように機能する。

また、体温調節のように外部環境変化に対して身体内部の状態を恒常的に保とうとする。この仕組みをホメオスタシス（生体恒常性）といい、主に自律神経系と内分泌系により調節される。

●体温調節

体熱産生に対し、体熱放散は輻射（接触なしに体熱が他の物質に移動）、伝導（身体と接触している物質への移動）、対流（空気や液体の運動による体熱の移動）、蒸発の4つの物理現象で行われる。

蒸発は液体の蒸発によるもので、「発汗」と「不感蒸泄」がある。

発汗による体温調節では、汗が蒸発するときの気化熱で体温を下げている。水の気化熱は1ml（1g）につき約0.58kcalの気化熱が奪われる。また、人体の比熱（体重1kgを1℃高めるのに要する熱量）は、約0.83である。

＜体重70kgの人の体温調節＞

計算上では、70×0.83＝58.1kcalとなり、これは水が100ml（100g）蒸発するときの気化熱にほぼ等しい熱量となる。したがって、汗を100mlかくと体温を1度下げることになる。

＜不感蒸泄＞

不感蒸泄とは、運動状態等の**発汗をしていない状態**でも、皮膚面・口腔・気道等の粘膜から水分が常に蒸発していること。その水分量は1日に800～1,000ml程度（皮膚から約500～600ml）である。

※汗の成分：

①液体成分：水分99％以上

②固形成分：塩化ナトリウム、尿素、尿酸、クレアチニン、アンモニア、乳酸、アミノ酸等

①体温（熱）は主に体内**栄養素**の**酸化燃焼**（**異化**）、分解などの化学反応によって産生される。
②高温にさらされ正常以上の**体温**に**上昇**すると体内の**代謝活動**が**抑制**され、熱の**産生量**を**減らす**。
③外部環境の変化に無関係に体温を一定に調節しようとする仕組みを**生体恒常性**（**ホメオスタシス**）という。
④体熱の放散は、**輻射**、**伝導**、**対流**、**蒸発**によって行われる。
⑤**不感蒸泄**では発汗がなくとも1日約850g の水分が蒸発する。

■体温と身体の状況

身体状況	体温の値
正常体温	**腋下**温36.5℃ ＜**口腔**温37.0℃ ＜**直腸**温37.5℃
日差変動	最低温度：早朝（午前4～6時）、最高温度：（午後3～8時）
最高体温	42℃以上をいい、**生体蛋白**が**凝固**、生命維持困難
低 体 温	**直腸温度35℃以下**をいう
産熱不能	直腸温度32℃以下、熱産生不能となる。意識は混濁
心臓停止	**20℃以下**になると**心臓が停止**する

出題パターン

Q1 寒冷にさらされ、正常以下の体温になると皮膚の血管は収縮し、血流量が減り、放熱が減少する。

Q2 外部環境が変化しても身体内部状態を一定に保とうとする性質をサーカディアンリズムという。

Q3 体温調節中枢は小脳にある。

Q4 発汗の無い状態でも皮膚及び呼吸器から1日約850g の水分の蒸発があり、これによる放熱は全放熱量の25％を占める。

A1＝〇 寒さに対する**体温の自動調節**の仕組みの説明で正しい。

A2＝× 体内状況を一定に保とうとする生体の性質は、**ホメオスタシス**という。

A3＝× **体温調節中枢**は小脳ではなく**間脳**の**視床下部**にある。

A4＝〇 **不感蒸泄**に関する説明で正しい。不感蒸泄では1日約850g の水分が蒸発し、これによる放熱は全放熱量の25％を占める。

代謝 ここを押さえる

●基礎代謝量（BMR）

生体が絶対安静時に、生命維持のみに必要な最低限のエネルギーである。すなわち目覚めている状態で生命を維持する心臓、呼吸、腎臓、体温や筋緊張の維持などのために必要な最小限のエネルギー消費量である。

①安静時代謝量は座位における代謝量であり、基礎代謝量の10～20％増しである。すなわち座っているだけで代謝量は基礎代謝量の1.2倍になる。

②成人の１日当たりの基礎代謝量は、男1,400～1,600kcal、女1,200～1,400kcalであり、一般に男性の方が高い。

③基礎代謝量は、性、年齢、体格、人種などで異なるが、同性、同年齢であれば体表面積にほぼ比例する。

④同じ体重でも筋肉量が多く体脂肪率の低い人の方が基礎代謝量が高くなる。

●エネルギー代謝率（RMR）

作業に要したエネルギー量の基礎代謝量（作業時間当たり）に対する比率であり、作業の強度を示す。

> エネルギー代謝率
> ＝作業に要したエネルギー量÷基礎代謝量
> ＝（総代謝量－安静時代謝量）÷基礎代謝量

※安静時代謝量＝基礎代謝量×1.2である。

●物質代謝

体外から摂り入れた物質を化学変化させて体組織の成分にし、また不要になった成分を他の物質に変化させて体外に排出することであり、新陳代謝又は代謝という。

●炭水化物の代謝

①摂取された炭水化物はブドウ糖として吸収され、グリコーゲンに合成されて肝細胞、筋肉に蓄えられる。

②筋肉や組織が活動するためにエネルギーが必要になると、グリコーゲンは再びブドウ糖に分解され、さらに炭酸ガスと水になるに伴い、エネルギーが放出される。

③炭酸ガスと水は体外に排出される。水はほとんどが腎臓から排出されるが、肺、皮膚からも排出される。

●蛋白質の代謝

①摂取された蛋白質はアミノ酸に分解されて、腸で吸収され肝臓に運ばれる。肝臓で再び蛋白質に合成され、体組織構成材料となる。

②体細胞が消耗し組織が分解する際、アンモニアができる。このアンモニアを肝臓で尿素、尿酸にし、尿として排出する。

●脂肪の代謝

脂肪は脂肪酸とグリセリンになって吸収され、中性脂肪に合成されて皮下や筋肉組織の間に蓄積される。必要に応じて分解され、エネルギー源となる。その分解産物は炭酸ガスと水である。

①基礎代謝量は、覚醒、横臥、安静時の値である。性、年齢、体格、人種などで異なるが、同性、同年齢であれば体表面積にほぼ比例する。

②エネルギー代謝率（RMR）とは、作業に要したエネルギー量の基礎代謝量に対する比率である。

■代謝関連キーワード

キーワード	概　要
同　化	・体内に摂取した炭水化物や脂質等の栄養素は、消化器により、消化・吸収・分解され、ATP（アデノシン三リン酸）に生成され、活動に必要なエネルギーとして蓄えられる。このように体内にエネルギーが蓄積される過程を「同化」という。
異　化	・同化とは反対に、細胞に取り入れられた体脂肪やグリコーゲンなどが分解されてエネルギーが発生する過程を「異化」という。
代　謝	・「同化」と「異化」とを併せて新陳代謝、又は単に「代謝」という。 ・生体における代謝を「エネルギー代謝」という。
呼吸商	・体内で栄養素が分解され、エネルギーに変換されるまでに消費された酸素と排出された二酸化炭素の容積比をいう。

※メッツ（METs）：身体活動の強度を表す単位で、その活動が安静時（1メッツ）の何倍に相当するかを表す。

出題パターン

Q1 基礎代謝量は、覚醒、横臥、安静時の値である。

Q2 エネルギー代謝率は、動的筋作業の強度を表す指標として有用である。

Q3 作業を行わず、ただ、じっと座っているだけの場合のエネルギー代謝率は、1.2である。

A1＝○ 基礎代謝量は、安静時の値である。睡眠中の測定値ではないことに注意する。

A2＝○ エネルギー代謝率は、動的筋作業の強度を表す指標ではあるが精神的作業には不適。

A3＝× エネルギー代謝率は、運動や作業などの活動量を評価する指標で、作業を行わず、ただじっと座っているだけの状態に適用するものではない。

睡眠（1）ここを押さえる

●睡眠の役割

睡眠不足のときの不愉快な気分や意欲のなさは、身体ではなくて大脳そのものの機能が低下していて、大脳が休息を要求していることを意味している。睡眠とは、大脳をうまく休ませる機能であるといえる。

●レム睡眠とノンレム睡眠

①**レム睡眠**：急速眼球運動を伴う睡眠で、大脳をノンレム睡眠の状態から目覚めさせる眠りという意味である。筋肉の緊張や反射活動は強く抑えられている。通常は、呼吸や脈拍が増加し、血圧はノンレム睡眠時に比べて少し高くなる。また神経活動が活発になり、複雑な内容の鮮明な夢を見る。

②**ノンレム睡眠**：レム睡眠でない眠りという意味で、大脳を休ませ回復させる眠り、いわゆる安らかな眠りである。睡眠の深さにより、ノンレム睡眠は、1．うとうとしている入眠期、2．浅い眠り、3．中等度の眠り、4．深い眠りの4つの段階に分類される。

●睡眠の単位

健康な成人では、上記2種類の眠りが約1.5時間の単位を作り、いくつかの単位がまとまって一夜の睡眠を構成している。最初の2単位、つまり寝入りばなの約3時間のあいだに、質の良い眠り（深いノンレム睡眠）がまとめて出現する。以後は、浅いノンレム睡眠とレム睡眠の組み合わせとなる。ノンレム睡眠は大脳を鎮静化するための眠りであり、レム睡眠は大脳を活性化するための眠りである。

●生体の保守点検や成長

生体は熟睡状態を利用して、自己の保守点検や成長を定期的に実行する。

・ストレス状態では不眠が起こりやすく、このとき分泌される副腎皮質刺激ホルモンは睡眠を抑制する作用がある。

・睡眠は免疫増強過程とも密接に関わっている。生体がウイルスや細菌に感染すると、それらが体内で分解されて生じた物質が、生体防御反応を誘発するとともに、発熱とノンレム睡眠を誘発する。

●睡眠中の体温

1日の体温変化（深部体温）は、明け方に最も低く、日中に上昇し、夕方にかけてピークを迎え、また下がっていくというカーブを描く。人間は体温が下がり始めると代謝が不活性化して眠くなる。

●ヒトの睡眠の特徴

ヒトは、複数の睡眠単位をつないで、1日1回の長い睡眠（単相性睡眠）にする。これに対し、ほかの哺乳動物の睡眠は、1日に何回も眠るパターン（多相性睡眠）を示す。

①1日の体温変化（深部体温）は、明け方に最も低く、日中に上昇し、夕方にかけてピークを迎え、また下がっていくというカーブを描く。
②人間は体温が下がり始めると代謝が不活性化して眠くなる。

■レム睡眠・ノンレム睡眠の周期

約1.5時間単位の重なりとなっている。起床時間がレム睡眠時に重なると比較的気分良く目覚められる。

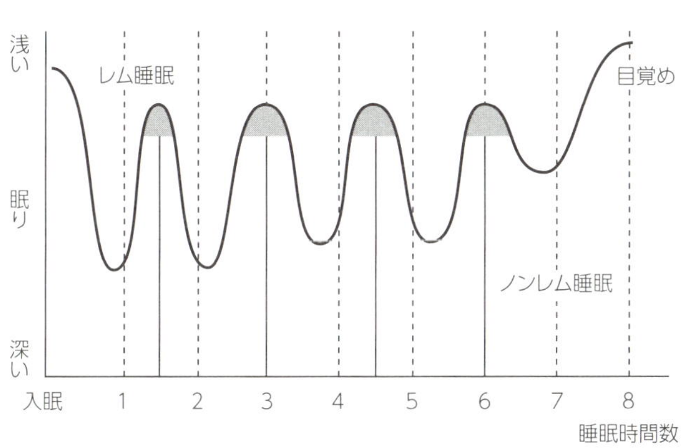

出題パターン

Q1 睡眠は、ストレスの解消に極めて有効な対策である。
Q2 睡眠中には体温の低下がみられる。
Q3 睡眠中は新陳代謝が盛んになる。
Q4 ストレス状態では不眠が起こりやすく、このとき分泌される副腎皮質刺激ホルモンは睡眠を抑制する作用がある。
Q5 睡眠には、脳波パターンからレム睡眠とノンレム睡眠の２種類があることがわかる。

A1＝○ 睡眠は重要な疲労回復因子である。
A2＝○ 睡眠中は、副交感神経が優位になり、体温低下、心臓拍動数の減少、呼吸数の減少などがみられる。
A3＝× 睡眠中は筋肉も弛緩し、代謝量が基礎代謝量に近づき、新陳代謝は低下する。
A4＝○ 副腎皮質刺激ホルモンには睡眠抑制作用がある。
A5＝○ どちらの睡眠でも体は休んでいるが、ノンレム睡眠は大脳を鎮静化し、レム睡眠は大脳を活性化するための眠りである。

睡眠（2）ここを押さえる

●睡眠の年齢差

睡眠の質と量は年齢に大きく依存する。

●睡眠の男女差

女性の卵胞ホルモンと黄体ホルモンは、それぞれ眠気に抑制と促進の効果を及ぼす。更年期以後の女性に不眠が増える傾向は男性よりも著しいが、睡眠時の呼吸機能が男性は弱く、睡眠の質的内容は男性の方がはるかに劣る。

睡眠が不足すると、感覚機能、集中力、作業の能率が低下し、判断の誤りを誘発するので、交通事故などの危険が増す。

●睡眠の個人差

・短眠と長眠との決定的な差は、睡眠の質の違いである。短眠者は睡眠効率が良く、深いノンレム睡眠の割合が多いのに対し、長眠者は浅いノンレム睡眠、レム睡眠、中途覚醒の割合が多い。

・入眠時刻あるいは起床時刻に関しては、早寝早起きの朝型（ヒバリ型）と宵っぱりの朝寝坊の夜型（フクロウ型）という個人差がある。

●睡眠と自律神経

睡眠にかかわる自律神経は、交感神経と副交感神経からなり、生体の機能をコントロールしている（ナビ参照）。

一般的に、交感神経が働いているときは昼間の時間帯で、体が活動状態にあるときである。副交感神経が働いているときは、夜間の時間帯など体がリラックスして休息・睡眠状態のときである。

自律神経の「バランスが崩れる」とは、交感神経と副交感神経のいずれかが偏って活発になる状態で、ストレスなどによる交感神経の優位が続いたりしたときである。このバランスの乱れを解消するのが「快い眠り」となる。

快い眠りを取ると、副交感神経が優位になり、内臓の働きが改善する。また、血液の循環が促され、ホルモンの分泌も良好になることにつながる。

●睡眠と体内時計

睡眠中には、代謝などにかかわるメラトニンやコルチゾール、成長ホルモンが体内で分泌されている。この中で、メラトニンは、血圧や脈拍を下げ、睡眠を安定させる作用とサーカディアンリズムを調整する働きがある。

これらの分泌リズムをコントロールしているのが体内時計で、人が本来持つ体内時計の25時間を1日周期の24時間へと修正するサーカディアンリズムがある。人工的な夜の光などによる体内時計の乱れが続くと、睡眠障害などが起きたりする。

睡眠時無呼吸症候群（SAS：Sleep Apnea Syndrome）：一晩（7時間）の睡眠中に10秒以上の無呼吸が30回以上起こる。又は、睡眠1時間当たりの無呼吸数や低呼吸数が5回以上起こる状態。

短眠と長眠との決定的な差は、睡眠の質の違いである。短眠者は睡眠効率が良く、深いノンレム睡眠の割合が多い。

■自律神経機能と反応

副交感神経（睡眠時等）		交感神経（活動時）
減少する	心拍数	増加する
収縮が弱くなる	心筋	収縮が大きく血流が多い
弛緩して血圧は下がる	血圧	収縮して血圧が上がる
消化などで活発に動く	胃腸運動	動きが減少する
静まり催眠状態	脳・神経	興奮状態
入眠・睡眠、休息、食事等	神経の状況	活動・運動、仕事等

■体内時計

24時間周期でリズムを刻む体内時計は、日中は無意識に体と心が活動状態に、夜間は休息状態に切り替わる。脳の松果体から分泌されるメラトニンは、体内時計に働きかけることで覚醒と睡眠を切り替え、眠りを誘う作用がある。

出題パターン

Q1 睡眠が不足すると、人間の感覚機能や集中力は低下する。

Q2 深夜勤務を含む交替制勤務者や航空機の乗務員などに対しては、特に睡眠確保に配慮する必要がある。

Q3 睡眠時無呼吸症候群があっても昼間の交通事故などとは関連性はない。

A1＝○ 人間の眠りは生理的な欲求よりも文化的拘束面の方が優先するのが現実であるが、眠気に逆らって仕事をすることによって、感覚機能や集中力の低下、能率の低下、判断の誤りを誘発し、交通事故などの危険が増すことになる。

A2＝○ 深夜勤務者や交替制勤務者の場合、生活リズムの変化が睡眠時間の短縮を招く傾向がある。疲労予防のために睡眠を十分に取らせる配慮が必要である。

A3＝× 睡眠時無呼吸症候群では、睡眠中に呼吸が止まった状態（無呼吸）が断続的に繰り返されるため、睡眠不足になり居眠りなどで事故を起こしやすくなる。

4章 24

疲労1

疲労（1）ここを押さえる

●労働による疲労の原因

疲労とは、身体や精神に「負荷」が加わり、作業効率や活動が低下した状態になることをいう。労働を起因とする産業疲労で、近年では時間外労働などに伴う長時間にわたる過重な労働が、疲労の蓄積をもたらすと考えられている。それに伴う脳疾患や虚血性心疾患の関連性が深いという医学的な指摘もある。この他、騒音や照明、高温多湿などの作業環境によるもの、人間関係などの人的環境によるもの、労働者の健康状態や労働意欲の低下など内的環境によるものなどがある。

●疲労の種類

①**動的疲労**　土木作業などの全身作業により生ずるもの。

②**静的疲労**　OA、事務など一定の作業姿勢を保持したままで行う時間が長い作業により生ずるもの。

③**身体的疲労**　肉体を使うことが多い作業で生ずるもの。

④**精神的疲労**　感覚器への刺激や会議の長時間継続など精神的集中が高い作業により生ずるもの。

⑤**全身疲労**　全身を使う作業を行うことで生ずるもの。

⑥**局所疲労**　目や手、腰など体の一部だけを使って行うことでその部位に生ずるもの。

●疲労の違い

現在ではIT化の進歩などで、休養により回復することが可能な動的疲労や全身疲労は少なくなっている。しかし、情報機器（VDT）作業などによる静的疲労は、休養で回復する場合もあるが、過度の場合は視覚障害、筋骨格障害や神経的な疲労が持続するといったことがある。また、身体的疲労と精神的疲労は両方伴うことが多いが、精神的疲労は心理的な疲れが蓄積されやすく不快感などを伴う。最近では、後者の比重が大きいことが問題となっている。局所疲労も近年の職場の課題となっている。情報機器（VDT）作業の場合、長時間ディスプレイを眺めたりすることによる視覚的な障害や筋骨格系に大きな影響を与えるとされている。

●疲労の予防と回復

疲労の予防と回復には、休養･休息、睡眠、栄養が大事な要素である。しかし、近年では労働形態の多様化と複雑化により、疲労の種類もいくつかが重なって生じることが多い。特に、静的疲労、精神的疲労、局所疲労などは情報機器（VDT）作業など、単一作業で重なり合い生じる疲労でもある。したがって、労働者は産業医への面接相談などの利用や、①休憩時には軽い体操を行う②適切な作業姿勢、作業速度、労働時間などの工夫をすることが大事である。

①疲労の種類では、従来の動的疲労、身体的疲労、全身疲労よりも、静的疲労、精神的疲労、局所疲労が近年の職場の課題となっている。
②局所疲労では、長時間の情報機器（VDT）作業で視覚的な障害や筋骨格系に大きな影響を与えるとされている。

■疲労検査の主な種類（参考）

フリッカーテスト	光の点滅（フリッカー）を行い、断続する光が連続する光に見えるようになる閾値（いきち）を調べる。**フリッカー値が小さいほど疲労度が高い。**
二点弁別閾検査	体表面上の２点に機械的刺激を与えたとき、識別できる最小の距離を二点弁別閾といい、**感覚神経の機能**を調べる方法。
心拍変動（HRV）解析	疲労度の進行に応じた**自律神経の機能（変動）**を調べる方法で、疲労の自覚的症状や他覚的症状を捉える。
クレペリン検査	作業量、作業により生じる**気分の変化、休憩の効果、気持ちなど作業曲線から判断**できる。
集中維持機能（TAF）検査	肉体労働や筋疲労、精神的疲労において、負荷労働量に対する**集中力・作業能力の低下など集中維持機能（TAF）の変容**を調べる。
二重課題法	**２つ以上の作業を同時に行う**ことで、**注意力の分散や作業効率への影響**など、同時情報処理能力を評価する。

※厚生労働省「労働者の疲労蓄積度自己診断チェックリスト」：労働者の仕事による疲労蓄積を自覚症状と勤務の状況から判定する。

出題パターン

Q　一定の作業姿勢を保持したままで行う時間が長い作業により生ずるものは局所疲労である。

A＝×静的疲労の説明である。局所疲労は、体の一部だけを使って行うことでその部位に生ずるものである。

4章 25

疲労2

疲労（2）ここを押さえる

●疲労の効果的回復

静的筋作業による疲労や精神的疲労の回復のためには、適度な運動を伴う気分転換が効果的であり、安静状態の休息よりも効果が高い。その他、体力増強のトレーニングや、その人なりの特別の栄養素の摂取、あるいは脳中枢神経系をリラックスさせる音楽を聴くなどの趣味的な行動、脳に働きかける香り、睡眠などが疲労の回復に効果的である。

●慢性疲労症候群

感染症や化学的、生物学的、社会心理的なストレスが誘因となって引き起こされた神経、内分泌、免疫系の変調に基づく病態であり、免疫物質の異常が引き起こす脳、神経系の機能障害であることがわかってきた。慢性疲労症候群とする最低要件として、他の病気による症状ではないこと、6か月以上にわたる症状の持続、などが挙げられ、厚生労働省の診断基準により診断される。

●慢性疲労症候群の症状

突然原因不明の次のような症状が起こる。全身倦怠感、激しい疲労感、微熱、リンパ腺の腫れや痛み、頭痛、喉の腫れや痛み、関節痛、筋力低下、思考力・集中力の低下、脱力感、精神・神経症状等。

●疲労の検査と評価

それぞれの作業の性格により異なるが、筋電図や心拍数、眼球運動記録、フリッカーテスト、二点弁別閾検査、クレペリン検査、二重課題法によるスペア能力の変化測定などで検査、評価する（p.245参照）。

①**静的筋作業の場合**：筋出力の記録。筋疲労感、筋痛の自覚時点の記録（筋疲労感を段階評定できる）などの検査で評価できる。

②**動的筋作業の場合**：同内容の作業であれば呼吸循環系などの定常状態の乱れ、複合した作業であれば回復の遅れに焦点を合わせて測定する。定常状態の乱れと回復遅れをみるには、心拍数記録の応用範囲が最も広く有用である。疲労感は静的筋作業のときほど鮮明ではないので、心拍数記録を中心にして他の項目で補強して疲労性変化の出現を調べるのが現実的である。

③**機器操作・技能作業の場合**：筋作業だけの場合とは違って操作や作業サイクルの乱れ、ミスなどの**他覚的変化に焦点を合わせて観測**する。

④**監視作業・検査作業の場合**：作業量や作業サイクルを手がかりにしにくいので、**緊張持続のための注意状態**とその乱れ、ミスを捉えることが主眼となる。特に参考になるのが**疲労感と認知能力の低下**、それに**注意配分状態が長続きしなくなる**ことを示す変化である。

静的筋作業による疲労や精神的疲労の回復のためには、適度な運動を伴う気分転換が効果的であり、安静状態の休息よりも効果が高い。

■慢性疲労症候群

原因	症状	治療（特に有効な治療法はない）	
感染症、ストレス、疾患（腫瘍、心臓疾患、甲状腺疾患など）、免疫系の変調	全身倦怠感、微熱、頭痛、脱力感、思考力の低下、精神・神経症状	薬物療法 ・抗ウイルス剤 ・免疫グロブリン ・免疫調節剤 ・ビタミン剤	カウンセリング 病気に対する不安から精神的ストレスを強めることもあるためカウンセリングでその不安を和らげる

疲労感が最低６か月も続くものを慢性疲労症候群という。

※メッツ（METs）：身体活動の強度を表す単位。その活動（カロリー消費）が安静時（1メッツ）の何倍に相当するかを表す。

出題パターン

Q1 疲労の評価にあたっては、いくつかの検査を組み合わせて、総合的に判断することが望ましい。

Q2 静的疲労、精神的疲労とも、全身を休めることが効果的な疲労回復対策である。

Q3 疲労の他覚的症状を捉えるための検査としては、フリッカーテスト、集中維持機能検査、二点弁別閾検査などがある。

Q4 身体活動強度（メッツ）は、身体活動の強さが軽作業時の何倍に相当するかを表す単位である。

A1＝○ 疲労の評価にあたっては、単独の検査法では正確な評価にならないので、いくつかの検査を組み合わせて、総合的に判断する。

A2＝× 静的筋作業による疲労や精神的疲労の回復のためには、適度な運動を伴う気分転換が効果的であり、安静状態の休息よりも効果が高い。

A3＝○ 記述のとおりである。作業の性格により異なるが、筋疲労感や心拍数記録など各種の検査で評価する。

A4＝× メッツは、身体活動や運動を行った時の身体活動強度で、代謝（カロリー消費）が安静時の何倍に相当するのかを表す単位である。

BMI値 ここを押さえる

●中性脂肪

メタボリックシンドロームと密接な関係のある中性脂肪（トリグリセライド）は、部位によって皮下脂肪・内臓脂肪などと分類され、必要に応じて脂肪酸となり、エネルギーとして使われるものである。

食事でとった中性脂肪は、小腸でいったん消化、分解されて小腸壁をくぐり、再び中性脂肪となる。そして、血液中を運搬され、筋肉や臓器など全身の組織に行きわたることになるが、このときエネルギーとして使い切れずに余った分は、脂肪組織に貯蔵されたり、肝臓に取り込まれたりする。

●メタボリックシンドローム

内臓脂肪型肥満（内臓肥満・腹部肥満）に高血糖・高血圧・脂質異常症（高脂血症）のうち2つ以上を合併した状態をメタボリックシンドロームという。メタボの原因は、①過剰なエネルギーの摂取（特に脂質と糖質）、②運動不足（毎日、有酸素運動が30分程度必要）、③酒とタバコ（動脈硬化を進行させる）、④ストレス（過食の原因）といわれる。

●死の四重奏

何が虚血性疾患（ことに心臓疾患）にとって重要な因子であるかを広範な統計的研究に基づいて調べた結果、「高血圧」「高脂血症（脂質異常症）」「肥満」「糖尿病」が四大因子であることがわかった。これを「死の四重奏」と呼んでいる。

●肥満（内臓脂肪肥満型）

肥満とは、身長に比べて体重の割合が大きい状態のことで、摂取エネルギーと消費エネルギーのバランスが崩れることで肥満になる。内臓脂肪が蓄積したり高血圧、糖尿病など合併症があるなど医学的にみて治療が必要だと判断される場合は肥満症という。

●肥満の原因

ホルモン異常による肥満もまれにあるが、日常見られる単純性肥満は「食べ過ぎ」と「運動不足」の生活習慣から起こる。毎日食事からとるエネルギーは生命維持や運動のために消費される。生活で消費されるエネルギーよりも食べ物で体に入ってくるエネルギーの方が多くなると、その余った分が脂肪として体内に蓄積される。

● BMI値

BMIとは国際的に用いられる肥満の指標のことで、身長からみた体重の割合を示す体格指数のことである。日本肥満学会では判断基準としてもっとも望ましいのはBMI値22としている。この数値が25以上になると高血圧、糖尿病、脂質異常症などの生活習慣病にかかりやすくなる。診断基準は、腹部肥満（内臓脂肪の蓄積）とされるのは男性85cm、女性90cmである。

①BMI指数の標準値は22であり、25を超えると肥満である。
②身長170㎝の者の場合、体重が64kgであればBMI値は22で標準であり、体重が72kgを超えるとBMI値は25を超えて肥満である。

BMIは次の計算式で算定される。

$$\text{BMI} = \frac{\text{体重（kg）}}{\text{身長（m）}\times\text{身長（m）}}$$

具体例

身長	体重	BMI	判定
170cm	64 kg	22	標準
	67	23	―
	70	24	―
	72	25	肥満
	75	26	

・BMI値は概数である。

出題パターン

Q1 BMIとは、身長からみた体重の割合を示す体格指数のことで、BMI＝体重（kg）÷身長（cm）÷身長（cm）で求められる。

Q2 BMIは肥満度の評価に用いられる指標で、身長と体重から算出されるが、身長170cm、体重70kgの人のBMIにもっとも近い値は次のうちどれか。
（1）30　（4）24
（2）28　（5）22
（3）26

A1＝× BMI値を求める計算式で用いられる身長の単位は「cm」ではなく「m」である。
A2＝（4）
BMI＝体重(kg)÷身長(m)÷身長(m)で求められるから
＝70÷1.7÷1.7
≒24.22→24
となるのでBMIは24であり、(4)が正解である。

ストレス ここを押さえる

●ストレスとは

医学的には「なんらかの刺激が体に加えられた結果、体が示したゆがみや変調」のこととされるが、単純な言い方をすると「刺激に対する反応」ともいえる。そのストレス状態を引き起こす要因をストレッサーという。

●ストレスとストレッサー

ストレスとは、体外から加えられた刺激により引き起こされる生体反応である。ストレスによって生体に加わる力（外部刺激）をストレッサーという。ストレッサーに対する反応をストレス反応と呼ぶ。ストレス反応は個人差が大きい。

同じ程度のストレッサーが作用しても大きなストレス反応を示す者もいれば、何事も無かったように振る舞う者もいる。

個人にとって**適度なストレッサー**は、身体的には活動の亢進を、心理的には、意欲の向上等充実感を生じさせる。

しかし、個人の能力や感性に**適合しないストレッサー**は、身体的には疲労を生じ、心理的には、不安、焦燥感や抑うつ感等をもたらす。

●ストレス反応とホルモンの関与

人体にストレスが加わると、その反応として自律神経系にはカテコールアミン（ドーパミン、ノルアドレナリン、アドレナリン）が、内分泌系にはコルチゾール等の副腎皮質ホルモンの増加が深く関与する。

それぞれのストレッサーの強弱や質に応じてホルモンの分泌を亢進するなどして生体の恒常性（ホメオスタシス）を維持するように働く。

●職場とストレス

職場にあっては、技術革新、グローバル化、雇用形態の多様化、ＡＩ技術の導入、労働者の高齢化等の進む中で労働者の6割は、何らかのストレスを抱えているといわれる。

職場のストレス要因では「人間関係」の問題が多いが、昇進、転勤、配置替えなどもストレス要因となり得る。

●ストレスにより起こりやすい病気

ストレッサーによる刺激が度を超すと、自律神経系の失調をきたす。その結果、心拍の増加、血圧の上昇、筋肉の緊張などの変化が現れ、この状態が続くと、疲労が溜まり、病気にもかかりやすくなる。

神経性胃炎、胃・十二指腸潰瘍、過敏性大腸炎、自律神経失調症、虚血性心臓病、心臓神経症、狭心症、円形脱毛症、ノイローゼ、双極性障害（そううつ病）、統合失調症、高血圧症、気管支喘息、等が起こりやすい。

●ストレスチェック制度の導入

安衛法ではストレスチェック制度の実施（p.66参照）を事業者に義務づけている。

この制度は、事業者は労働者のストレス状況を定期に（1年以内ごとに1回）チェック（検査）する。

検査結果に基づき、高ストレス者と評価された者は、事業者に申し出て医師による面接指導を受ける。事業者は、面接指導の結果により、ストレスによるうつ病など精神的な疾患を早期に発見し、就業上の適切な措置を講じて、職場環境の改善を図ろうとする制度である。

ただし、従業員数50人未満の場合、制度の実施は当分の間、努力義務とされている。

①体と心のバランスを保つためには、適度なストレスが必要である。
②ストレス状態を引き起こす要因をストレッサーという。

■ストレスの原因

精神的要因	身体的要因	環境的（物理的、化学的）要因
人間関係（職場、家庭） 自身の能力に対する不安 将来に対する不安 長時間の緊張	病気や怪我 痛みや発熱 睡眠不足 慢性疲労	騒音 温熱環境の変化 気象の変化 空気汚染など

ストレッサーの種類は無数にあり、複合して影響を及ぼすケースも多い。

出題パターン

Q1 高血圧症、気管支喘息、狭心症などの内科的な病気の発生や悪化の要因として、ストレスが関係している。

Q2 同じようなストレス状況下にあっても、影響を受ける人と受けない人がいる。

Q3 管理者は、職場の人間関係に大きな影響を与える。

Q4 ヒトの生活に適度のストレスは必要不可欠である。

Q5 ストレス反応には、ノルアドレナリン、アドレナリンなどのカテコールアミンや副腎皮質ホルモンが深く関与している。

Q6 典型的なストレス反応として、副腎皮質ホルモンの分泌の著しい減少がある。

A1＝○ストレスが原因で、内科的な病気が発生したり、悪化することがある。

A2＝○ストレスに対する耐性は、個人差が大きい。

A3＝○職場の人間関係において、管理者の存在は、心理面などの健康を左右する大きな要因となる。

A4＝○ストレスが問題となるのは、不快を伴う刺激（ストレッサー）が強力であったり、持続し過ぎたりする場合で、害にならない程度の刺激は必要である。

A5＝○ストレス反応には、ノルアドレナリンなどのカテコールアミンや副腎皮質ホルモンが深く関与し、生体恒常性（ホメオスタシス）を維持しようとする。

A6＝×ストレス反応には、自律神経系ではカテコールアミンが、内分泌系ではコルチゾールなど、副腎皮質ホルモンの著しい増加が関与している。

さくいん

■さ■

■た■

■な■

本書に関する正誤等の最新情報は、下記のアドレスでご確認ください。
http://www.s-henshu.info/1eksr2011/

上記掲載以外の箇所で正誤についてお気づきの場合は、**書名・発行日・質問事項（該当ページ・行数・問題番号**などと**誤りだと思う理由**）・**氏名・連絡先**を明記のうえ、お問い合わせください。
・web からのお問い合わせ：上記アドレス内【正誤情報】へ
・郵便または FAX でのお問い合わせ：下記住所または FAX 番号へ
※電話でのお問い合わせはお受けできません。

［宛先］コンデックス情報研究所
『第1種衛生管理者　集中レッスン '21年版』係
住　所：〒359-0042　所沢市並木3-1-9
FAX 番号：04-2995-4362（10:00～17:00　土日祝日を除く）

※本書の正誤以外に関するご質問にはお答えいたしかねます。また、受験指導などは行っておりません。
※ご質問の受付期限は、2021年12月までの試験日の10日前必着といたします。
※回答日時の指定はできません。また、ご質問の内容によっては回答まで10日前後お時間をいただく場合があります。
あらかじめご了承ください。

監修：加藤利昭（かとう　としあき）
明治大学商学部卒業。1994年社会保険労務士、2002年中小企業安全衛生指導員、2006年特定社会保険労務士資格取得。2020年10月社会保険労務士資格を返納。主な著書には、『社労士横断整理ノート（共著）』（法学書院）『最新版　改正労働者派遣法がわかる本【全条文付】』（成美堂出版）等がある。

編著：コンデックス情報研究所
1990年6月設立。法律・福祉・技術・教育分野において、書籍の企画・執筆・編集、大学および通信教育機関との共同教材開発を行っている研究者・実務家・編集者のグループ。

第1種衛生管理者集中レッスン '21年版

2021年1月20日発行

監　修　加藤利昭（かとうとしあき）
編　著　コンデックス情報研究所（じょうほうけんきゅうしょ）
発行者　深見公子
発行所　成美堂出版
〒162-8445　東京都新宿区新小川町1-7
電話(03)5206-8151　FAX(03)5206-8159
印　刷　広研印刷株式会社

ISBN978-4-415-23222-5
落丁·乱丁などの不良本はお取り替えします
定価はカバーに表示してあります